Harald Wilsch

Die Grundbuchordnung für Anfänger

D1672122

Die

Grundbuchordnung

für Anfänger

Eine Einführung in das Grundbuchrecht

von

Dipl.-Rpfl. Harald Wilsch

Bezirksrevisor am Grundbuchamt München

Generalsekretär der European Land Registry Association (ELRA)

Verlag C.H. Beck München 2011

Verlag C.H. Beck im Internet:
beck.de

ISBN 978 3 406 60446 1

© 2011 Verlag C.H. Beck oHG
Wilhelmstraße 9, 80801 München
Druck: Nomos Verlagsgesellschaft
In den Lissen 12, 76547 Sinzheim

Satz: Fotosatz H. Buck, Kumhausen
Zweikirchener Str. 7, 84036 Kumhausen

Gedruckt auf säurefreiem, alterungsbeständigem Papier
(hergestellt aus chlorfrei gebleichtem Zellstoff)

Vorwort

Hesse, eine der prägenden Gestalten des deutschen Grundbuchrechts des vergangenen Jahrhunderts, erwähnte in seinen Vorträgen über das neue Grundbuchrecht *„viele vorzügliche Juristen, welche das Grundbuchrecht für die trockenste und sprödeste Materie halten, die es im gesamten Rechtsgebiete gibt"*. Er kenne Juristen, die *„ein Schauer überläuft"*, sobald sie das Wort Grundbuch nur hören.

Ein Vierteljahrhundert davor hatte der Kammergerichtsreferendar *Georg Heym* einen nicht gerade schmeichelhaften Gedichtzyklus *„Das Grundbuchamt"* verfasst, in dem er seine Erfahrungen beim Amtsgericht Berlin-Lichterfelde, Abteilung Grundbuchamt, schilderte. Seine Entlassung aus dem Referendarsdienst verdankte *Heym* jedoch weder seinem Gedichtzyklus, noch gar dem *„düstre(n) Aktenstaub im Amts-Gericht"*, sondern einer radikal-expressionistischen Behandlung einer Grundakte, die er, das sei ihm ehrenhalber unterstellt, offensichtlich über den Umweg der Kanalisation zurück zur Registratur des Grundbuchamtes geben wollte (NJW 2010, 734). Falscher Dienstweg.

Es dürfte ausgeschlossen sein, dass die *Heym'sche Grundaktenbehandlung* den Anstoß gab für die Einführung der elektronischen Grundakte und Hybridakte, wie sie in der aktuellen GBO-Novelle (ERVGBG) 2009 zu finden sind. Zurück bleibt jedoch die Verwunderung über die Rezeption eines Rechtsgebietes, das der historische Gesetzgeber mit meisterlicher Hand fügte, die Erfahrungen vieler Jahrhunderte und vieler Verfahrensordnungen berücksichtigend. Dies gilt umso mehr, als die Grundbuchordnung (GBO), die Gegenstand dieses Buches ist, keineswegs im abstrakten Rechtsraum agiert, sondern mitten im Rechtsleben zur Anwendung gelangt. Welche Rechte an einer Immobilie bestehen oder nicht mehr bestehen, ergibt sich aus dem Grundbuch. Seine Aufgabe besteht darin, erschöpfend und zuverlässig Auskunft über die dinglichen Rechtsverhältnisse an Immobilien zu geben, um eine Definition des BGH aufzugreifen. Konsequenterweise ist daher das Grundbuchrecht nicht in einer verstaubten Nische anzutreffen, sondern positioniert sich im Zentrum des immobilarrechtlichen Vorganges, der sich idR erst mit der Eintragung im Grundbuch vollendet. Deshalb ist es nur allzu verständlich, dass *Annette von Droste-Hülshoff* sich in einem Brief vom 19. November 1843 an *Elise Rüdiger* beeilte mitzuteilen, sie sei seit acht Tagen *„eine grandiose Grundbesitzerin"*.

Mein Dank gilt dem Verlag C.H. Beck, in dessen Anfängerreihe das vorliegende Buch erscheinen darf, und dem Lektor des Verlages, Hr. Dr. Burkhard Schröder, für die hochprofessionelle und freundliche Begleitung des Buches.

Dieses Buch sei meiner Ehefrau Tanja und meiner Tochter Sarah Marie gewidmet.

München, im Januar 2011 Harald Wilsch

Inhaltsverzeichnis

Literaturhinweise

Achilles/Strecker, Die Grundbuchordnung nebst den preussischen Ausführungsbestimmungen mit Kommentar und systematischer Übersicht über das materielle Grundbuchrecht, 5. Auflage, 1901, Berlin (Nachdruck 2010)

Bassenge/Roth, FGG/RpflG, 11. Auflage, 2007, Heidelberg

Bauer/von Oefele, Grundbuchordnung, 2. Auflage, 2006, München

Baur/Stürner, Sachenrecht, 18. Auflage, 2009, München

BeckOK GBO Hügel, diverse Editionen

Bengel/Simmerding, Grundbuch, Grundstück, Grenze, 5. Auflage, 2000, Neuwied

Bork/Jacoby/Schwab, FamFG, 2009, Bielefeld

Böttcher, Zwangsvollstreckung im Grundbuch, 1. Auflage, 1997, Neuwied

Böttcher, Praktische Fragen des Erbbaurechts, 5. Auflage, 2006, Köln

Bumiller/Harders, FamFG, 9. Auflage, 2009, München

Demharter, Grundbuchordnung, 27. Auflage, 2010, München

Eickmann, Grundbuchverfahrensrecht, 2. Auflage, 1986, Bielefeld

Eisenhardt, Deutsche Rechtsgeschichte, 5. Auflage, 2008, München

ELRA Annual Publication No 2, 2009, Brüssel

ELRA Annual Publication No 3, 2010, Brüssel

Frank/Wachter (Hrsg.), Handbuch Immobilienrecht in Europa, 2004, Heidelberg

Gmür/Roth, Grundriss der deutschen Rechtsgeschichte, 12. Auflage, 2008, Köln/München

Goebel (Hrsg.), Anwaltformulare Zwangsvollstreckung, 3. Auflage, 2008, Bonn

Grziwotz/Everts/Heinemann/Koller, Grundstückskaufverträge, 2005, Köln

Grziwotz, Praxis-Handbuch Grundbuch und Grundstücksrecht, 1999, Köln

Güthe/Triebel, Grundbuchordnung, 5. Auflage, 1929, Berlin

Hager (Hrsg.), Grundschulden und Risikobegrenzungsgesetz, 2010, München

Hahn/Mugdan, Die gesammten Materialien zu den Reichs-Justizgesetzen, Fünfter Band, 1897, Berlin

Hammer, Die Geschichte des Grundbuchs in Bayern, 1960, München

Heinemann, FamFG für Notare, 2009, Köln

Henle, Die Anlegung des Grundbuchs in den Landesteilen rechts des Rheins, 2. Auflage, 1902, München

Henle/Schmitt, Das Grundbuchwesen in Bayern. Die Grundbuchordnung von 24.3.1897/20.5.1898 und die bayerischen Ausführungsvorschriften hierzu, 1910, München

Hintzen, Pfändung und Vollstreckung im Grundbuch, 3. Auflage, 2008, Münster

Hintzen/Wolf, Zwangsvollstreckung, Zwangsversteigerung und Zwangsverwaltung, 2006, Bielefeld

Holzer, Die Richtigstellung des Grundbuchs, 2005, Berlin

Holzer/Kramer, Grundbuchrecht, 2. Auflage, 2004, München

Hügel, Grundbuchordnung, 1. Auflage, 2007, München

Hügel, Grundbuchordnung, 2. Auflage, 2010, München

James/Thorpe, Keilschrift, Kompaß, Kaugummi. Eine Enzyklopädie der frühen Erfindungen, 2. Auflage, 2002, München

Jansen, FGG, 3. Auflage, 2006, Berlin

Jarass/Pieroth, Grundgesetz, 9. Auflage, 2007, München

Jaschke, Gesamthand und Grundbuchrecht, 1991, Köln

Jurgeleit (Hrsg.), Freiwillige Gerichtsbarkeit, 2010, Baden-Baden

Keidel, FamFG, 16. Auflage, 2009, München

Knieper, Eine ökonomische Analyse des Notariats, 2010, München

Knöringer, Freiwillige Gerichtsbarkeit, 5. Auflage, 2010, München

Krafka, Einführung in das Registerrecht, 2. Auflage, 2008, München

Kral/Kausch, Grundbuchrecht, 17. Auflage, 2008, Pegnitz

Krauß, Immobilienkaufverträge in der Praxis, 2. Auflage, 2003, Münster

Krüger/Hertel, Der Grundstückskauf, 9. Auflage, 2008, Köln

Kuntze/Ertl/Herrmann/Eickmann, Grundbuchrecht, 6. Auflage, 2005, Berlin (zit. KEHE/
  Bearbeiter)

Lambert-Lang/Tropf/Frenz (Hrsg.), Handbuch der Grundstückspraxis, 1. Auflage, 2000,
  Berlin

Larenz/Wolf, Allgemeiner Teil des Bürgerlichen Rechts, 9. Auflage, 2004, München

Löber, Grundeigentum in Spanien, 6. Auflage, 2000, Frankfurt am Main

Makowicz (Hrsg.), Immobilienerwerb in Mittel- und Osteuropa, 2009, Wien

Martínez-López/Alfonso, Grundstücksrecht in Spanien, 2001, Münster

Meikel, Grundbuchordnung, 10. Auflage, 2009, Köln/München

Münchener Kommentar zur Zivilprozessordnung, 3. Auflage, Band 4, FamFG, 2010, München
  (zit. Münchkomm ZPO/Bearbeiter)

Musielak/Borth, FamFG, 2009, München

Nogueroles Peiró/Martínez Escribano, Secure Transactions in South East Europe, 2006, Na-
  varra

Nomos-Kommentar BGB, Band 3, 2. Auflage, 2008, Baden-Baden

Pfleiderer, Einführung in das französische Immobilienrecht, 2003, München

Prütting/Helms, FamFG, 2009, Köln

Rapp, Rechtliche Rahmenbedingungen und Formqualität elektronischer Signaturen, 2002,
  München

Richter, Das materielle und formelle deutsche Grundbuchrecht in seiner Beziehung zum
  Liegenschaftskatasterdienst, 1950, Berlin/München

Schmidt-Kessel/Leutner/Müther, Handelsregisterrecht, 2010, München

Schmidt-Räntsch, Das neue Grundbuchrecht, 1. Auflage, 1994, Köln

Schöner/Stöber, Grundbuchrecht, 14. Auflage, 2008, München

Schöttler, Verbraucherschutz durch Verfahren, 2003, Köln

Schwab/Prütting, Sachenrecht, 32. Auflage, 2006, München

Schwabe, Entscheidungen des Bundesverfassungsgerichts, 8. Auflage, 2004, Hamburg

Staudinger, Eckpfeiler des Zivilrechts, 2005, Berlin

Staudinger/Gursky, BGB-Neubearbeitung 2008, Berlin

Stiegler, Von der Biopolitik zur Psychomacht, 2009, Frankfurt am Main

Stöber, Forderungspfändung, 14. Auflage, 2005, München

Stöber, ZVG-Handbuch, 9. Auflage, 2010, München

Stöber, Zwangsversteigerungsgesetz, 18. Auflage, 2006, München

Stöcker, Second Life, 2007, München

Weirich, Grundstücksrecht, 3. Auflage, 2006, München

Würzburger Notarhandbuch, hrsg. von *Limmer/Hertel/Frenz/Mayer,* 1. Auflage, 2005, Münster

Zippelius, Rechtsphilosophie, 5. Auflage, 2007, München

Abkürzungsverzeichnis

aA . . . . anderer Ansicht
Abs . . . . Absatz
AktO . . . . Aktenordnung
ARGE . . . . Arbeitsgemeinschaft
Aufl . . . . Auflage
BauGB . . . . Baugesetzbuch
BayGBGA . . . . Bayerische Geschäftsanweisung für die Behandlung der Grundbuch-
sachen
BayObLG . . . . Bayerisches Oberstes Landesgericht
BayObLGZ . . . Entscheidungen des BayObLG in Zivilsachen
BayRS . . . . Bayerische Rechtssammlung
BeckOK . . . . . . Beck'scher Online-Kommentar
BeurkG . . . . . . Beurkundungsgesetz
BGB . . . . Bürgerliches Gesetzbuch
BGBl . . . . Bundesgesetzblatt
BGH . . . . Bundesgerichtshof
BMJ . . . . Bundesministerium der Justiz
BNotK . . . . Bundesnotarkammer
BR-Drs . . . . . . Bundesratsdrucksache
BT-Drs . . . . Bundestagsdrucksache
BV . . . . Bestandsverzeichnis
BVerfG . . . . Bundesverfassungsgericht
BWNotZ . . . . . Zeitschrift für das Notariat in Baden-Württemberg
bzw . . . . beziehungsweise

CC . . . . Código Civil

DNotI . . . . Deutsches Notarinstitut
DNotZ . . . . Deutsche Notar-Zeitschrift
DRiZ . . . . Deutsche Richterzeitung

EHUG . . . . Gesetz über elektronische Handelsregister und Genossenschaftsregister
sowie das Unternehmensregister
ELRA . . . . European Land Registry Association
ErbbauRG . . . . Gesetz über das Erbbaurecht
ERVGBG . . . . . Gesetz zur Einführung des elektronischen Rechtsverkehrs und der
elektronischen Akte im Grundbuchverfahren sowie zur Änderung
weiterer grundbuch-, register- und kostenrechtlicher Vorschriften
ERVV . . . . E-Rechtsverkehrsverordnung
EuroGrPfRV . . Verordnung über Grundpfandrechte in ausländischer Währung und
in Euro

FamFG . . . . Gesetz über das Verfahren in Familiensachen und in den Angelegen-
heiten der freiwilligen Gerichtsbarkeit
FGG . . . . Gesetz über die Angelegenheiten der freiwilligen Gerichtsbarkeit
FGG-RG . . . . . Gesetz zur Reform des Verfahrens in Familiensachen und in den
Angelegenheiten der freiwilligen Gerichtsbarkeit
FGPrax . . . . . . Praxis der Freiwilligen Gerichtsbarkeit

Rpfleger . . . . . Der Deutsche Rechtspfleger
RpflStud . . . . . Rechtspfleger-Studienhefte
Rspr . . . . Rechtsprechung

S . . . . Satz
SchlHA . . . . . . Schleswig-Holsteinische Anzeigen
Slim-IV . . . . . . Richtlinie 2003/58/EG des Europäische Parlaments und des Rates
vom 15.7.2003 zur Änderung der Richtlinie 68/151/EWG des Rates
in Bezug auf die Offenlegungspflichten von Gesellschaften bestimmter
Rechtsformen

UB . . . . Unbedenklichkeitsbescheinigung
UdG . . . . Urkundsbeamter der Geschäftsstelle
UmwG . . . . . . Umwandlungsgesetz
URNr . . . . Urkundenrollennummer

vgl . . . . vergleiche
VIZ . . . . Zeitschrift für Vermögens- und Immobilienrecht
VO . . . . Verordnung

WEG . . . . Gesetz über das Wohnungseigentum und das Dauerwohnrecht
WGV . . . . Wohnungsgrundbuchverfügung
WiRO . . . . Wirtschaft und Recht in Osteuropa

z.B. . . . . zum Beispiel
ZErb . . . . Zeitschrift für die Steuer- und Erbrechtspraxis
ZEV . . . . Zeitschrift für Erbrecht und Vermögensnachfolge
ZfIR . . . . Zeitschrift für Immobilienrecht
ZNR . . . . Zeitschrift für Neuere Rechtsgeschichte
ZNotP . . . . . . Zeitschrift für die Notarpraxis
ZPO . . . . Zivilprozessordnung
ZVG . . . . Gesetz über die Zwangsversteigerung und die Zwangsverwaltung
ZVI . . . . Zeitschrift für Verbraucher- und Privat-Insolvenzrecht

A. Eine kurze Geschichte des Grundbuchs

Die Frage, die am Anfang geschichtlicher Betrachtungen und damit auch am **1** Anfang dieser kurzen Geschichte[1] des Grundbuches steht, ist die Frage nach dem Ursprung des Grundbuches. Ideengeschichtlich betrachtet bleibt die derzeitige Grundbuchliteratur eine Erklärung schuldig, da sie sich in einer Phänomenologie der Vorläufer und Urformen erschöpft[2]. Entscheidend ist dagegen der Hinweis auf die *Vermessung* [3] bzw. auf die *Archivierung* der Welt[4], mit der eine neue Rechtskonzeption verbunden ist. Das **Archiv** als *„das allgemeine System der Formation und der Transformation der Aussagen"*[5] taucht als Konzeption menschheitsgeschichtlich erstmals in Form der bloßen **Liste**[6] auf, in der Umberto Eco zu Recht einen der Ursprünge der menschlichen Kultur erblickt[7]. Das Wesen der Liste besteht nach Eco darin, *„die Unendlichkeit fassbar (zu machen)"*[8] und Ordnung zu schaffen, was als *„Inventur im Sinne von realitätssichernden Bestandsaufnahmen"*[9] eine erhebliche Kulturleistung bedeutet.

Den wesentlichen Fortschritt dieser neuen Archivierungskonzeption fasste **2** Hernando de Soto im Jahr 2001 wie folgt zusammen[10]: *„It is fundamental to draw a distinction between a house and the title of ownership of a house. The house is in a physical, tangible world, but title of ownership is in a conceptual world."* Die ältesten mesopotamischen und in Keilschrift abgefassten Karten der Welt, kleine fragmentarische Karten aus Ton[11], die bereits 2300 v.Chr. im Rahmen von Landverkäufen erstellt wurden, enthielten daher bereits kartographische (Grenzmauern,

---

[1] Zur Geschichte vgl. die Darstellungen bei Hammer, Die Geschichte des Grundbuches in Bayern, 1960, S. 27 ff.; Ertl, Entwicklungsstand und Entwicklungstendenzen des Grundbuchrechts nach 80 Jahren Grundbuchordnung, Rpfleger 1980, 1 ff.; Stewing, Geschichte des Grundbuches, Rpfleger 1989, 445 ff.; Bengel/Simmerding, Grundbuch, Grundstück, Grenze, 5. A., 2000, S. 153 ff., Meikel/Böhringer, GBO, 10. A., 2009, Einleitung A.

[2] Vgl. Hammer, S. 27, sowie Meikel/Böhringer, Einl A Rn. 4.

[3] Titel dem Buche von Daniel Kehlmann, Die Vermessung der Welt, 2005, entlehnt (dort Gauß als Kartograph und von Humboldt als wissenschaftlicher citoyen du monde).

[4] Vgl. Michel Foucault, Archäologie des Wissens, 3. A., 1988, sowie Stiegler, Von der Biopolitik zur Psychomacht, 2009, S. 99 ff.

[5] Michel Foucault, Archäologie des Wissens, zitiert bei Stiegler, S. 99.

[6] Vgl. Umberto Eco, Die unendliche Liste, 2009, sowie das Interview im Spiegel 45/2009, S. 164–165.

[7] Literaturen 11/09 Eco, S. 164.

[8] Eco, S. 164; s.a. Schmölders in Literaturen 11/09, S. 58–62.

[9] Schmölders, S. 61.

[10] Hernando de Soto, *El misterio del capital*, Diana 2001, zitiert bei Javier Gálligo, Registration systems in the real estate and mortgage market, abgedruckt in der Publikation Nr. 2 der European Land Registry Association (ELRA), Brüssel, 2009, S 12.

[11] James/Thorpe, Keilschrift, Kompaß, Kaugummi. Eine Enzyklopädie der frühen Erfindungen, 2. A., 2002, S. 64 ff.

Kanäle) und rechtliche (Name des Eigentümers) Ordnungskriterien. Hier begann die Archivierung der Welt in Form von Registerapparaten und setzte sich später in den **attischen Pfandbüchern** der hellenischen Welt vor, in der die sog. „Merker" die Register über die Veräußerungen von Grundstücken führten. Der Sinn und Zweck der Urkundensammlung galt der Beweisführung innerhalb des Liegenschaftsverkehrs. Denselben Zweck erfüllten die chronologischen Urkundensammlungen der römischen Provinz Ägypten, wobei deren Notwendigkeit auf die Neigung der Römer zurückzuführen war, provinzielle Grundstücke in Ägypten als Kapitalanlage zu betrachten. Dagegen kannte die sog. **germanische Zeit** (100 v.Chr. bis 500 n.Chr.) keine wesentliche Adaption des Immobilienarchivs, da die Grundstücke an die Familie gebunden waren und nicht veräußert werden konnten[12]. Erst in der fränkischen Zeit (500–888 n.Chr.) kehrte die Liste als archaisches Strukturprinzip wieder, und zwar in Form der sog. **Urbare,** den Vorläufern der heutigen Grundbücher, demnach ersten Aufzeichnungen über Rechte auf Erträge bestimmter Grundstücke, über Grundstücksgrenzen und über die Nutzungsberechtigten an Grundstücken[13]. Zugleich lockerte sich in der fränkischen Zeit die Bindung der Grundstücke an die Sippe, initiiert durch die Kirche, zu deren Gunsten fortan jedermann einen Teil seiner Grundstücke als sog. *Seelteil* übertragen durfte.

3   Es liegt in der wirtschaftlichen Konsequenz des ersten verkehrsfähigen Grundstückseigentums und des damit einhergehenden lebhaften Handels mit vor allem städtischen Grundstücken, dass sich im **Hochmittelalter** (900 – 1200 n.Chr.) die Entwicklungstendenzen eines umfassenderen Immobiliarregisterapparates verstärkten und in der Schaffung amtlicher Sammlungen, etwa in den Kölner Schreinsakten[14] oder der Münchner Urkundensammlung[15], ihren rechtlichen Ausdruck fanden. Im strengen Formalismus, dem der Umgang mit den Schreinsakten unterworfen war (Zugang nur für Amtsleute), können möglicherweise erste Anzeichen der Beweismittelbeschränkung nach § 29 GBO und des Sicherheitskonzepts[16] nach § 12 GBO erblickt werden. Parallel zur Archivierung bzw. *„Verschriftlichung des Stadtrechts"* [17] im **Spätmittelalter** (1200–1500 n.Chr.), die im Kontext des Aufstiegs der Städte und der damit einhergehenden städtischen Autonomie zu sehen ist, erfuhr auch das Grundbuchwesen eine entscheidende Prägung, und zwar durch die Funktionserweiterung des Registerapparates. Gemeint ist die Einführung konstitutiver Registereintragungen, etwa in Form des Münchener Stadtrechtes aus dem Jahr 1347, wonach Eigentumsübertragungen und Verpfän-

---

[12] Gmür/Roth, Grundriss der deutschen Rechtsgeschichte, 12. A., Rn. 81; Eisenhardt, Deutsche Rechtsgeschichte, 5. A., Rn. 91; Eickmann, Grundbuchverfahrensrecht, 2. A., 1. Kap., § 2, S. 8.
[13] Gmür/Roth, Rn. 37 .
[14] Ab 1135 n.Chr., s. Stewing, S. 445; Bengel/Simmerding, Einf., S. 155.
[15] Eickmann, S. 9.
[16] Hügel/Wilsch, GBO, 1. A., Überblick vor § 12 GBO.
[17] Dilcher, JuS 1989, 875, 878, zitiert bei Eisenhardt, Rn. 77; zur Bedeutung der mittelalterlichen Stadt als *Rechtsstadt* vgl. Eisenhardt, Rn. 77.

dungen von Immobilien in das Gerichtsprotokoll eingetragen werden mussten, um Wirksamkeit zu entfalten[18]. Gleiches galt für die Stadtrechte in Hamburg, Lübeck, Mecklenburg und Köln. Damit diente die Eintragung nicht mehr nur der bloßen Archivierung bzw. Beweissicherung, sondern entwickelte sich zum rechtsbegründenden Akt, zum „Perfektionsakt"[19] zur Erlangung eines Rechtes an einer Immobilie, wie er uns heute in Gestalt des § 873 Abs 1 BGB begegnet. Die Rechtskonzeption erweiterte sich vom Beweis- zum Rechtsregister.

Umso bedauerlicher ist es, dass die in der **frühen Neuzeit** (ab 1500 n.Chr.) **4** einsetzende Rezeption des römischen Rechts, die in anderen Bereichen einen Rationalisierungs- und Modernisierungsschub bewirkte, im Bereich des Liegenschaftsrechts einen erheblichen Rückschritt bedeutete[20]. Weil dem römischen Recht die Differenzierung zwischen beweglichen und unbeweglichen Sachen fremd war, sah es auch keine besonderen Formalitäten für den Erwerb[21] des Grundstückseigentums oder die Begründung eines Pfandrechts an einer Immobilie vor. Für das Grundbuchwesen hatte diese Entwicklung zur Folge, dass der Publizität der Eintragung ebenfalls keinerlei Bedeutung mehr zugemessen wurde. Das Grundbuchwesen verfiel zusehends, ausgenommen jedoch in den Städten, die bereits über ein ausgeformtes Stadtrecht verfügten, darunter München, Hamburg, Lübeck und Ulm[22]. Nach der *„der churfürstlichen Hauptstadt München renovierte(n) grundbuchsordnung de anno 1628"*[23] bewirkte erst die Grundbucheintragung die Eigentumsänderung.

Dass das *„Nebeneinander verschiedener Rechtsmassen"*[24] bzw. die Rezeption des **5** römischen Rechts den Realkredit erheblich schädigten, wurde nach dem **Dreißigjährigen Krieg** (1618–1648) besonders deutlich, als der Wiederaufbau ins Werk zu setzen war, die Kapitalkräfte jedoch gebunden blieben, weil es an Grundbuchregisterwahrheit mangelte[25]. Die Teil-Renaissance des Grundbuchs als Rechtsregister setzte folgerichtig im späten 18. Jahrhundert[26] ein, wenngleich nicht in Gestalt eines umfassenden Rechtsregister, sondern in Form des sog. Pfandbuchsystems[27].

---

[18] Art. 31 und 32 des Münchner Stadtrechtes von 1347, vgl. Bengel/Simmerding, Einf., Rn. 4; Meikel/Böhringer, Einl. A, Rn. 20; s.a. Henle, Die Anlegungen des Grundbuchs in den Landesteilen rechts des Rheins, 2. A., 1902, S. 109; das Münchner Stadtrecht wurde 1347 durch Kaiser Ludwig bestätigt.

[19] So Eickmann, S. 9: *„Bucheintrag als Perfektionsakt"*; ebenso Meikel/Böhringer, Einl A, Rn. 22.

[20] Stewing, S. 446; Hammer, S. 74, beruft sich auf Thibauts: *„Der klassische Thibaut urteilte über das römische Pfandrecht, daß es wie eine wahre Pest gewirkt habe und daß das ganze Sicherheitssystem durchlöchert sei."*.

[21] Nur noch Vertrag und Übergabe, *traditio* und *investitura*, vgl. Stewing, S. 446; Richter, Das materielle und formelle deutsche Grundbuchrecht in seiner Beziehung zum Liegenschaftskatasterdienst, 1950, S. 1.

[22] Meikel/Böhringer, Einl. A, Rn. 24.

[23] Henle, S. 110.

[24] Eisenhardt, Rn. 257.

[25] Eickmann, S. 10; Stewing, S. 446.

[26] Stewing, S. 446; Hammer, S. 95, sprach sogar vom *„programmatischen Jahrhundert"*.

[27] Henle, S. 1, 2.

So stellte sich das im Jahr 1822[28] eingeführte bayerische Hypothekenbuch nicht die Aufgabe, den gesamten Liegenschaftsverkehr zu schützen, sondern lediglich den Realkredit zu sichern.

6   Ein wesentlicher Nachteil dieses hypothekenzentrierten Grundbuchs bestand darin, nur diejenigen Grundstücke einzutragen, die mit Pfandrechten belastet waren. Ein weiterer Nachteil lag in der eingeschränkten Publizität und reduzierten Gutglaubenswirkung des Hypothekenbuches, zumal dieses den Eigentumswechsel nicht archivierte[29], somit den Eigentumserwerb nicht in den Schutzbereich des gutgläubigen Erwerbs stellen konnte[30]. Den Belastungen des Grundstücks einen höheren Schutz als dem Vollrecht Eigentum einzuräumen, erwies sich letztendlich als wirtschaftsrechtliches Paradoxon[31].

7   Es entsprach daher einer wirtschaftlichen Notwendigkeit, die Rechtskonzeption zu erweitern und den Übergang vom Pfandbuchsystem zum „echten" Grundbuchsystem zu vollziehen[32]. Eine erste Kodifikation des Grundbuchsystems stellte die **Preußische Grundbuchordnung aus dem Jahre 1872**[33] insofern dar, dass sie die Buchung aller dinglichen Belastungen vorsah, eine Strukturierung in drei Abteilungen enthielt und zwischen materiellem und formellem Recht differenzierte. Ein Vierteljahrhundert später bildeten die Grundsätze der preußischen GBO die Grundlage für die Schaffung der **Reichsgrundbuchordnung vom 24.3.1897**[34], die als Ergänzung zur Kodifikation des BGB zu sehen ist, das am 1.1.1900 in Kraft getreten ist. In der Koinzidenz BGB/GBO nur einen Zufall zu sehen, wird dem Wesen und der rechtshistorischen Leistung der GBO ebenso wenig gerecht wie das nonchalante Postulat, die Vorschriften der GBO hätten sich im Laufe der Jahrzehnte „*im Wesentlichen bewährt*"[35]. Richtig ist vielmehr die Einschätzung Ertl's, der in der GBO ein „*Meisterwerk deutscher Gesetzgebung*"[36] erkannte. Deutlich wird dies anhand eines aktuellen **synoptischen Vergleichs** der GBO 1897/1898 mit der GBO 2009/2010, wonach sich 77 Paragrafen[37] der

---

[28] Vgl. Holzer, Die Richtigstellung des Grundbuches, 2005, S. 50 ff.; historisches Muster s. Hammer, XXVIII.

[29] Stewing, S. 446.

[30] Hammer, S. 113; Henle, S. 2: „*Eine weitere Gewähr ... bietet das Hypothekenbuch nicht.*"; Stewing, S. 446.

[31] Vgl. Richter, S. 2; Hammer, S. 123.

[32] So bereits Henle, S. 4; vgl. auch Richter, S. 2.

[33] Zur preußischen Grundbuchgesetzgebung, in Kraft getreten am 5.5.1872, vgl. Holzer, S. 54 ff.

[34] Reichsgrundbuchordnung v. 24.3.1897 (RGBl. S. 139); zum Entwurf s. Hahn/Mugdan, Die gesamten Materialien zu den Reichs-Justizgesetzen, Fünfter Band, 1897, S. 134 ff. bzw. die Erste Beratung des Entwurfs einer Grundbuchordnung im Plenum des Reichstages, 166. Sitzung am 3.2.1897, s. Hahn/Mudgan, S. 183.

[35] So aber Schmidt-Räntsch, Das neue Grundbuchrecht, S. 7.

[36] Ertl, S. 1; vgl. auch Bauer/v. Oefele, GBO, 2. A., Bearbeiter Bauer, AT I Rn. 17.

[37] Als Referenzwerk wählte ich den Kommentar der Autoren *von Henle/Schmitt, Das Grundbuchwesen in Bayern. Die Grundbuchordnung von 24.3.1897/20.5.1898 und die bayerischen Ausführungsvorschriften hierzu,* C.H. Beck Verlag, München, 1910. Bei meinem Vergleich stellte ich fest, dass die folgenden Paragrafen der ursprünglichen Grundbuchord-

ursprünglichen GBO 1897/1898 in unveränderter oder in modifizierter Form in der jetzigen GBO 2009/2010 wiederfinden, darunter die zentralen Elemente des Grundbuchverfahrens[38]. Dies spricht für eine historisch basierte, zugleich zukunftsfähige Verfahrensordnung, in deren Rahmen erstmals das Grundbuchsystem bzw. die Einrichtung der Grundbücher auf alle Bundesstaaten des Reiches ausgedehnt wurde, wenngleich sekundiert durch eine Vielzahl landesrechtlicher Vorbehalte[39]. Jene Vorbehalte reflektierten die Eigenständigkeit der Bundesstaaten und zeitigten aufgrund der fast gleichwertigen landesrechtlichen Ausführungsgesetze eine große Anzahl von Phänotypen in der Grundbuchführung[40].

Die GBO-Novelle[41] aus dem Jahr 1935 beseitigte nicht nur die große Vielzahl dieser Landesvorbehalte[42], sondern brachte neben der **Grundbuchverfügung**[43] auch einen einheitlichen, an das preußische Modell angelehnten **Grundbuchvordruck,** der immer noch die Matrix für das Grundbuch in seiner jetzigen Erscheinungsform bildet[44]. Als vorkonstitutionelles, aber absolut ideologiefreies Gesetz konnte die GBO nach 1949 fortbestehen (Art. 123 Abs 1 GG) und als Verfahrensrecht die zum Wiederaufbau notwendige Stabilität des Immobiliarsachenrechts[45] gewährleisten.   **8**

Eine lediglich technische Transformation erfuhr das Grundbuchwesen durch   **9** die Umstellung von festen Grundbuchbänden auf das **Loseblatt-Grundbuch**[46], womit der Automatisation und der Rationalisierung Rechnung getragen wurde. Dagegen verdient das nach der Wiedervereinigung in Kraft getretene Registerverfahrensbeschleunigungsgesetz (RegVBG) vom 20.12.1993[47] eher die Bezeichnung einer echten GBO-Novelle 1993[48], zumal damit der **Wechsel vom**

---

[38] Vgl. auch Ertl, S. 4.

[39] Das waren die §§ 82–102 der Reichsgrundbuchordnung 1897/1898, also 20 Prozent des gesamten Umfanges der damaligen GBO; vgl auch die Denkschrift zur GBO in Hahn/Mugdan, Fünfter Band, S. 147.

[40] Böhringer spricht sogar von einer *„außerordentlichen Buntscheckigkeit der Grundbücher"*, vgl. Meikel/Böhringer, Einl A, Rn. 40; von *Zersplitterung* und *Buntscheckigkeit* spricht bereits Siefert, Das neue Grundbuchrecht, 1936, S. 6; vgl. auch Holzer, S. 74, unter Hinweis auf Preußen, Bayern sowie Sachsen-Meiningen; vgl. auch Holzer, Sonderdruck ZNR 2009, Nr. 1, über Sachsen-Meiningen.

[41] Verordnung zur Änderung des Verfahrens in Grundbuchsachen vom 5.8.1935 (RGBl. I S. 1065).

[42] Siehe beispielsweise die Streichung der §§ 85, 86, 90, 93, 95–102 GBO.

[43] Allgemeine Verfügung über die Einrichtung und Führung des Grundbuchs (Grundbuchverfügung) vom 8.8.1935, RMBl. S. 637, abgedruckt bei Siefert, S. 99 ff.

[44] Siehe § 22 GBVfg (Eintragungsmuster): „ *Die nähere Einrichtung und die Ausfüllung des Grundbuchblatts ergibt sich aus dem in Anlage 1 beigefügten Muster"*; zu möglichen ideologischen Implikationen vgl. Holzer, S. 76.

[45] Ertl, S. 2.

[46] Änderung des § 2 GBVfg, vgl. VO des BMJ vom 26.6.1961, s. Meikel/Böttcher, § 2 GBV Rn. 1 ff.

[47] BGBl. I. S. 2182, vgl. Schmidt-Räntsch, S. 21; in Kraft getreten am 25.12.1993.

[48] So Schmidt-Räntsch, S. 7.

Papier- zum EDV-Grundbuch vollzogen wurde. Geschaffen wurde erstmals ein elektronisches, maschinell geführtes Grundbuch (zum Begriff vgl § 62 GBVfg). Kern des Konzepts für die Einführung des maschinell geführten Grundbuchs war es, das System eines computergebundenen Registers zu implementieren, ohne Grundsätze des Grundbuchrechts zu eliminieren[49]. Unverändert geblieben sind beispielsweise die Gestalt des Grundbuchs und die Einsichtnahme in das maschinell geführte Grundbuch[50].

10   Einen weiteren Medienumbruch enthält die **Grundbuchnovelle 2009**[51], denn die §§ 135–141 GBO n.F. regeln nun die Grundlagen für die Einführung des elektronischen Rechtsverkehrs in Grundbuchsachen. Während sich das RegVBG auf die Elektronisierung des Grundbuchs beschränkte, öffnete nun die GBO-Novelle 2009 (ERVGBG) das Grundbuchverfahren für den elektronischen Rechtsverkehr. Die Rechtskonzeption des Immobiliarregisterapparates ist damit vollständig im elektronischen Kommunikationsraum angekommen, weit entfernt von den ersten, ursprünglichen Aufzeichnungen in Listenform, die jedoch als Anachronismus weiterleben in Online-Plattformen wie Second Life. Es entbehrt nicht einer gewissen Ironie, in der digitalen Welt von Second Life die Urzeit-Bodenliste[52] und das römische, formfreie Bodenrecht wiederzufinden, diesmal in der neuzeitlichen Variante „*click and buy*".[53]

---

[49] Vgl. Hügel/Wilsch, § 132 Rn. 1.

[50] Hügel/Wilsch, § 132 Rn. 1.

[51] Gesetz zur Einführung des elektronischen Rechtsverkehrs und der elektronischen Akte im Grundbuchverfahren sowie zur Änderung weiterer grundbuch-, register- und kostenrechtlicher Vorschriften (ERVGBG) vom 11.8.2009, BGBl. I, S. 2713; zum Begriff der GBO-Novelle 2009 vgl. BeckOK GBO Hügel/Wilsch, 8.Edition, Stand 1.Oktober 2009, § 135; zu den parlamentarischen Drucksachen vgl. BT-Drs. 16/12319, BR 66/09, BT-Drs. 16/13437, BR-Drs. 589/09; vgl. auch Aufderhaar/Jaeger, ZfIR 2009, 681.

[52] Siehe die Beschreibung bei Stöcker, Second Life, 2007, S. 119.

[53] Stöcker, S. 119

B. Das Grundbuchverfahren im wirtschaftlichen Kontext

I. Generelle Bedeutung der Eintragung

Die Grundbuchpraxis sieht sich häufig mit der Frage konfrontiert, wie es denn **11** möglich sei, dass eine nur wenige Zeilen umfassende elektronische Grundbucheintragung Gebühren in großer Höhe generieren könne. Mag auch die Vollzugsmitteilung über die Eintragung nicht in Goldlettern abgefasst sein, so zeigt sich doch bei näherer rechtlicher Betrachtung, dass Eintragungen im Grundbuch Gold wert sind. Die Begründung hierfür ist in den generellen Wirkungen der Eintragung zu sehen, wobei die Literatur[54] regelmäßig nur drei Funktionsebenen benennt, nämlich eine Konstitutiv-, eine Vermutungs- und eine Schutzwirkung.

Die **erste Funktionsebene** des Publizitätsmittels besteht in der konstitutiven **12** Wirkung der Eintragung und ergibt sich aus § 873 Abs 1 BGB, wonach zum rechtsgeschäftlichen Erwerb und Verlust von Eigentum und dinglichen Rechten neben der Einigung auch die Eintragung erforderlich ist, soweit nicht das Gesetz ein anderes vorschreibt[55]. Sofern die Einigung als komplementärer Bestandteil vorliegt, vollendet die Eintragung als „Perfektionsakt" den Rechtserwerb. Identische Anordnungen gelten für die Eintragung einer Löschung, vgl. § 875 Abs 1 BGB, und für die Eintragung einer Rechtsänderung, § 877 BGB. Das bedeutet ein Höchstmaß an Kongruenz zwischen materieller und formeller Rechtslage[56]. Wie später noch zu zeigen sein wird (Teil G VII), korrespondiert damit im Verfahrensrecht der Voreintragungsgrundsatz des § 39 GBO.

Dagegen etabliert die **zweite Funktionsebene** eine Vermutungswirkung, die **13** sich im Falle der Eintragung positiv[57], im Falle der Löschung negativ[58] gegenüber jedermann manifestiert.

Das verweist wiederum auf die **dritte Funktionsebene** der Eintragung, die **14** Gutglaubens- bzw. Schutzwirkung iSv § 892 BGB, wonach zugunsten des redlichen Erwerbers die Richtigkeit und Vollständigkeit des Grundbuches fingiert

---

[54] Siehe beispielsweise Baur/Stürner, Sachenrecht, 18. A., § 4 Rn. 9.

[55] Wichtigste Ausnahmen hier: Gesamtrechtsnachfolge, etwa infolge Erbfolge, § 1922 BGB.

[56] Vgl. zum Registerrecht insoweit Krafka, Einführung in das Registerrecht, 2. A., Rn. 79; im Gegensatz dazu steht z.B. die deklaratorische Wirkung der Eintragung im frz. Recht, vgl. Frank/Wachter, Handbuch Immobilienrecht in Europa, S. 299.

[57] § 891 Abs 1 BGB: ist im Grundbuch für jemand ein Recht eingetragen so wird vermutet, dass ihm das Recht zustehe.

[58] § 891 Abs 2 BGB: ist im Grundbuch ein eingetragenes Recht gelöscht, so wird vermutet, dass das Recht nicht bestehe.

werden[59]. Die Sicherungsqualität und die Staatshaftung, die hiermit verbunden sind, und zwar ohne jeglichen Abschluss einer Versicherung über den Registrierungsvorgang, ohne Abschluss einer *title insurance*[60], belegen die anfangs geäußerte Einschätzung, dass Eintragungen im Grundbuch Gold wert sind.

15   Richtigerweise muss die übliche Unterteilung in drei Funktionsebenen durch eine **vierte Ebene** ergänzt werden. Gemeint ist die Regelung des § 879 BGB, die sich mit der Rangordnung im Grundbuch beschäftigt. Danach richtet sich der Rang bei Grundbucheintragungen in derselben Abteilung nach der räumlichen-, bei Eintragungen in verschiedenen Abteilungen nach der zeitlichen Reihenfolge der Eintragung, was auch im Einklang mit den verfahrensrechtlichen Regelungen der §§ 17, 45 GBO steht.

II. Investitionen und Rechtssicherheit *(certitudo; securitas)*

16   In ihrer Gesamtheit bilden die verschiedenen Funktionsebenen der Eintragung eine **Sicherungsarchitektur**, die darauf abzielt, dem Immobiliarverkehr jene zuverlässige[61] Grundlage zu geben, die Basis rechtssicherer Transaktionen ist. Weil das Grundbuch als Spiegel der privaten dinglichen Rechte fungiert[62], kann sich der Rechtsverkehr in abschließender und umfassender Art und Weise über die Rechtsverhältnisse informieren und somit die nötige Rechtssicherheit gewinnen. Dabei bietet das Grundbuchverfahren sowohl die nötige Orientierungssicherheit (= **certitudo**[63]), als auch die erforderliche Realisierungsgewissheit (= **securitas**). Wie im weiteren Verlauf zu zeigen sein wird, billigt die GBO dem Grundbuchamt keinen der *certitudo* abträglichen Ermessensspielraum zu, was etwa anhand des Bestimmtheitsgrundsatzes deutlich wird. Auch die hohe Regelungsdichte der GBO[64] trägt zur absoluten Gewissheit darüber bei, welches Verfahrensverhalten erwartet wird und vom Grundbuchamt zu erwarten ist, § 18 GBO. Zugleich besteht aufgrund des Legalitätsgrundsatzes das Vertrauen in die Umsetzung der Rechtsnormen der GBO, also Vertrauen in die *securitas* des grundbuchamtlichen Verfahrens, Art. 20 Abs 3 GG[65]. Hieraus kann sich wiederum ein höheres Maß an Investitionssicherheit entwickeln.

---

[59] Weirich, Grundstücksrecht, 3. A., § 12 Pkt. 2 = Rn. 711 ff.; keinen öffentlichen Glauben genießen jedoch die im Grundbuch verlautbarten tatsächlichen Angaben im Bestandsverzeichnis und die persönlichen Verhältnisse, etwa die Geschäftsfähigkeit, vgl. auch Baur/Stürner, § 15 IV Rn. 37.

[60] Vgl. Baur/Stürner, § 64 B III Rn. 57 (S. 929).

[61] Schöner/Stöber, Grundbuchrecht, 14. A., Rn. 2 ff.

[62] Jaschke, Gesamthand und Grundbuchrecht, S. 62; vgl. im britischen Rechtskreis das „mirror-principle".

[63] Unterscheidung certitudo/securitas nach Zippelius, Rechtsphilosophie, 5. A., § 23 II (S. 123); vgl. auch ELRA-Publikation Nr. 2, S. 44.

[64] Vgl. Wilsch, Das Grundbuchverfahren nach dem FamFG, NotBZ 2009, 313, 317.

[65] Zur Bindung des Grundbuchamtes an Recht und Gesetz vgl. KEHE/Dümig, Grundbuchrecht, 6. A., Einl C 60.

III. Eintragung als Fälligkeitsvoraussetzung

Eng verbunden damit ist die Bedeutung der Eintragung als weitere Fällig- **17** keitsvoraussetzung. Die kaufvertraglichen Formulierungsbeispiele[66] sehen idR die Fälligkeit des Kaufpreises binnen einer Frist von zwei Wochen vor, sobald die Auflassungsvormerkung im Grundbuch eingetragen ist und die weiteren Voraussetzungen (Lastenfreistellung und gemeindliche Vorkaufsrechtsbescheinigung) erfüllt sind. Die Eintragung[67] erweist sich insofern als eine der elementaren Standardvoraussetzungen für **die Fälligkeit des Kaufpreises.** Die gesetzliche Regelung des Bauträgervertrages sieht in § 3 Abs 1 S 1 Nr. 1 MABV sogar zwingend die Eintragung der Vormerkung für den Käufer als unverzichtbares Sicherungsmittel vor[68]. Häufig ist auch die Auszahlung des Darlehens mit der Eintragung des Grundpfandrechtes verknüpft, insbesondere bei Finanzierung aus öffentlichen Geldern[69]. Eine andere Bankenpraxis wartet die Eintragung nicht ab, sondern begnügt sich mit sog. „Rangbescheinigungen" des Notars darüber, dass der Antrag gestellt ist und keine Eintragungshindernisse entgegenstehen, also mit der Antizipation der Eintragung.

IV. Eintragung und Städtebaurecht

Weitere Bedeutung kommt der Eintragung von Dienstbarkeiten als privat- **18** rechtliche Ergänzung des öffentlich-rechtlichen Bebauungsplanes[70] zu, insbesondere dann, wenn aus **bauordnungsrechtlicher Sicht** die Eintragung entsprechender Rechte vorgesehen ist, um die Übernahme von Abstandsflächen oder Stellplätzen dinglich zu sichern[71]. Möglich ist auch die Eintragung von Bauverboten, Baubeschränkungen oder Erschließungsdienstbarkeiten. Gegenüber der bloßen Eintragung im sog. Baulastenverzeichnis[72] weist die Eintragung im Grundbuch ohnehin einen höheren funktionalen Wert auf, da die Baulast keinen privatrechtlichen Nutzungsanspruch des Berechtigten begründen kann.

---

[66] Siehe Grziwotz/Everts/Heinemann/Koller, Grundstückskaufverträge, Rn. 86; Würzburger Notarhandbuch, 1. A., Teil 2 Kap. 2, Muster bei Rn. 143; Krüger/Hertel, Der Grundstückskauf, 9. A., Rn. 571.

[67] Nicht die bloße Antragstellung, vgl. Krüger/Hertel, Rn. 571.

[68] Krüger/Hertel, Rn. 570; Schöner/Stöber, Rn. 3213.

[69] Vgl. das Muster 5 bei Krauß, Immobilienkaufverträge in der Praxis, 2. A. (S. 747).

[70] So Baur/Stürner, § 33 II 1 b (S. 418).

[71] Vgl. Grziwotz, Praxis-Handbuch Grundbuch- und Grundstücksrecht, Rn. 486 und 493.

[72] So auch Weirich, Rn. 1020.

C. Übergeordnete Prinzipien
des deutschen Sachenrechts

I. Absolutheit der dinglichen Rechte

19   Bereits die Denkschrift zur GBO[73] führte aus, dass das Liegenschaftsrecht die Einrichtung von Grundbüchern voraussetze bzw. das Liegenschaftsrecht des BGB auf dem Grundbuchsystem aufgebaut sei[74]. Beide synchron[75] in Kraft getretene Rechtsgebiete sind konzeptionell miteinander verwoben und auch als gegenseitige Ergänzung zu verstehen. Notwendig ist daher ein Blick auf die übergeordneten Prinzipien des deutschen Sachenrechts, darunter auch der Grundsatz der **Absolutheit der dinglichen Rechte**[76]. Danach wirken die im Grundbuch eingetragenen Rechte gegenüber jedermann und sind auch von jedermann zu beachten[77], was nicht nur im Einklang mit dem Grundbuch als öffentlichem Rechtsregister steht, dessen Einsicht jedem gestattet ist, der ein berechtigtes Interesse darlegen kann, § 12 Abs 1 S 1 GBO. Vielmehr findet die Absolutheit der dinglichen Rechte ihr verfahrensrechtliches Pendant auch in der Art und Weise, wie eine Eintragung im Grundbuch zu fassen ist. Durch klare und eindeutige Eintragungen, die jedermann den Inhalt und den Umfang des verlautbarten Rechts erkennen lassen, verhilft das Grundbuch der Absolutheit der dinglichen Rechte erst zur Geltung.

II. Numerus clausus des Sachenrechts und
inhaltlicher Typenzwang

20   Ein weiteres, grundlegendes Prinzip formiert sich *im numerus clausus* bzw. **Typenzwang des deutschen Sachenrechts**[78], der, konträr zu den Bestimmungen des Schuldrechts, nur eine beschränkte Anzahl dinglicher Rechte und nur eine eingeschränkte inhaltliche Gestaltungsfreiheit kennt. Welches Recht bzw.

---

[73] Vgl. Hahn/Mugdan, Die gesammten Materialien zu den Reichs-Justizgesetzen, Fünfter Band, S. 147 ff.

[74] So auch Henle, Die Anlegung des Grundbuchs in den Landesteilen rechts des Rheins, 2. A., 1902, S. 4.

[75] 1. Januar 1900, vgl. Gmür/Roth, Rn. 419.

[76] Baur/Stürner, § 4 I Rn. 3 (S. 35); Schwab/Prütting, Sachenrecht, 32. A., § 3 Rn. 15 (S. 7).

[77] Seiler, in Staudinger/Eckpfeiler (2005), S. 888; Baur/Stürner, § 4 I 1 (S. 35).

[78] Vgl. Seiler, in Staudinger/Eckpfeiler (2005), S. 888; KEHE/Dümig, Einl B 16.

Sicherungsmittel bzw. welche Verfügungsbeschränkung mit welchem Inhalt im Grundbuch eingetragen werden kann, ist abschließend im Gesetz[79] geregelt. In der Rechtspraxis tragen der geschlossene Pool dinglicher Rechte und die inhaltliche Typenfixierung ebenfalls zur Orientierungssicherheit (*certitudo*) bei.

Eine verfahrensrechtliche Entsprechung hierzu findet sich in der Regelung **21** des § 53 Abs 1 Satz 2 GBO[80], wonach eine Eintragung, die sich ihrem Inhalt nach als unzulässig erweist, von Amts wegen zu löschen ist. Eine solche inhaltliche Unzulässigkeit kann auf der grundbuchmäßigen Verlautbarung eines nicht eintragungsfähigen Rechts beruhen, also auf einem Verstoß gegen den numerus clausus[81]. Möglicherweise resultiert aber auch die inhaltliche Unzulässigkeit aus der Verlautbarung eines eintragungsfähigen Rechts ohne den zwingend vorgeschriebenen oder gesetzlich gestatteten Inhalt, was einen Verstoß gegen die inhaltliche Typenfixierung impliziert[82]. Bei schwerwiegenden Verstößen sieht die GBO nur die Löschung von Amts wegen vor, § 53 Abs 1 Satz 2 GBO[83].

III. Bestimmtheitsgrundsatz

Zu den übergeordneten sachenrechtlichen Prinzipien ist auch der **Bestimmt-** **22** **heitsgrundsatz** zu zählen, dessen Relevanz in den Bereichen der Rechtsträgerschaft und des Verfügungsgeschäfts sichtbar wird[84]. Um völlig klare und eindeutige Eintragungen über den Eigentümer, den Berechtigten sowie Inhalt und Umfang eines dinglichen Rechts vornehmen zu können, müssen die zugrunde liegenden Erklärungen der Beteiligten in gleicher Weise ausreichend bestimmt sein[85]. Welche Immobilie, welches dingliche Recht mit welchem Inhalt und welchem Berechtigten betroffen ist[86], muss völlig unzweifelhaft feststehen, da anderenfalls eine Eintragung nicht vorgenommen werden kann. Denn Aufgabe des Grundbuchs ist es, über die privatrechtlichen Vorgänge erschöpfend, klar und zuverlässig Auskunft zu geben[87].

Im Vordergrund steht wiederum der Rechtssicherheitsaspekt der *certitudo*, die **23** Orientierungssicherheit. Mehrere verfahrensrechtliche Vorschriften weisen einen Bezug zum Bestimmtheitsgrundsatz auf, beispielsweise § 28 Satz 1 GBO. Danach ist in der Eintragungsbewilligung bzw. im Eintragungsantrag das Grundstück übereinstimmend mit dem Grundbuch oder durch Hinweis auf das Grundbuchblatt zu bezeichnen. Diese Regelung gewährleistet die Eintragung beim richtigen

---

[79] Baur/Stürner, § 1 II Rn. 7 (S. 3).
[80] Vgl. Demharter, GBO, 27. A., § 53 Rn. 1.
[81] Hügel/Zeiser, § 53 Rn. 56; KEHE/Eickmann, § 53 Rn. 15.
[82] KEHE/Eickmann, § 53 Rn. 16; Demharter, § 53 Rn. 45 und 46.
[83] Also nicht bloß Berichtigung oder Ergänzung, KEHE/Eickmann, § 53 Rn. 19.
[84] Vgl. Baur/Stürner, § 4 III Rn. 18+19 (S. 40).
[85] Schwab/Prütting, § 4 I 2 (S. 10); Demharter, Anhang zu § 13 Rn. 5.
[86] S. a. Eickmann, 8. Kap. § 1 II (S. 220).
[87] Hügel/Wilsch, § 28, Überblick; BayObLGZ 1990, 188.

Grundstück[88]. Darüber hinaus ordnet die Regelung in § 47 Abs 1 GBO an, dass bei Eintragung eines gemeinschaftlichen Rechts das relevante Gemeinschaftsverhältnis anzugeben ist. Schließlich kann wiederum eine Eintragung von Amts wegen gelöscht werden, so die Bestimmung in § 53 Abs 1 Satz 2 GBO, falls sie sich als inhaltlich unzulässig erweist.

IV. Abstraktionsprinzip

24   Nach dem **Abstraktionsprinzip,** einem weiteren Grundprinzip, besteht eine Entkoppelung von schuldrechtlichem und dinglichem Rechtsgeschäft[89], so dass sich die Unwirksamkeit eines der Rechtsgeschäfte (RG) nicht auf das andere RG auswirkt[90]. Im Immobiliarsachenrecht vollzieht sich folglich der Rechtserwerb gem. § 873 Abs 1 BGB durch Einigung und Eintragung, losgelöst vom schuldrechtlichen Kausalgeschäft[91].

25   Aus grundbuchamtlicher Sicht ist damit die Frage verbunden, wie weit die **Prüfungspflicht des Grundbuchamtes** reicht. Dabei sind in die Konzeptionierung der GBO als *„Grundbuchverfahrensbeschleunigungsnovelle"*[92] auch die negativen Erfahrungen des alten preußischen Grundbuchrechts[93] eingeflossen, das eine umfassende Prüfung der materiell-rechtlichen Vorgänge vorsah[94]. Es wäre denkbar gewesen, die Prüfungsbefugnis auf das Verpflichtungs- und das Verfügungsgeschäft zu erstrecken. Wie im weiteren Verlauf noch zu zeigen sein wird (Teil G II, IV), optierte jedoch der historische Gesetzgeber mit dem **formellen Konsensprinzip** des § 19 GBO und dem materiellen Konsensprinzip des § 20 GBO für eine andere, die wirtschaftlichen Realitäten eher berücksichtigende Verfahrenspraxis.

26   Im Anwendungsbereich des formellen Konsensprinzips des § 19 GBO geschieht dies durch den *Sprung* in die rein verfahrensrechtliche Natur der Eintragungsbewilligung. Die Eintragungsbewilligung ist unabhängig von der Wirksamkeit des Verpflichtungs- und des Verfügungsgeschäfts[95] und somit **doppelt abstrakt.** Da die Eintragungsbewilligung eine reine Verfahrenshandlung darstellt, keine rechtsgeschäftliche Willenserklärung[96], ist es gerechtfertigt, im Kontext der Regelung des § 19 GBO von einer **verfahrensrechtlichen Adaption des Abstraktionsprinzips** zu sprechen. Eine Durchbrechung dieses formellen Kon-

---

[88] BGH NJW 1984, 1959.

[89] Vgl. Baur/Stürner, § 4 V Rn. 23 (S. 41, 42).

[90] Larenz/Wolf, Allgemeiner Teil des Bürgerlichen Rechts, 9. A., § 23 IV 2 Rn. 79 (S. 421).

[91] Vgl. auch Hügel/Holzer, § 19 Rn. 1.

[92] Huhn, RpflStud 1978, 30, 31.

[93] Hypothekenordnung aus dem Jahr 1783, vgl. Holzer/Kramer, Grundbuchrecht, 2. A., 4. Teil Rn. 90 (S. 78).

[94] Hügel/Holzer, § 19 Rn. 1.

[95] Demharter, § 19 Rn. 18; Hügel/Holzer, § 19 Rn. 7 und 9.

[96] Eickmann, 5. Kap. § 3 II 3 (S. 87); Meikel/Böttcher, Einl H Rn. 25.

sensprinzips[97] sieht die Regelung des § 20 GBO vor, dessen Anwendungsbereich sich auf die Auflassung und die Bestellung, Änderung oder Übertragung eines Erbbaurechts erstreckt. In solchen Fällen reicht die bloße Eintragungsbewilligung als Eintragungsgrundlage nicht aus, vielmehr ist dem Grundbuchamt auch[98] die dingliche Einigung des § 873 Abs 1 BGB vorzulegen. Ratio legis ist hier, wegen der öffentlich rechtlichen Implikationen des Eigentums/Erbbaurechts eine Abstraktionsferne zu vermeiden und stattdessen eine weitgehende Kongruenz zwischen Grundbuchlage und materiell-rechtlichen Vorgängen zu erreichen.

V. Prioritätsgrundsatz

Ein anderes Grundprinzip, das **Prioritätsprinzip**, kreist um die Rangord- 27 nung der dinglichen Rechte und ist in § 879 BGB geregelt. Sofern die Rechte in derselben Abteilung des Grundbuches einzutragen sind, bestimmt sich die Rangordnung nach der räumlichen Reihenfolge der Eintragung, § 879 Abs 1 S 1 BGB[99]. Sofern dagegen die Rechte in verschiedenen Abteilungen einzutragen sind, entscheidet das Eintragungsdatum, § 879 Abs 1 S 2 BGB[100]. Eine verfahrensrechtliche Parallele hierzu findet sich in den Regelungen der §§ 17, 45 GBO. Mehrere Anträge, die dasselbe Recht betreffen, müssen in der Eingangsreihenfolge bearbeitet werden, so dass die später beantragte Eintragung nicht vor der Erledigung des früher gestellten Antrages erfolgen darf, § 17 GBO[101]. Falls in einer Abteilung des Grundbuchs mehrere Eintragungen vorzunehmen sind, erhalten sie die Reihenfolge, die der Eingangsreihenfolge entspricht, § 45 Abs 1 GBO[102]. Falls mehrere, zu verschiedenen Zeitpunkten beantragte Eintragungen in verschiedenen Abteilungen vorzunehmen sind, ist ein entsprechender Rangvermerk anzubringen, § 45 Abs 2 GBO[103]. In der Abstimmung[104] der §§ 17, 45 GBO mit § 879 BGB soll sich ein Einklang zwischen Eingangs-, Bearbeitungs- und Rangfolge bilden. Die Eingangsreihenfolge (§ 17 GBO) determiniert die Bearbeitungsreihenfolge (§ 45 GBO) und damit auch die Rangfolge (§ 879 BGB). Dies gilt jedoch nicht für den Fall einer abweichenden Rangvereinbarung der Beteiligten, § 879 Abs 3 BGB iVm § 45 Abs 3 GBO.

---

[97] Hügel/Hügel, § 20 Rn. 1; Demharter, § 20 Rn. 2.

[98] Zum Meinungsstreit, ob neben der Einigung auch die Bewilligung vorzulegen ist bzw. in der materiellen Einigung auch die Bewilligung zu sehen ist, vgl. Meikel/Böttcher, § 20 Rn. 5.

[99] Wegen der räumlichen Reihenfolge auch *Locusprinzip* genannt, Baur/Stürner, § 17 B I 1 Rn. 13 (S. 211).

[100] Wegen der zeitlichen Reihenfolge auch *Tempusprinzip* genannt, Baur/Stürner.

[101] Vgl. Eickmann, 8. Kap. § 2 (S. 223 ff.).

[102] Bei gleichzeitig gestellten Anträgen: Gleichrangvermerk erforderlich, s. § 45 Abs 1 GBO a.E.

[103] Anderenfalls wäre Gleichrang verlautbart, § 879 Abs 1 S 2 a.E. BGB.

[104] So Baur/Stürner, § 17 B I 2 (S. 212).

VI. Publizitätsgrundsatz

28   Der **Publizitätsgrundsatz** schließlich weist eine materielle und formelle Ausprägung auf[105]. Während in materieller Hinsicht die Regelungen der §§ 891, 892 BGB zu nennen sind, die eine Richtigkeitsvermutung und die Möglichkeit des gutgläubigen Erwerbs konstituieren[106], sieht das formelle Recht in § 12 Abs 1 S 1 GBO vor, dass die Einsicht jedem zu gestatten ist, der ein berechtigtes Interesse darlegt. Eine solche Verklammerung[107] ist notwendig, anderenfalls die §§ 891, 892 BGB ihre Wirkungen nicht entfalten könnten. Anderenfalls wäre die Bedeutung des Grundbuchs als Register erheblich eingeschränkt. Böhringer brachte diesen Wirkungszusammenhang auf folgende Formel: *„Ohne Einsichtsrecht kein öffentlicher Glaube und kein öffentlicher Glaube ohne Möglichkeit der Einsichtnahme.“*[108]

---

[105] Schöner/Stöber, Rn. 17; Hügel/Wilsch, BeckOK GBO, Stand 1.10.09, Vor § 12 GBO.
[106] Seiler, in Staudinger/Eckpfeiler (2005), S. 896, 897.
[107] Böhringer, Rpfleger 1987, 181.
[108] Böhringer, Rpfleger 1987, 181.

D. Das Grundbuchverfahren als Verfahren der Freiwilligen Gerichtsbarkeit

I. Das neue FamFG

Mit dem Inkrafttreten des FamFG[109] am 1.9.2009 ist an die Stelle des bisheri- **29** gen FGG eine vollständige Neukodifizierung des Verfahrens in Familiensachen und in den Angelegenheiten der freiwilligen Gerichtsbarkeit getreten. Dabei hielt der Gesetzgeber eine Gesamtreform des Rechts der freiwilligen Gerichtsbarkeit für erforderlich, um die strukturellen Defizite des alten Rechts zu beseitigen und den Gerichten einen modernen Verfahrensrahmen zur Verfügung zu stellen[110]. Wenngleich sich die *jurisdictio voluntaria*[111] im Bereich des Grundbuchrechts nur teilweise in neuem Gewande präsentiert, weil das Grundbuchverfahren nicht im gesetzgeberischen Fokus stand[112], gilt es doch, den Zusammenhang zwischen FamFG und GBO zu beleuchten.

II. Konnex FamFG und GBO

Nach § 1 FamFG umfasst der Anwendungsbereich des neuen Gesetzes alle **30** Verfahren in Angelegenheiten der freiwilligen Gerichtsbarkeit, soweit sie durch Bundesgesetz den Gerichten zugewiesen sind. Die Zuweisung erfolgt jedoch nicht im FamFG, sondern in § 23a Abs 2 Nr. 8 GVG, wonach Grundbuchsachen zu den Angelegenheiten der freiwilligen Gerichtsbarkeit zählen. Aus der weiteren Regelungsmechanik ergibt sich dann die Zuständigkeit der Amtsgerichte, § 23a Abs 1 Nr. 2 GVG[113]. Die Einordnung der Grundbuchsachen als **amtsgerichtliche Verfahren** korrespondiert mit der bundesgesetzlichen Regelung in § 1 Abs 1 S 1 GBO, in der die Erledigung der Grundbuchsachen den Amtsgerichten anvertraut wird[114]. Damit gelten grundsätzlich die Bestimmungen des FamFG

---

[109] Gesetz über das Verfahren in Familiensachen und in den Angelegenheiten der freiwilligen Gerichtsbarkeit (FamFG) vom 17.12.2008, BGBl. I S. 2586–2743, ausgegeben am 22.12.2008.

[110] So die BT-Drucksache 16/6308, S. 163; vgl. auch Wilsch, Aspekte des FGG-Reformgesetzes in der grundbuchamtlichen Praxis, FGPrax 2009, 243.

[111] Vgl. zur Wortprägung: von Schuckmann in Jansen, FGG, 3. A., Bd I, Einl. Rn. 1.

[112] Wilsch, Das Grundbuchverfahren nach dem FamFG, NotBZ 2009, 317.

[113] Vgl. Wilsch, FGPrax 2009, 243; s.a. Keidel/Sternal, FamFG, 16. A., § 1 Rn. 4.

[114] Vgl. Hügel/Holzer, § 1 Rn. 36; Demharter, GBO, 27. A., § 1 Rn. 27.

auch für Grundbuchsachen[115]. Allerdings gilt die Verweisung auf die FamFG-Bestimmungen nicht uneingeschränkt, sondern nur komplementär und unter dem verfahrensimmanentem Vorbehalt, dass die GBO keine abweichende Regelung enthält oder die Anwendung der Vorschriften des FamFG mit dem Grundbuchverfahren schlechthin unvereinbar ist[116]. Der systematische Zusammenhang zwischen FamFG und GBO lässt sich als Verhältnis zwischen **Rahmengesetz** (FamFG) und **Spezialgesetz** (GBO) beschreiben. Falls die GBO keine spezielle Regelung bereithält oder ergänzungsbedürftig ist[117], sind die Bestimmungen des FamFG heranzuziehen[118]. Weil die GBO keine entsprechende Regelung vorsieht, sind beispielsweise die Bestimmungen des FamFG über die Bekanntgabe von Dokumenten (§ 15 FamFG), die Zwangsmittel (§ 35 FamFG), die Merkmale des Beschlusses (§ 38 FamFG) und über die Rechtsmittelbelehrung (§ 39 FamFG) in Grundbuchsachen anwendbar[119]. Unanwendbar sind dagegen die FamFG-Bestimmungen über das Rechtsmittelverfahren (§§ 58 ff. FamFG) und über die Aussetzung des Verfahrens (§ 21 FamFG), weil hier die GBO in den §§ 71 ff. bzw. §§ 17, 18 eigenständige Regelungen enthält. Ungeklärt ist derzeit, ob auch der Beteiligtenbegriff iSv § 7 FamFG im Grundbuchverfahren Anwendung finden kann[120]. Während eine Meinung die Intention des Gesetzgebers, einen einheitlichen Beteiligtenbegriff für alle Verfahren der freiwilligen Gerichtsbarkeit zu schaffen, in den Vordergrund rückt[121], betont eine abweichende Meinung das grundbuchverfahrensrechtliche Kollisionspotential. Insbesondere im Hinblick auf das formelle Konsensprinzip iSv § 19 GBO[122] erscheint es geradezu systemfremd, eine Hinzuziehung des Begünstigten im Rahmen von § 7 Abs 2 Nr. 1 FamFG in Erwägung zu ziehen.

III. Übergangsrecht

31   Artikel 111 des FGG-Reformgesetzes (FGG-RG) regelt die transitorische Phase zwischen altem GBO/FGG-Verfahren und neuem GBO/FamFG-Verfahren. Nach Art. 111 Abs 1 S 1 FGG-RG sind auf Verfahren, die bis zum **1.9.2009** eingeleitet worden sind oder deren Einleitung bis zum 1.9.2009 beantragt wurde, auch weiterhin die vor dem Inkrafttreten der Reform geltenden Vorschriften

---

[115] Wilsch, FGPrax 2009, 243; Keidel/Sternal, § 1 Rn. 4.
[116] Wilsch, FGPrax 2009, 243; Hügel/Holzer, § 1 Rn. 36; KEHE/Eickmann, § 1 Rn. 26; Heinemann, FamFG für Notare, Rn. 557.
[117] Heinemann, Rn. 557.
[118] Vgl. Wilsch, FGPrax 2009, 247; Heinemann, Rn. 555.
[119] Vgl. Wilsch, FGPrax 2009, 243–247; vgl. auch Heinemann, Rn. 555, 576.
[120] *Dagegen*: Holzer, Der Beteiligtenbegriff in der freiwilligen Gerichtsbarkeit, ZNotP 2009, 122, 130, sowie Wilsch, NotBZ 2009, 314; *dafür*: Heinemann, Rn. 558 ff.
[121] So Heinemann, Rn. 558.
[122] So Holzer, ZNotP 2009, 122, 130, sowie Wilsch, NotBZ 2009, 314.

anzuwenden[123]. Maßgeblich ist danach, ob zum Stichtag 1.9.2009 das Grundbuchverfahren bereits beantragt oder bereits eingeleitet war[124]. Die Frage nach der Anwendbarkeit alten oder neuen Rechts entfaltet besondere Relevanz im Bereich des Rechtsmittelrechts[125]. So verneinte das OLG Köln zu Recht seine Zuständigkeit als Rechtsmittelgericht, da das grundbuchamtliche Verfahren noch unter Geltung des bisherigen Rechts eingeleitet worden war (Antragstellung am 17.4.2009[126]). In einer solchen Konstellation sieht Art. 111 Abs 1 S 1 FGG-RG die Anwendbarkeit des bis zum 31.8.2009 geltenden Rechts vor, darunter auch § 72 GBO a.f., wonach das Landgericht als Beschwerdegericht fungiert[127]. Nach der allgemeinen Konzeption der Übergangsregelung findet eine Globalverweisung[128] auf sämtliche Verfahrensvorschriften statt, so dass bei Altverfahren (Antrag/Einleitung bis einschließlich 31.8.2009) die bisherigen, bei Neuverfahren (Antrag/Einleitung ab 1.9.2009) die neuen Vorschriften über die Rechtsmittelverfahren (§§ 72, 78 GBO) Anwendung finden[129].

---

[123] *Rspr* hierzu: OLG Köln FGPrax 2009, 240; OLG Düsseldorf MDR 2009, 1352; OLG Dresden, Beschluss v. 20.10.2009, Az. 3 W 1077/09; OLG Köln FGPrax 2009, 241 mit Anm. Sternal; OLG Schleswig, FGPrax 2009, 290; OLG Hamm FGPrax 2009, 285.

[124] Nicht richtig insofern Prütting/Helms, FamFG, Art. 111 FGG-RG Rn. 5, der einzig und allein auf den Zeitpunkt der Beschwerdeeinlegung abstellt (nach dem 1.9.2009: FamFG); dagegen explizit OLG Schleswig FGPrax 2009, 290.

[125] Siehe OLG Köln, FGPrax 2009, 240.

[126] OLG Köln.

[127] So auch die Fallkonstellation im Beschluss des OLG Düsseldorf in ZfIR 2009, 756.

[128] So das OLG Düsseldorf, sowie Sternal in seiner Anm. zu OLG Köln, FGPrax 2009, 241.

[129] Vgl. die *herrschende Meinung* bei Keidel/Engelhardt, Art. 111 FGG-RG Rn. 2; OLG Düsseldorf; OLG Köln; OLG Dresden; OLG Schleswig; Wilsch, NotBZ 2009, 314; Demharter, Einl. Rn. 85; die *Mindermeinung* vertritt nur Prütting in Prütting/Helms, Art. 111 FGG-RG Rn. 5, der lediglich auf die Beschwerdeeinlegung nach dem 1.9.2009 abstellt und dann bereits die neuen Rechtsmittelvorschriften für anwendbar hält.

E. Einrichtung und Führung des Grundbuchs

I. Sachliche Zuständigkeit, § 1 Abs 1 GBO

32   Das Grundbuchverfahren ist Teil der freiwilligen Gerichtsbarkeit, die den Amtsgerichten zugewiesen ist, § 23a Abs 2 Nr. 8, Abs 1 Nr. 2 GVG. Die Einrichtung und die Führung der Grundbücher obliegt den **Amtsgerichten** in ihrer grundbuchamtlichen Funktion, § 1 Abs 1 S 1 GBO[130]. Die ursprüngliche Fassung des § 1 GBO statuierte lediglich, dass die Grundbücher von den Grundbuchämtern geführt werden[131], ohne explizite Zuweisung an die Amtsgerichte[132]. Die jetzige Fassung des **§ 1 Abs 1 S 1 GBO** geht auf eine spätere Novellierung[133] zurück, so dass nun die sachliche Zuständigkeit wie folgt geregelt wurde:

> *„Die Grundbücher werden von den Amtsgerichten geführt (Grundbuchämter)."*

33   Organisatorisch betrachtet handelt es sich daher um eine Abteilung des Amtsgerichts, nicht um eine Verwaltungsbehörde, worauf der Begriff nach Ansicht von Teilen der Literatur hindeuten könnte[134]. Die Einschätzung, bei der Bezeichnung **„Grundbuchamt"** handle es sich um einen *„bedauerlichen Anachronismus"*[135], lässt jedoch internationale Bezüge außer Acht, insbesondere die international übliche Bezeichnung *„Land Registry"*[136], mit der im Ausland häufig die Grundbuchämter bezeichnet werden, im Gegensatz zu den *„Agencies"*, reinen Verwaltungsbehörden. Gleiches gilt für die Bezeichnung der Grundbuchrichter im spanischen Recht, den sog. *Registradores*, bei denen es sich in gleicher Weise nicht um Verwaltungsbeamte handelt[137], worauf der Begriff ebenfalls hindeuten könnte. Dennoch sah

---

[130] Vgl. auch Meikel/Böttcher, § 1 Rn. 13.

[131] Vgl. von Henle/Schmitt, Das Grundbuchwesen in Bayern, C.H.Beck, 1910, § 1 RGBO: *„Die Grundbücher werden von den Grundbuchämtern geführt."*.

[132] Lediglich aus § 100 GBO ergab sich *„die Angliederung des Grundbuchamts an das Gericht"*, so von Henle/Schmitt, § 1 Anm. 2; § 100 GBO lautete: *„Durch die Gesetzgebung eines Bundesstaats, in welchem die Amtsgerichte nicht zugleich Grundbuchämter sind..."*, vgl. von Henle/Schmitt, S. 286.

[133] Art. 1 Nr. 1 der Verordnung zur Änderung des Verfahrens in Grundbuchsachen vom 5.8.1935 (RGBl. I S. 1065).

[134] Vgl. Eickmann, 3.Kapitel, § 1 (S. 33); Meikel/Böttcher, § 1 Rn. 13.

[135] So Böttcher in Meikel/Böttcher, § 1 Rn. 13.

[136] Vgl. Frank/Wachter, Handbuch Immobilienrecht in Europa, Länderteil England, erstellt von Kopp/Waldner, Rn. 122, Spruchrichterprivileg der Registerführer.

[137] Vgl. Frank/Wachter, Länderteil Spanien, erstellt von Eberl/Selbherr, Rn. 104: Registradores sind selbständige Träger eines öffentlichen Amts mit richterlicher Unabhängigkeit.

§ 1 Abs 1 der GeschBeh[138] vor, dass das Grundbuchamt die Bezeichnung des Amtsgerichts, zu dem es gehört, ohne den Zusatz „*Grundbuchamt*" führt. Eine Ausnahme hierzu wiederum enthalten landesrechtliche Geschäftsanweisungen für die Behandlung der Grundbuchsachen, darunter auch die BayGBGA. Danach führt in Bayern das Grundbuchamt die Bezeichnung des Amtsgerichts mit dem Zusatz „*Grundbuchamt*"[139]. Unberührt bleiben die landesrechtlichen Vorbehalte für Baden-Württemberg, §§ 1 Abs 1 S 3, 143, 144 GBO, in dessen Hoheitsgebiet die Grundbücher nicht von den Amtsgerichten, sondern von den Notaren im Landesdienst geführt werden.

II. Örtliche Zuständigkeit, § 1 Abs 1 S 2, Abs 3 und Abs 2 GBO

Die örtliche Zuständigkeit ist grundsätzlich in § 1 Abs 1 S 2 GBO geregelt, **34** wonach das Grundbuchamt für die in **seinem Bezirk liegenden** Grundstücke zuständig ist. Wie weit die örtliche Zuständigkeit des Grundbuchamtes reicht, wird durch den Amtsgerichtsbezirk definiert, dessen Festsetzung wiederum durch Gesetz erfolgt[140]. Weil im Bereich des Freistaats Bayern die Amtsgerichtsbezirke mit den Landkreisen übereinstimmen, ist beispielsweise das Grundbuchamt München für den Bereich der Landeshauptstadt München und für die anliegenden Gemeinden des Landkreises München zuständig. Allerdings offeriert die Regelung in § 1 Abs 3 GBO den Landesregierungen die Möglichkeit der Zuständigkeitskonzentration, sofern dies einer schnelleren und rationelleren Grundbuchführung dient. Anders als in der Praxis der Registergerichte[141] spielt die Zuständigkeitskonzentration in der Grundbuchpraxis keine Rolle, weil rechtspolitische Gründe entgegenstehen[142]. Falls ein Grundstück im Bezirk mehrerer Grundbuchämter liegt, sieht § 1 Abs 2 GBO eine Zuständigkeitsbestimmung nach § 5 FamFG vor. Die Lösung eines solchen Zuständigkeitskonflikts erfolgt durch das nächsthöhere gemeinsame Gericht, § 5 Abs 1 FamFG. Zuständig ist für Amtsgerichte im Bezirk desselben Landgerichtes das Landgericht und für Amtsgerichte im Bezirk verschiedener Landgerichte das Oberlandesgericht[143]. Die Konstellation, dass die Amtsgerichte im Bezirk verschiedener OLG-Bezirke liegen, ist gesondert in

---

[138] Allgemeine Verfügung über die geschäftliche Behandlung der Grundbuchsachen vom 25.2.1936.

[139] So Pkt. 1.1.1 der BayGBGA, abgedruckt bei Demharter, Anhang 7 .

[140] Vgl. Bengel/Simmerding, § 1 Rn. 11.

[141] Vgl. Überblick bei Krafka, Rn. 109.

[142] Dem Bürger sollen weite und lange Anreisen erspart bleiben, vgl. Bauer/v. Oefele, GBO, 2. A., Bearbeiter Waldner, § 1 Rn. 9; die Ermächtigungsgrundlage nach § 1 Abs 3 S 2 GBO ist landesrechtlich unterschiedlich ausgestaltet, vgl. etwa für *Bayern* die DelV vom 15.6.2004, § 3 Ziffer 16, oder für *Sachsen* die ZustÜVOJu vom 7.11.2007, § 1 Ziffer 23, oder für *Hessen* die RPflErmÜV vom 5.5.2006, § 2 Ziffer 5a.

[143] Wilsch, NotBZ 2009, 314 sowie Bumiller/Harders, FamFG, 9. A., § 5 Rn. 12.

§ 5 Abs 2 FamFG geregelt und richtet sich nach dem OLG, zu dessen Bezirk das zuerst mit der Sache befasste Gericht gehört[144].

III. Funktionelle Zuständigkeit

35 Der Aspekt der funktionellen Zuständigkeit betrifft die gerichtsinterne Funktionszuteilung und ist im Wesentlichen im Rechtspflegergesetz (RpflG[145]), im Übrigen in der GBO geregelt. Zentrale Bedeutung kommt der Regelung in § 3 Nr. 1 h RpflG zu, eine Vorschrift, die die Erledigung der Grundbuchsachen *„in vollem Umfange"* dem **Rechtspfleger** zuordnet[146]. Vollübertragung bedeutet hier zum einen, dass der Rechtspfleger das gesamte Grundbuchverfahren leitet und alle erforderlichen Maßnahmen trifft[147]. Wie später noch zu zeigen sein wird, prüft der Rechtspfleger die eingereichten Urkunden, erlässt Zwischenverfügungen oder Zurückweisungen iSv § 18 GBO und nimmt die Eintragungen im elektronischen Grundbuch vor, sofern alle Eintragungsvoraussetzungen erfüllt sind[148]. Vollübertragung bedeutet zum anderen, dass kein Richtervorbehalt mehr besteht[149]. Die *magna charta* des Rechtspflegers, nämlich die Regelung in § 9 RpflG, sieht insoweit vor, dass der Rechtspfleger sachlich unabhängig und nur an Recht und Gesetz gebunden ist. Gewährt wird allerdings nur sachliche, nicht auch die persönliche Unabhängigkeit, was sich aber auf die Erledigung der Grundbuchsachen in praxi nicht auswirkt. Das fehlende Moment der persönlichen Unabhängigkeit zeichnet verantwortlich dafür, warum nach der (noch) hM[150] die Erledigung der Grundbuchsachen nicht zu den Aufgaben der rechtsprechenden Gewalt iSv Art. 92 GG[151] zählt, sondern zu den Aufgaben der Rechtspflege[152].

36 Eine Pflicht zur Vorlage an den **Grundbuchrichter** besteht in solchen Fällen, in denen der Rechtspfleger ein entscheidungserhebliches Gesetz als verfassungswidrig erachtet, § 5 Abs 1 Nr. 1 RpflG. Darüber hinaus besteht die Option zur Vorlage an den Grundbuchrichter, sofern die Anwendung ausländischen Rechts in Betracht kommt, § 5 Abs 2 RpflG. Während die Frage nach der Verfassungs-

---

[144] Wilsch, NotBZ 2009, 314 dies steht im Einklang mit § 2 Abs 1 FamFG.

[145] Rechtspflegergesetz (RpflG) vom 5.11.1969, BGBl. I S 2065.

[146] Seit 1.7.1970 Vollübertragung, zur Historie vgl. Bassenge/Roth, FGG/RpflG, 11. A., § 3 RpflG Rn. 10; zu den Ausnahmen in *Baden-Württemberg-* Zuständigkeit des *Bezirksnotars-*, vgl. Holzer/Kramer, Grundbuchrecht, 2. A., 3. Teil Rn. 15.

[147] Siehe § 4 Abs 1 RpflG: *„Der Rechtspfleger trifft alle Maßnahmen, die zur Erledigung der ihm übertragenen Geschäfte erforderlich sind.".*

[148] Vgl. auch Schöner/Stöber, Rn. 47.

[149] Schöner/Stöber, Rn. 46; Vollübertragung gültig seit 1.7.1970, vgl. oben.

[150] S. Bassenge/Roth, § 3 RpflG Rn. 10; BayObLG Rpfleger 1992, 147; aA Meikel/Böttcher, § 1 Rn. 38.

[151] Vgl. auch Jarass/Pieroth, Grundgesetz, 9. A., Art. 92 Rn. 9; von Schuckmann in Jansen, § 1 Rn. 150.

[152] Holzer/Kramer, 3. Teil Rn. 15; zum Streitstand s. Meikel/Böttcher, Einl. B Rn. 35 ff.

widrigkeit[153] eines Gesetzes eher selten in Erscheinung tritt, treten im Zuge der Globalisierung und des internationalen Rechtsverkehrs mehr und mehr internationale Bezüge in den Vordergrund. Weiterhin befindet der Grundbuchrichter gem. § 12c Abs 4 GBO über die Änderung einer Entscheidung des Urkundsbeamten der Geschäftsstelle (UdG).

Gemeint sind die Entscheidungen des UdG, die mit der Erinnerung anfechtbar **37** sind, darunter vor allem die Verweigerung der Einsichtnahme in das Grundbuch oder in die Grundakten, § 12c Abs 1 Nr. 1 GBO. Was den weiteren Zuständigkeitsbereich des UdG anbelangt, sind daneben noch u.a. die Erteilung von Auskünften aus den Hilfsverzeichnissen, die Beglaubigung von Abschriften, die Eintragung bloßer Namensänderungen natürlicher Personen und die Eintragung sowie Löschung der Insolvenz-, Zwangsversteigerungs- und Zwangsverwaltungsvermerke zu erwähnen[154].

IV. Verstoß gegen Zuständigkeiten

Wie mit gerichtlichen Handlungen eines örtlich unzuständigen Grundbuch- **38** amtes zu verfahren ist[155], regelt § 2 Abs 3 FamFG. Danach sind gerichtliche Handlungen nicht deswegen unwirksam, weil sie von einem örtlich unzuständigen Gericht vorgenommen worden sind. Dies korrespondiert mit der bisherigen FGG-Regelung[156]. Unverändert geblieben sind auch die Regelungen über die Gültigkeit von Geschäften, die von funktionell unzuständigen Personen vorgenommen wurden. In solchen Fällen greifen die Bestimmungen in **§ 8 RpflG**, wenngleich hier eine eher geringe Praxisrelevanz entsprechender Zuständigkeitsüberschreitungen zu konstatieren ist. Die Begründung hierfür ist in der alleinigen Zuständigkeit des Rechtspflegers zu sehen (=Vollübertragung gem. § 3 Nr. 1 h RpflG). Dennoch wäre ein vom Richter vorgenommenes Geschäft des Rechtspflegers oder des Urkundsbeamten der Geschäftsstelle (UdG) wirksam, § 8 Abs 1, Abs 5 RpflG[157]. Gleiches gälte auch für ein vom Rechtspfleger vorgenommenes Geschäft des UdG, § 8 Abs 5 RpflG. Unwirksam wären jedoch ein vom Rechtspfleger vorgenommenes Geschäft des Richters oder ein vom Urkundsbeamten vorgenommenes Geschäft des Rechtspflegers oder Richters[158].

---

[153] Vgl. von Schuckmann in Jansen, § 1 Rn. 157.
[154] Siehe § 12c Abs 1 Nr. 2, Abs 2 Nr. 1, Abs 2 Nr. 2, Abs 2 Nr. 3 und Abs 2 Nr. 4 GBO.
[155] Vgl. Wilsch, NotBZ 2009, 314.
[156] Vgl. § 7 FGG sowie Wilsch, NotBZ 2009, 314.
[157] Vgl. Holzer/Kramer, 3. Teil, Rn. 20; Eickmann, 3. Kap. § 3 II.
[158] Holzer/Kramer, 3. Teil, Rn. 20.

V. Die Grundbucheinsicht, § 12 GBO

39   Verglichen mit den englischen[159] und französischen[160] Grundbuchregisterapparaten, die keine gesetzliche Richtigkeitsvermutung kennen und auch keinen gutgläubigen Erwerb zulassen, ist das deutsche Grundbuch zu den besonders „starken", besonders aussagekräftigen Registern zu zählen. Denn die Grundbucheintragung ist nicht nur ein Bestandteil des Rechtserwerbs (§ 873 BGB), sondern auch ein mit einer besonderen Richtigkeitsvermutung (§ 891 BGB) aufgeladenes Rechtselement, das einen weitreichenden Rechtsschein (§ 892 BGB) erzeugt[161]. Wie bereits im Rahmen des Publizitätsgrundsatzes kurz erörtert[162], besteht eine enge Verklammerung, ein Wirkungszusammenhang, den Böhringer folgendermaßen charakterisierte:

> „Ohne Einsichtsrecht kein öffentlicher Glaube und kein öffentlicher Glaube ohne Möglichkeit der Einsichtnahme."[163]

40   Die starken materiell-rechtlichen Wirkungen der **Publizität** gingen jedoch ins Leere, blieben sie ohne Echo im formellen Recht, ohne Entsprechung in der GBO. Die Antwort gibt hier die Regelung des § 12 GBO. Danach ist die **Einsicht** des Grundbuchs jedem gestattet, der ein berechtigtes Interesse darlegt, § 12 Abs 1 S 1 GBO. Gleiches gilt für die Urkunden, auf die im Grundbuch Bezug genommen ist, § 12 Abs 1 S 2 GBO, und für die unerledigten Eintragungsanträge, § 12 Abs 2 GBO. Hierin zeigt sich ein wesentlicher Unterschied zur Funktionsweise des Handelsregisters, das jedermann ohne Nachweis eines besonderen Interesses einsehen kann. Die Grundbucheinsicht ist hingegen an

a) das *Vorliegen* und

b) die *Darlegung* eines berechtigten Interesses geknüpft.

41   In diesem Kontext ist festzuhalten, dass die GBO keine gesetzliche Erläuterung des Merkmals **„berechtigtes Interesse"** enthält, so dass der Weg der Auslegung zu

---

[159] Vgl. Frank/Wachter (Hrsg.), Handbuch Immobilienrecht in Europa, Landesbericht England, erstellt von Kopp/Waldner, Rn. 119: gute Glaube an Richtigkeit der Eintragung wird nicht geschützt; s.a. Wilsch in ELRA-Publikation Nr. 2, *Legality checks in the attributing of real rights*, S. 56: es besteht nicht, wie im englischen Recht, die Gefahr der *rectification ex officio*, gefolgt von einer Kompensation in Geld.

[160] Vgl. Pfleiderer, Einführung in das französische Immobilienrecht, S. 15: dem frz. Grundbuch kommt keine Vermutungswirkung zu, und es gibt auch keinen gesetzlichen Schutz des gutgläubigen Erwerbs.

[161] Hügel/Wilsch, Vorb. vor § 12 GBO; vgl. auch Schöttler, Verbraucherschutz durch Verfahren, S. 297.

[162] Vgl. oben die Darstellung unter Teil C VI.

[163] Böhringer, Rpfleger 1987, 181.

beschreiten ist. Die Denkschrift[164] zur GBO hilft hier nicht weiter, weil sie noch um den ursprünglichen Entwurf eines „*rechtlichen Interesses*" kreist[165]. Nach der hM in Rspr und Literatur liegt ein berechtigtes Interesse vor, wenn der Antragsteller ein verständiges, durch die Sachlage gerechtfertiges Interesse darlegt[166]. Dabei sind auch die schutzwürdigen Interessen der eingetragenen Berechtigten zu berücksichtigen, insbesondere vor dem Hintergrund des informationellen Selbstbestimmungsrechts[167] der eingetragenen Berechtigten. Dies gewährleistet die Regelung des § 12 GBO, ein Sicherheitskonzept, vergleichbar einer *verfahrensrechtlichen Firewall*, die erst passiert werden muss, um Zugriff auf das Grundbuch, die Urkunden und eine Vielzahl persönlicher Daten zu erhalten. International stößt dieser verfahrensrechtliche Filter zwar häufig auf Kritik, insbesondere im Kontext solcher Projekte wie EULIS[168], die auf dem grenzüberschreitenden Austausch der Registerinformationen basieren und an der Grenze Deutschland's Halt machen müssen. Dabei wird jedoch nicht nur übersehen, dass eine europaweite Regelung nicht möglich ist, zumal keine europäische Gesetzgebungskompetenz besteht. Darüber hinaus gilt es auch zu beachten, dass die Regelung des § 12 GBO nun national-verfassungsrechtliche Implikationen aufweist (Grundrecht der informationellen Selbstbestimmung[169]), was Grziwotz wie folgt aufgreift:

> „*Nicht die Information an sich, sondern ihre dysfunktionale Weitergabe, auf die der Betroffene keinen Einfluss hat, zerstört die Privatsphäre.*"[170]

Ein **berechtigtes Interesse** iSv § 12 GBO kann rechtlicher, wirtschaftlicher, tat- **42** sächlicher, öffentlicher oder wissenschaftlicher Natur sein[171]. Ob ein berechtigtes Interesse iSv § 12 GBO vorliegt, ist Gegenstand einer umfangreichen Kasuistik[172]. Hinzu treten muss stets die Darlegung des berechtigten Interesses in Form eines entsprechenden Sachvortrages. Die Darlegung des berechtigten Interesses bedeutet nach Ansicht des Kammergerichts „*einen nachvollziehbaren Vortrag von Tatsachen in der Weise, dass dem Grundbuchamt daraus die Überzeugung von der Berechtigung des geltend gemachten Interesses verschafft wird, denn es hat in jedem Einzelfall genau zu prüfen, ob durch die Einsichtnahme das schutzwürdige Interesse der Eingetragenen verletzt werden könnte*"[173]. Dies impliziert mehr als pauschalen Vortrag[174], aber weniger als Glaub-

---

[164] Siehe Hahn/Mugdan, Die gesammten Materialien zu den Reichs-Justizgesetzen, Fünfter Band, S. 152 ff.

[165] Erst der Entwurf der GBO vom 22.1.1897 enthält das Merkmal „*berechtigtes Interesse*", s. Hahn/Mugdan, S. 135.

[166] Böhringer, Rpfleger 1987, 183; Melchers, Rpfleger 1993, 311; BayObLG BWNotZ 1991, 144; Hügel/Wilsch, § 12 Rn. 2.

[167] BayObLG JurBüro 1983, 1384; KG RNotZ 2004, 464; Meikel/Böttcher, § 12 Rn. 2.

[168] Vgl. auch Baur/Stürner, § 64 B VI Rn. 79 (S. 941).

[169] Vgl. Holzer/Kramer, 2. Teil Rn. 149.

[170] Grziwotz in MittBayNot 1995, 98.

[171] Hügel/Wilsch, § 12 Rn. 3 ff.

[172] Vgl. auch Hügel/Wilsch, § 12 Rn. 30–77.

[173] So das Kammergericht in RNotZ 2004, 464.

[174] Vgl. LG Offenburg NJW-RR 1996, 1521.

haftmachung iSv § 13 Abs 2, 31 FamFG. Die Denkschrift zur GBO führt hier aus, das Grundbuchamt habe nach freiem Ermessen darüber zu befinden, *„inwieweit die thatsächlichen Angaben des Antragstellers geeignet sind, sein Gesuch zu rechtfertigen"*[175]. Eine Anhörung des Eigentümers ist nicht vorgesehen, zumal das Grundbuchamt ohnehin verpflichtet ist, die Schutzbelange eingetragener Berechtigter zu wahren[176]. Im Ergebnis führt dies zu einer umfangreichen Rechtsprechung, die hier nur kursorisch wiedergegeben werden kann :[177]

- *Aktionäre* der AG dürfen Einsicht in die Grundbücher der AG nehmen[178]
- *Anfechtungsberechtigte* iSd Anfechtungsgesetzes können Einsicht nehmen, sofern sie einen Duldungstitel gegen den derzeitigen Eigentümer vorlegen können[179]
- *Behörden* dürfen stets ohne Darlegung eines berechtigten Interesses die Grundbücher einsehen[180]
- *Berechtigte,* die noch im Grundbuch eingetragen sind, dürfen das betroffene Grundbuch stets ohne Darlegung des berechtigten Interesses einsehen[181]
- *Darlehensgläubigern* steht ein Einsichtsrecht zu, sofern dem Eigentümer bereits ein Darlehen gewährt wurde oder beabsichtigt wird, dem Eigentümer ein Darlehen zu gewähren[182]
- *Ehegatten* können die Grundbucheinsicht verlangen, wenn dies der Berechnung des Zugewinnausgleichs dienen soll[183]
- *Eigentümer* der Immobilie können stets Einsicht nehmen, die Darlegung eines berechtigten Interesses ist nicht erforderlich, siehe § 43 Abs 2 GBV
- *Insolvenzverwalter*/vorläufige Insolvenzverwalter können als Partei kraft Amtes ebenfalls Einsicht in die Grundbücher des Schuldners nehmen[184]
- *Kaufinteressenten* müssen jedoch bereits den Eintritt in konkrete Kaufverhandlungen nachweisen, anderenfalls kann keine Einsicht gewährt werden[185]
- *Maklern,* die im nachgewiesenen Auftrag des Eigentümers handeln, steht ein berechtigtes Interesse zu[186]
- *Mietern* wird nach der hM ein berechtigtes Interesse zugestanden, zumal das BVerfG dem Besitzrecht des Mieters eigentumsähnliche Qualitäten iSv Art. 14

---

[175] Denkschrift zur Grundbuchordnung, s. Hahn/Mugdan, S. 152.
[176] Vgl. Meikel/Böttcher, § 12 Rn. 2: § 12 GBO als Norm, die das Selbstbestimmungsrecht des Einzelnen und das Allgemeininteresse an der Publizität in Einklang bringt.
[177] Vgl. auch Hügel/Wilsch, § 12 Rn. 30–77.
[178] LG Kempten NJW 1989, 2825.
[179] Vgl. OLG Schleswig MDR 1996, 416.
[180] Nach § 43 Abs 1 GBV sind sie von der Darlegung befreit; darüber hinaus ist nach Art. 35 GG stets Amts- und Rechtshilfe zu leisten, vgl. auch Hügel/Wilsch, § 12 Rn. 36.
[181] Vgl. § 43 Abs 2, Abs 1 GBV ; falls das Recht bereits gelöscht ist, kann nur Einsicht in den Löschungsvorgang gewährt werden, Hügel/Wilsch, § 12 Rn. 37.
[182] BayObLG BB 1975, 1041.
[183] LG Stuttgart NJW-RR 1996, 532.
[184] Vorlage einer Ausfertigung oder einer beglaubigten Abschrift des Bestellungsbeschlusses reicht als Nachweis aus, vgl. auch BGH RNotZ 2006, 144.
[185] Vgl. BayObLG MDR 1991, 1172, sowie LG Stuttgart BWNotZ 1982, 94.
[186] Schöner/Stöber, Rn. 525.

GG zusteht[187]; dabei kann das Einsichtsrecht bereits den Mietinteressenten zustehen, sofern sie den Eintritt in die Mietverhandlungen mit dem Eigentümer bereits darlegen können[188]; nach Abschluss des Mietvertrages kann der Mieter nicht mehr uneingeschränkt Einsicht nehmen[189], ebenso nach Kündigung wegen Eigenbedarfs des Vermieters[190]

- *Nachbarn* wird aufgrund des Nachbarschaftsrechts ebenfalls ein beschränktes Einsichtsrecht zugestanden[191]
- *Notare* sind als solche stets zur Grundbucheinsicht befugt und auch von der Darlegung des berechtigten Interesses befreit, siehe § 43 Abs 2, Abs 1 GBV
- *Pflichtteilsansprüche* geben zu Lebzeiten des Erblassers kein Recht auf Grundbucheinsicht[192]; die Einsicht kann erst nach dem Tod des Erblassers gewährt werden[193]
- *Pressevertreter* steht grundsätzlich ein Einsichtsrecht zu, sofern sie ein berechtigtes Interesse darlegen können, wobei seitens des Grundbuchamtes eine Abwägung des Grundrechts auf Pressefreiheit mit dem Grundrecht auf informationelle Selbstbestimmung vorgenommen werden muss[194]
- *Rechtsanwälte* müssen ihr Einsichtsrecht von ihrem Vollmachtgeber ableiten und ihr berechtigtes Interesse konkret darlegen[195]
- *Schadensersatzberechtigte* steht ein Einsichtsrecht zu, falls sie Zugriffsmöglichkeiten auf den Schädiger (Eigentümer) überprüfen wollen[196]
- *Vermächtnisnehmer* können Einsicht nehmen, soweit sich die Einsicht auf die vermachte Immobilie bezieht[197]
- *Vermessungsingenieure* sind von der Darlegung eines berechtigten Interesses befreit[198]
- *Verwandten* wird ein Einsichtsrecht zugestanden, sofern sie Pflichtteils- oder Unterhaltsansprüche geltend machen wollen[199]
- *Wohnungseigentümer* sollen nach Ansicht des OLG Düsseldorf[200] auch berechtigt sein, Grundbücher der übrigen Wohnungseigentümer einzusehen, was jedoch nicht die Teilrechtsfähigkeit der WEG-Gemeinschaft, vertreten durch

---

[187] Hügel/Wilsch, § 12 Rn. 56; BayObLG MittBayNot 1993, 210; LG Mannheim NJW 1992, 2492.

[188] BayObLG NJW 1993, 1142; OLG Hamm DNotZ 1986, 497, und zwar hinsichtlich des ganzen Grundbuchs.

[189] Ohne die Dritte Abteilung des Grundbuchs, BayObLG NJW 1993, 1142.

[190] LG Mannheim NJW 1992, 2492.

[191] Ohne die Dritte Abteilung des Grundbuchs, vgl. Böhringer, Rpfleger 1987, 181, 186.

[192] Vgl. BayObLG FGPrax 1998, 90.

[193] Vgl. KG FGPrax 2004, 58, sowie LG Stuttgart ZEV 2005, 313.

[194] BVerfG FGPrax 2001, 52.

[195] BayObLG Rpfleger 1984, 351.

[196] OLG Zweibrücken NJW 1989, 531.

[197] Hügel/Wilsch, § 12 Rn. 70.

[198] Vgl. § 43 Abs 2, Abs 1 GBV.

[199] Vgl. LG Stuttgart NJW-RR 1998, 736.

[200] OLG Düsseldorf NJW-RR 1987, 842.

den Verwalter, berücksichtigt; insoweit (Überprüfung der wirtschaftlichen Solidität bwz. Beitragsrückstände eines Wohnungseigentümers) kann nur noch dem Verwalter Einsicht gewährt werden[201].

43   Nach § 12c Abs 1 Nr. 1 GBO entscheidet der **Urkundsbeamte** der Geschäftsstelle über die Gestattung der Einsicht in das Grundbuch bzw. in die Grundakten und die darin enthaltenen Urkunden und unerledigten Eintragungsanträge. Da der Anwendungsbereich des § 29 Abs 1 GBO insoweit nicht eröffnet ist, bedarf der Antrag auf Grundbucheinsicht keiner besonderen Form. Gleiches gilt für die Bezeichnungsnorm des § 28 GBO, die zwar die Suche nach dem richtigen Grundbuch erheblich erleichtert, jedoch nicht zwingender Bestandteil eines Antrags auf Grundbucheinsicht ist[202]. Auch sieht die GBO keinerlei Anhörungsrecht des Eigentümers oder sonstiger dinglich Berechtigter vor, weil es nicht Aufgabe des Berechtigten, sondern Aufgabe des Grundbuchamtes ist, über Eignung und Erforderlichkeit der Einsichtnahme zu befinden[203]. Die Einsichtnahme selbst kann nur in den Diensträumen des Grundbuchamtes erfolgen[204], und zwar in ständiger Anwesenheit eines Bediensteten des Grundbuchamtes[205], unter Beachtung der üblichen Dienstzeiten des Amtsgerichtes[206]. Die Rechtsprechung[207] bejaht sogar eine Schadensersatzpflicht des Fiskus, falls die Einsichtnahme in die Grundakte zeitweilig nicht möglich ist und dem Einsichtnehmer dadurch ein Zinsverlust entsteht. In den Zeiten des elektronischen Grundbuches, der amtsinternen Fallübersicht und der online abrufbaren Markentabelle kann diese Argumentation jedoch nicht mehr überzeugen, zumal nun auch durch Einsichtnahme in diese Verzeichnisse festgestellt werden kann, ob noch weitere unerledigte Eintragungsanträge vorliegen[208].

44   Einen Spezialfall stellt das sog. **automatisierte Abrufverfahren** dar, in dessen Rahmen online Einsicht in die Grundbücher genommen werden kann, ohne Beteiligung des Urkundsbeamten der Geschäftsstelle, § 133 Abs 4 GBO. Dabei sind die Teilnehmer am eingeschränkten automatisierten Abrufverfahren verpflichtet, durch Verwendung elektronischer Zeichen ihre Berechtigung zum Datenabruf zu versichern. Die Einsichtsberechtigung wird dann in speziellen Eingabefeldern dargelegt[209].

45   Was schließlich die **Rechtsmittel** im Bereich der Einsichtnahme anbelangt, geht die hM zu Recht davon aus, dass gegen die Gewährung der Einsichtnahme

---

[201] Vgl. Hügel/Wilsch, § 12 Rn. 75.

[202] Hügel/Wilsch, § 12 Rn. 75.

[203] BVerfG NJW 2001, 503; vgl. auch Demharter in FGPrax 2001, 52.

[204] So die Regelung in § 13 GeschBeh bzw. die entsprechenden landesrechtlichen Regelungen, in Bayern etwa Pkt. 3.4 der BayGBGA .

[205] So etwa für Bayern die Regelung in Pkt. 3.4.1.1 der BayGBGA.

[206] Auskunft hierüber gibt auch die jeweilige Website des Amtsgerichts.

[207] Vgl. LG Hannover NJW-RR 1988, 218.

[208] Hügel/Wilsch, § 12 Rn. 23.

[209] Vgl. Hügel/Wilsch, § 12 Rn. 81; das sind Felder wie „Zustimmung des Eigentümers" oder „Zwangsvollstreckung" oder „Versorgungsunternehmen".

eine GBO-Beschwerde nicht zulässig ist[210]. Die Begründung hierfür ist in der Darlegung des berechtigten Interesses zu sehen, womit den Schutzbedürfnissen Eingetragener bereits ausreichend Rechnung getragen wird[211]. Es bleibt nur die Möglichkeit einer Dienstaufsichtsbeschwerde gegen den einsichtgewährenden Beamten, falls dieser seinen Dienstpflichten nicht ordnungsgemäß nachgekommen ist[212]. Anders verhält es sich dagegen im Falle der abgelehnten Einsichtnahme, weil hier eine Entscheidung des Urkundsbeamten vorliegt, die mit der Erinnerung anfechtbar ist, § 12c Abs 4 GBO. Falls der Urkundsbeamte der Erinnerung nicht abhilft, entscheidet nach der hM[213] der Grundbuchrichter über die Erinnerung. Die Beschwerde zum OLG findet erst gegen die Entscheidung des Grundbuchrichters statt, § 12c Abs 4 Satz 2 GBO.

VI. Aufbewahrung von Urkunden, § 10 GBO

Schließlich stellt sich am Ende des grundbuchamtlichen Verfahrens noch **46** die Frage, wie denn mit den Eintragungsunterlagen zu verfahren sei. Während beispielsweise im Rahmen des spanischen Grundbuchverfahrens die vollzogenen Urkunden nach Eintragung aller relevanten Tatsachen und Verträge zurückgegeben werden, weil eine Aufbewahrung nicht vorgesehen ist[214], optiert das deutsche Grundbuchverfahren wiederum für die bereits eingangs (Teil A) beschriebene Archivierung der Welt, die Formation und Transformation der Aussagen, und zwar in Gestalt der **Grundakten.** Der Sinn und Zweck der Urkundensammlung besteht darin, einen dauerhaften Nachweis[215] derjenigen Vorgänge zu erbringen, die im Grundbuch verlautbart sind. Welche Urkunden im Einzelnen durch das Grundbuchamt zu verwahren sind, regelt § 10 GBO. Es sind dies zwei Arten von Urkunden:

a) diejenigen Urkunden, auf die eine *Eintragung sich gründet*, und

b) diejenigen Urkunden, auf die eine *Eintragung Bezug nimmt*, § 10 Abs 1 S 1 GBO.

Zweifelsohne steht die Verpflichtung zur Sammlung der relevanten Urkunden **47** wiederum im Kontext mit der *certitudo* und *securitas*[216] des grundbuchamtlichen Verfahrens, zumal die Sammlung dokumentiert, dass die bestehenden Normen beachtet und durchgesetzt wurden[217]. Zwischen dem Einreicher der Urkunde und

---

[210] BGH NJW 1981, 1563; BayObLG MittBayNot 1991, 171.

[211] BGH; Hügel/Wilsch, § 12 Rn. 78; aA Bauer/v. Oefele/Maaß, § 12 Rn. 80.

[212] Vgl. Kral/Kausch, Grundbuchrecht, 17. A., Pkt. 10.1.7.

[213] Hügel/Wilsch, § 12 Rn. 79; so auch Demharter, § 12c Rn. 11.

[214] Vgl. Löber, Grundeigentum in Spanien, 6. A., S. 77.

[215] Meikel/Böttcher, § 10 Rn. 2.

[216] Vgl. oben Zippelius, S. 123.

[217] Siehe bereits Denkschrift zur GBO, S. 152: *„ihre Aufbewahrung ist nothwendig, um den*

dem Grundbuchamt wird ein öffentlich-rechtliches **Verwahrungsverhältnis**[218] analog §§ 688 BGB ff. begründet[219], woraus auch die Verpflichtung des Grundbuchamtes resultiert, einen speziellen Aufbewahrungsort zu schaffen, nämlich die Grundakten, § 24 GBV. Dabei erfolgt die Einrichtung der Grundakten nicht losgelöst vom Grundbuchblatt, sondern in Übereinstimmung mit der Existenz und der Bezeichnung des Grundbuchblattes. Dementsprechend erhält das Grundbuchblatt mit der Bezeichnung „*Max-Vorstadt Blatt 5000*" auch die Grundakte mit der Bezeichnung „*Max-Vorstadt Blatt 5000*"[220], was die Zuordnung, die Einsichtnahme und die Erteilung der Abschriften erheblich erleichtert.

48   Zum Zwecke der dauerhaften Aufbewahrung sind neben den Urkunden, auf die eine Eintragung sich gründet, auch die Urkunden zu den Grundakten zu nehmen, auf die eine Eintragung Bezug nimmt, so § 10 Abs 1 S 1 GBO. Seit dem ERVGBG[221] sind im Wortlaut des § 10 Abs 1 GBO auch die alten Grundbücher zu finden, was eine unselige Diskussion über die evtl. Aussonderung der bisherigen Grundbücher ausgelöst hat, vgl. § 128 Abs 3 GBO. Unabhängig davon, verweist der erste Differenzierungstyp – „*Urkunden, auf die eine Eintragung sich gründet*" –, auf sog. Erklärungs-, Ersatz-, Legitimations- und Amtsurkunden[222].

49   Zu den sog. **Erklärungsurkunden** sind alle Urkunden zu zählen, die eine zur Eintragung notwendige Erklärung enthalten, etwa Eintragungsanträge (§ 13 GBO), Eintragungsbewilligungen (§ 19 GBO), die Einigung (§ 20 GBO) sowie die Zustimmungs- und Abtretungserklärungen. Auch die Formvorschrift des § 29 Abs 1 S 1 GBO spricht von „*zu der Eintragung erforderlichen Erklärungen*" und bezieht sich dabei ausschließlich auf öffentliche oder öffentlich beglaubigte Urkunden[223].

50   Unter **Ersatzurkunden,** auf die eine Eintragung sich gründet, versteht man diejenigen Urkunden, die eine zur Eintragung erforderliche Erklärung ersetzen, etwa Vollstreckungstitel, Pfändungs- und Überweisungsbeschlüsse, Arreste, Einstweilige Verfügungen und Urteile nach §§ 894, 895 ZPO[224].

51   Weiterhin kann eine Eintragung sich auch auf **Legitimationsurkunden** gründen, etwa Vollmachten, Erbscheine oder Testamentsvollstreckerzeugnisse[225], oder auf Amtsurkunden, etwa Fortführungsnachweise der Vermessungsämter.

52   Der zweite Differenzierungstyp- „*Urkunden, auf die eine Eintragung Bezug nimmt*"-, weist zwar tautologischen Charakter auf, da dies zugleich die Urkunden sind, auf die sich eine Eintragung gründet. Dennoch ist die explizite Erwähnung

---

Nachweis zu sichern, daß die gesetzlichen Voraussetzungen für die Vornahme der Eintragung erfüllt waren.".

[218] Hügel/Kral, § 10 Rn. 20; Meikel/Böttcher, § 10 Rn. 3.
[219] BGH NJW 1951, 800; Hügel/Kral, § 10 Rn. 20.
[220] Pro Grundbuchblatt eine Grundakte, vgl. § 21 Abs 1 S 1 AktO, sowie Meikel/Böttcher, Vor § 24 GBV Rn. 2.
[221] ERVGBG vom 11.8.2009, BGBl I 2009, S. 2713 ff.
[222] Vgl. Hügel/Kral, § 10 Rn. 8–11.
[223] Vgl. auch Eickmann, 5. Kap. § 5 II (S. 167).
[224] Vgl. Hügel/Kral, § 10 Rn. 9.
[225] Hügel/Kral, § 10 Rn. 10.

sinnvoll, da diese eine Eintragungstechnik des materiellen Rechts aufgreift, die Bezugnahme auf die Eintragungsbewilligung, §§ 874, 885 Abs 2 BGB. Ratio legis ist hier, durch Reduktion auf den wesentlichen Inhalt im Grundbuch und die Externalisierung des weiteren Inhalts auf die Grundakten die Lesbarkeit des Grundbuchs zu erhöhen und eine Überfrachtung zu vermeiden[226]. Der Inhalt eines Rechts ergibt sich dann aus dem eigentlichen Eintragungstext und den weiteren Regelungen, auf die in der Eintragung Bezug genommen wurde. Das Gesetz arbeitet hier mit einer Fiktion: der in Bezug genommene Inhalt wird als Bestandteil der Eintragung angesehen[227]. Dies verdeutlicht umso mehr, dass solche Urkunden in den Grundakten verwahrt werden müssen, § 10 Abs 1 S 1 GBO.

VII. ERVGBG und elektronischer Rechtsverkehr im Grundbuchverfahren

Mit dem „*Gesetz zur Einführung des elektronischen Rechtsverkehrs und der elektronischen Akte im Grundbuchverfahren sowie zur Änderung weiterer grundbuch-, register- und kostenrechtlicher Vorschriften (ERVGBG)*"[228] vom 11.8.2009 ist die Rechtskonzeption des Grundbuches und der Grundakten endgültig im elektronischen Kommunikationsraum angekommen. Neu eingefügt in die GBO wurde ein Achter Abschnitt, bestehend aus den §§ 135–141 GBO, in denen die Grundlagen für den Einstieg in den elektronischen Rechtsverkehr in Grundbuchsachen enthalten sind. **53**

Nach § 135 Abs 1 S 1 GBO können Anträge, sonstige Erklärungen sowie Nachweise über andere Eintragungsvoraussetzungen dem Grundbuchamt als **elektronische Dokumente** übermittelt werden, allerdings nach Maßgabe der weiteren Bestimmungen und Rechtsverordnungen, § 135 Abs 1 S 2 GBO[229]. Wichtig ist hier – vor allem im Gegensatz zur bundesweit einheitlichen Handelsregisterführung zum 1.1.2008[230]-, dass die verschiedenen Länderhaushalte derzeit die einheitliche Einführung des elektronischen Rechtsverkehrs in Grundbuchsachen nicht zulassen[231]. Nähere Bestimmungen treffen die Rechtsverordnungen der einzelnen Länder, § 135 Abs 1 S 2 GBO. **54**

Darüber hinaus eröffnet die Neuregelung in § 135 Abs 2 S 1 GBO den Grundbuchämtern die Möglichkeit, die **Grundakten in elektronischer Form** zu füh- **55**

---

[226] Weirich, Grundstücksrecht, 3. A., § 4 Pkt. 3 Rn. 137; Baur/Stürner, § 19 B II 2 Rn. 23 (S. 241).

[227] So Baur/Stürner, § 19 B II 2 Rn. 23 (S. 241).

[228] Vgl. BGBl I 2009, S. 2713 ff.; BT-Drs 16/12319; BR-Drs 66/09; BT-Drs 16/13437; BR-Drs 589/09.

[229] Vgl. BeckOK GBO Hügel/Wilsch, § 135 GBO (Online-Stand Febr. 2010).

[230] Vgl. hierzu das EHUG und die SLIM-IV-Richtlinie, die jedoch im GB-Verfahren keine Rolle spielen.

[231] So die amtliche Begr BT-Drs 16/12316.

ren. Auch hier sollen Rechtsverordnungen den Zeitpunkt bestimmen, von dem an die Grundakten elektronisch geführt werden sollen, § 135 Abs 2 S 2 GBO. Die Einfügung eines neuen Achten Abschnittes in die GBO wird ferner von der Einfügung neuer Vorschriften in die GBV begleitet, gemeint sind die §§ 94–101 GBV. Die Regelung, wonach die Grundakte vollständig oder nur teilweise elektronisch geführt werden kann, § 96 Abs 1 S 1 GBV, trägt der tatsächlichen Rechtspraxis Rechnung[232]. Der Begriff **Hybridakte** ist für solche Grundakten vorgesehen, die teilweise in elektronischer, teilweise in Papierform geführt werden[233]. Im Übrigen gelten die allgemeinen Anforderungen der elektronischen Grundbuchführung für die Führung der elektronischen Grundakten entsprechend, §§ 135 Abs 4, 126 GBO bzw. § 95 GBV.

56   Die Einsicht in die elektronische Grundakten kann auch bei einem anderen als dem Grundbuchamt gewährt werden, das diese Grundakten führt, § 139 Abs 2 S 1 GBO. Diese Regelung stellt eine Adaption des § 132 GBO dar, weshalb auch die Einsicht in die elektronische Grundakte durch Wiedergabe der betreffenden Grundakte auf einem Bildschirm geschieht[234]. Über die Gestattung der Einsicht entscheidet das Grundbuchamt, bei dem die Einsicht begehrt wird, § 139 Abs 2 S 2 GBO, was damit begründet wird, den Bürgern lange Anfahrtswege zu ersparen[235].

---

[232] Vgl. BeckOK GBO Hügel/Wilsch, § 135.
[233] So die amtl Begr BT-Drs 16/12319.
[234] §§ 99 Abs 2, 79 GBV.
[235] Amtl Begr BT-Drs 16/12319.

F. Die Struktur des Grundbuchs

I. Aufschrift, § 5 GBV

Die Struktur des Grundbuches lässt sich nur historisch[236] erklären, und zwar **57**
unter Rekurs auf die GBO-Novelle[237] aus dem Jahr 1935 und die damit verbundene Installierung eines einheitlichen, an das preußische Modell angelehnten Grundbuchvordrucks. Dementsprechend bestimmt die Regelung in § 22 GBV, dass sich die nähere Einrichtung des Grundbuchblattes aus dem in der Anlage 1 zur Grundbuchverfügung beigefügten Grundbuchmuster ergibt. Dies korrespondiert mit der Bestimmung in § 4 GBV, dass sich jedes Grundbuchblatt aus fünf Bestandteilen zusammensetzt. Jedes Grundbuchblatt besteht aus der **Aufschrift**, dem **Bestandsverzeichnis** und **drei Abteilungen**[238], was in der schulischen Praxis gerne mit der einfachen Abkürzungsfolge **A-B-I-II-III** dargestellt wird.

Der Buchstabe *A* steht dabei für die **Aufschrift** des Grundbuchblattes, einem **58**
Bestandteil des Grundbuchs, vergleichbar einem Deckblatt, was in den Zeiten der elektronischen Grundbuchführung auf den ersten Blick anachronistisch und nur im Papiergrundbuchkontext erklärbar wirkt. Dies berücksichtigt jedoch nicht, dass auch die Aufschrift eine Vielzahl von Informationen transportieren kann. In der Aufschrift sind deshalb das Amtsgericht, der Grundbuchbezirk, die Nummer des Blattes und die relevanten Hinweis- und Kennzeichnungsvermerke anzugeben, § 5 GBV. Zu letzteren zählen Vermerke über die Vereinigung oder die Teilung eines Grundbuchbezirks[239], die Kennzeichnung als „Erbbaugrundbuch" (§ 55 Abs 2 GBV), als „Wohnungsgrundbuch", „Teileigentumsgrundbuch"[240] und schließlich Vermerke über die Freigabe als maschinelles Grundbuch, § 71 GBV.

---

[236] Siehe oben Teil A) Eine kurze Geschichte des Grundbuchs.
[237] Verordnung zur Änderung des Verfahrens in Grundbuchsachen vom 5.8.1935 (RGBl I S. 1065).
[238] So explizit § 4 GBV.
[239] § 5 S 2 GBV, vgl. auch Meikel/Böttcher, § 5 GBV Rn. 3 ff.
[240] § 2 WGV= Wohnungsgrundbuchverfügung, abgedruckt bei Demharter, Anhang 2.

Beispiel einer typischen Aufschrift eines Grundbuchblattes[241]:

> Amtsgericht München
>
> Grundbuch von Milbertshofen Blatt 1969
>
> Dieses Blatt ist zur Fortführung auf EDV umgestellt worden und dabei an die Stelle des bisherigen Blattes getreten. In dem Blatt enthaltene Rötungen sind schwarz sichtbar. Freigegeben am 19.1.1996[242] ...Unterschrift

Das amtliche Muster der Aufschrift ergibt sich aus der Anlage 1 zu § 22 GBV.

II. Bestandsverzeichnis, § 6 GBV

59 Nomen est omen, denn im **Bestandsverzeichnis,** einem weiteren Bestandteil eines jeden Grundbuchblattes, ist der Grundstücksbestand verzeichnet[243]. Im Einzelnen wird aber nicht nur der reine Bestand dargestellt, vielmehr finden sich im Bestandsverzeichnis auch Angaben über die Herkunft und die Veränderungen des Immobilienbestandes[244], seien es Teilungen, Vereinigungen, Bestandteilszuschreibungen oder Abschreibungen. Bereits hier tritt ein wesentliches Strukturprinzip des deutschen Grundbuchblattes hervor, nämlich die tabellarische Gestalt. Differenziert wird zwischen

a) dem Bestand[245],

b) den Veränderungen[246] und

c) den Abschreibungen[247].

60 In der Grundbuchpraxis bedeutet diese Feinstrukturierung eine erhebliche Erleichterung, da die Transparenz und die Lesbarkeit des Registers wesentlich gefördert wird. Woher die Immobilie kam, wie sie verändert und weiterübertragen wurde, ergibt sich aus dem Zusammenspiel der folgenden Spalten des Bestandsverzeichnisses:

– **Spalten 1 bis 4:**

Spalte 1: die Angabe der laufenden Nummer des Grundstücks[248]

Spalte 2: die Angabe der bisherigen laufenden Nummer des Grundstücks[249]

---

[241] Siehe auch das Muster in Teil I Pkt IV, Das maschinell geführte Grundbuch.

[242] Zum Wortlaut des Umstellungsvermerks vgl. § 71 GBV.

[243] Vgl. § 6 GBV.

[244] Vgl. § 6 Abs 6 und Abs 7 GBV.

[245] § 6 Abs 1–5 GBV.

[246] § 6 Abs 6 GBV.

[247] § 6 Abs 7 GBV.

[248] § 6 Abs 1 GBV.

[249] § 6 Abs 2 GBV, falls eine Vereinigung, Bestandteilszuschreibung oder Teilung stattgefunden hat.

*Spalte 3: die Bezeichnung des Grundstücks gemäß Liegenschaftskataster, also mit der Flurstücksnummer und der Wirtschaftsart[250]; vgl. hierzu später auch § 28 GBO!

*Spalte 4: die Größe des Grundstücks[251]

Das Muster eines Bestandsverzeichnisses ergibt sich aus der **Anlage 1 zu § 22 GBV**. Folgendes **Beispiel** möge der Veranschaulichung dienen:

Amtsgericht München		Grundbuch von Milbertshofen			Blatt 1969	Bestandsverzeichnis		
		Bezeichnung der Grundstücke und der mit dem Eigentum verbundenen Rechte				Größe		
Lfd. Nr. d. Grund- stücke	Bisherige lfd. Nummer d. Grund- stücke	Gemarkung (Vermessungs- bezirk)	Karte Flur Flurstück	Liegen- schafts- buch	Wirtschaftsart und Lage	ha	a	qm
		a	b	c/d	e			
1	2	3				4		
1	–		811/1		Pfitznerstraße 9, Gebäude- und Freifläche	7	79	
2	–		811/2		Pfitznerstraße 11, Gebäude- und Freifläche	5	23	
3	–		812		Pfitznerstraße 13, Gebäude- und Freifläche	1	50	

Auf der Rückseite hierzu schließen sich die Spaltenblöcke 5 – 6 („*Bestand und Zuschreibungen*") und 7–8 („*Abschreibungen*") an:

– **Spalten 5 und 6:**
  hier sind die Angaben und die Herkunft und die Veränderungen des Bestandes einzutragen, also die Vermerke über Vereinigungen, Bestandteilszuschreibungen, Teilungen und Vermerke über Bestandsberichtigungen[252]

– **Spalten 7 und 8:**
  hier finden sich die Vermerke über etwaige Abschreibungen des Bestandes, also die Übertragungen auf andere Grundbuchblätter[253].

---

[250] § 6 Abs 3 GBV.
[251] § 6 Abs 5 GBV.
[252] § 6 Abs 6 GBV.
[253] Vgl. § 6 Abs 7 GBV.

Folgendes **Beispiel** möge der Veranschaulichung dienen:

Amtsgericht München Grundbuch von Milbertshofen Blatt 1969 Bestandsverzeichnis			
Bestand und Zuschreibungen		Abschreibungen	
Zur lfd. Nr. d. Grund- stücke		Zur lfd. Nr. d. Grund- stücke	
5	6	7	8
1,2,3	Aus Blatt 811 hierher übertragen am 6.4.1992. Konnetschke	3	Übertragen nach Blatt 20005 am 2.6.2010. Lausmann

61   Die Entscheidung des Gesetzgebers, das Bestandsverzeichnis an den Beginn des Grundbuchblattes zu stellen, gefolgt von den drei Abteilungen, realisiert zugleich den Grundsatz des sog. **Realfoliums,** wie er in § 3 Abs 1 S 1 GBO statuiert ist. Danach erhält jedes Grundstück eine besondere Stelle. Das deutsche Grundbuchsystem stellt sich als objektbezogenes Register dar, dessen Grundlage die Immobilien, nicht jedoch die Personen bilden. Dieser Regelungsgehalt deckt sich beispielsweise auch mit dem Aufbau des ungarischen[254] oder kroatischen[255] Grundbuchsystems. Den Gegensatz hierzu bildet das sog. **Personalfolium,** das eine Ausrichtung nach der Person des Eigentümers vornimmt. Zu den Buchungs- gegenständen des Bestandsverzeichnisses zählen:

– Grundstücke[256],
– grundstücksgleiche Rechte (Erbbaurecht, Fischereirecht u.a.)
– nach § 3 Abs 5 GBO gebuchte Miteigentumsanteile[257]
– nach dem Wohnungseigentumsgesetz aufgeteilte und mit Sondereigentum verbundene Miteigentumsanteile[258]
– sowie Vermerke über subjektiv-dingliche Rechte, die dem jeweiligen Eigen- tümer zustehen[259].

---

[254] Vgl. Makowicz (Hrsg.), Immobilienerwerb in Mittel- und Osteuropa, Länderteil Ungarn, S. 266.

[255] Vgl. Secure Transactions in South East Europe? Land Registrations Systems, heraus- gegeben von Nicolas Nogueroles Peiró und Celia Martínez Escribano, The Global Law Collection, Länderteil Kroatien, S. 87.

[256] Räumlich abgegrenzter Teil der Erdoberfläche, der im Grundbuch als rechtliche Einheit, also unter einer Bestandsverzeichnisnummer eingetragen ist, vgl. Schöner/Stöber, Rn. 560.

[257] Vgl. § 3 Abs 5 GBO: von der Führung eines eigenen Grundbuchblattes kann abgese- hen werden, wenn es sich um ein Grundstück handelt, das den wirtschaftlichen Zwecken anderer, sog. herrschender Grundstücke zu dienen bestimmt ist, vgl. auch Demharter, § 3 Rn. 27 ff.; siehe auch § 8 GBV.

[258] Vgl. § 3 WGV (Wohnungsgrundbuchverfügung), abgedruckt bei Demharter, An- hang 2.

[259] Vgl. § 7 GBV und § 9 GBO.

Wie wichtig die Angaben des Bestandsverzeichnisses sind, zeigt sich besonders **62** im Rahmen des grundbuchverfahrensrechtlichen Bezeichnungsgebotes, § 28 Satz 1 GBO. In den Verfahrenserklärungen ist das Grundstück entweder übereinstimmend mit dem Grundbuch zu bezeichnen, also unter Wiedergabe der Gemarkung und der Flurstücksnummer[260], oder durch Hinweis auf das Grundbuchblatt[261]. Das bedeutet eine enge Anbindung an den Inhalt des Grundbuches.

Beispiel: Buchung eines zusammengesetzten, aus mehreren Flurstücken beste- **63** henden Grundstücks im Bestandsverzeichnis (= BV):

Amtsgericht München		Grundbuch von Schwabing		Blatt 11111		Bestandsverzeichnis			
		Bezeichnung der Grundstücke und der mit dem Eigentum verbundenen Rechte				Größe			
Lfd. Nr. d. Grundstücke	Bisherige lfd. Nummer d. Grundstücke	Gemarkung (Vermessungsbezirk)	Karte	Liegenschaftsbuch	Wirtschaftart und Lage		ha	a	qm
			Flur Flurstück						
		a	b	c/d	e				
1	2	3				4			
1	–	123	Wilhelmstraße 9 Gebäude- und Freifläche				10	00	
		334/12	Wilhelmstraße 11,13,15,17, Gebäude- und Freifläche				15	08	
		556/39	Stefan-Tischler-Allee 1a, Gebäude- und Freifläche				93	57	

---

[260] BayObLG NJW-RR 1990, 722; vgl. Hügel/Wilsch, § 28 Rn. 17.
[261] So explizit § 28 Satz 1 GBO.

64 Beispiel: Buchung eines grundstücksgleichen Rechts, eines Erbbaurechts, im BV[262]:

Amtsgericht München		Grundbuch von Max-Vorstadt Blatt 4711			Bestandsverzeichnis			
		Bezeichnung der Grundstücke und der mit dem Eigentum verbundenen Rechte				Größe		
Lfd. Nr. d. Grundstücke	Bisherige lfd. Nummer d. Grundstücke	Gemarkung (Vermessungsbezirk)	Karte Flur Flurstück	Liegenschaftsbuch	Wirtschaftart und Lage	ha	a	qm
		a	b	c/d	e			
1	2	3				4		
1	–	Erbbaurecht an dem in Blatt 1567 unter BVNr. 1 vorgetragenen Grundstück 5074/2 Kreittmayrstraße 5, Gebäude- und Freifläche eingetragen Abt. II Nr. 1, bis zum 31.12.2099; Zustimmung des Grundstückseigentümers erforderlich zur Veräußerung des Erbbaurechts; Grundstückseigentümer: Jeff Tweedy, geb. 25.8.1967; gemäß Bewilligung vom 9.2.2010 – URNr. 869/Notar Prof. Dr. Volmer, Obernburg –; angelegt am 22.2.2010. Lausmann				10	25

---

[262] Vgl. auch Anlage 9 zu § 58 GBV.

Beispiel: Buchung eines Wohnungseigentums im BV[263]:   65

Amtsgericht München	Grundbuch von Max-Vorstadt	Blatt 18789	Bestandsverzeichnis			
		Bezeichnung der Grundstücke und der mit dem Eigentum verbundenen Rechte				Größe
Lfd. Nr. d. Grund-stücke	Bisherige lfd. Nummer d. Grund-stücke	Gemarkung (Vermessungs-bezirk)	Karte Flur Flurstück	Liegenschafts-buch	Wirtschaftart und Lage	ha | a | qm
		a	b	c/d	e	
1	2	3				4
1	–	41/1000 Miteigentumsanteil an dem Grundstück 123		Wilhelmstraße 9, Gebäude- und Freifläche		10 | 77

verbunden mit dem Sondereigentum an der Wohnung Nr. 2 laut Aufteilungsplan;

das Miteigentum ist durch die Einräumung der zu den anderen Miteigentumsanteilen gehörenden Sondereigentumsrechte beschränkt (Blätter 18788–19007);

Veräußerungsbeschränkung: Zustimmung des Verwalters ist erforderlich;

im Übrigen wird wegen Gegenstand und Inhalt des Sondereigentums auf die Bewilligung vom 20.5.2009 – URNr. 1150/Notar Prof. Dr. Volmer, Obernburg –, Bezug genommen; eingetragen am 20.6.2009.

Lausmann

III. Erste Abteilung, § 9 GBV

Damit ist man bereits im Bereich des stärksten dinglichen Rechtes[264] ange- 66 kommen, dem *„Eintragungsort für Eigentümer und Eigentumswechsel"*[265], der **Ersten Abteilung** des Grundbuches. Abgebildet wird hier die Chronologie der eigentumsrechtlichen Vorgänge, und zwar wiederum in der bereits bekannten, tabellarischen Gestalt:

– **Spalte 1:** hier wird die laufende Nummer der Eintragung angegeben[266]

---

[263] Vgl. auch Anlage 1 zu § 9 WGV (s. Demharter, Anhang 2).
[264] Baur/Stürner, § 3 B Rn. 23, 24 (S. 18, 19): vollkommenes, dingliches Recht.
[265] Meikel/Böttcher, § 9 Rn. 1 GBV.
[266] Siehe § 9 Buchstabe a GBV.

- **Spalte 2:** aufgeführt sind hier der Eigentümer, bei mehreren gemeinschaftlichen Eigentümern auch das Berechtigungsverhältnis iSv § 47 GBO[267]
- **Spalte 3:** Rekurs auf die laufende Nummer des Grundstücks im Bestandsverzeichnis[268]
- **Spalte 4:** angegeben sind hier die Grundlage der Eintragung, der Tag der Eintragung und die Unterschrift des Rechtspflegers[269].

67 Jeder neu einzutragende Eigentümer erhält in der Spalte 1 der Ersten Abteilung eine neue laufende Nummer, sekundiert von der Rötung[270] des alten Eigentümers. Im Interesse der Übersichtlichkeit des Grundbuchs wird somit optisch hervorgehoben, wer Eigentümer des Grundstücks war und wer derzeit Eigentümer des Grundstücks ist. Falls beispielsweise der Verkäufer unter der laufenden Nummer 1 eingetragen war, erhält der Erwerber die Nummer 2[271] in der Spalte 1. Mehrere Eigentümer werden zusätzlich durch Hinzufügung eines Buchstabens (in alphabetischer Reihenfolge) oder durch Hinzufügung einer Nummer gekennzeichnet[272]. Zur Veranschaulichung mögen die folgenden **Beispiele** dienen:

68 **Beispiel:** Eintragung eines Alleineigentümers unter der nächsten laufenden Nummer:

Amtsgericht München	Grundbuch von Garching		Blatt 1367	Erste Abteilung
Laufende Nummer der Eintragungen	Eigentümer	Laufende Nummer der Grundstücke im Bestandsverzeichnis	Grundlage der Eintragung	
1	2	3	4	
1	Tweedy Jeff, geb. 25.8.1967	1	Auflassung vom 7.7.2010; eingetragen am 1.9.2010. Konnetschke	

---

[267] Siehe § 9 Buchstabe b GBV; zum Berechtigungsverhältnis iSv § 47 GBO s. auch später Teil G VIII.

[268] Siehe § 9 Buchstabe c GBV.

[269] Siehe § 9 Buchstabe d GBV.

[270] Siehe § 16 GBV: die sich auf den bisherigen Eigentümer beziehenden Vermerke sind zu röten.

[271] § 9 Buchstabe a GBV.

[272] Schöner/Stöber, Rn. 701.

Beispiel: Eintragung mehrerer Bruchteilseigentümer, vgl die Eintragung **69** unter Nr. 1a und b im folgenden Beispiel, wobei die Unterstreichung eine Rötung verkörpern soll, die immer dann erfolgt, falls eine Eintragung nicht mehr aktuell ist (hier gibt es einen neuen Eigentümer unter Nr. 2):

Amtsgericht München		Grundbuch von Unterföhring	Blatt 1221	Erste Abteilung
Laufende Nummer der Eintragungen	Eigentümer	Laufende Nummer der Grundstücke im Bestandsverzeichnis		Grundlage der Eintragung
1	2	3		4
1 a)	Tweedy Jeff, geb. 25.8.1967 – zu ½ –	1		Auflassung vom 12.7.2000; eingetragen am 7.9.2000 Lausmann
b)	Kral Walter, geb. 18.9.1970 – zu ½ –			
2	Dr. Viktor Sarah Marie, geb. 20.5.1972	1		Auflassung vom 2.6.2010; eingetragen am 12.7.2010. Lausmann

In der Spalte 2 ist der Berechtigte so zu bezeichnen, wie es § 15 GBV gebietet, **70** also unter Nennung des Vor- und Familiennamens sowie des Geburtsdatums[273]. Falls das Eigentum für mehrere gemeinschaftlich eingetragen wird, ordnet die Regelung in § 47 Abs 1 GBO an, dass entweder die Anteile der Berechtigten in Bruchteilen angegeben werden, oder das für die Gemeinschaft maßgebende Rechtsverhältnis bezeichnet wird. Diese Bestimmung lenkt wiederum den Blick auf die verschiedenen Erscheinungsformen des Eigentums, darunter Alleineigentum, Miteigentum und Gesamthandseigentum[274]. Während das Alleineigentum nicht besonders geregelt ist[275], sieht § 1008 BGB beim Miteigentum die Bildung von Bruchteilen vor, weshalb im obigen Beispiel in der Spalte 2 jeweils „*zu ½*" hinzugefügt ist. Bei Gesamthandseigentum[276] ist das für die Gemeinschaft bezeichnende Rechtsverhältnis anzugeben.

---

[273] Siehe § 15 Abs 1 lit. a GBV: ist das Geburtsdatum angegeben, bedarf es nicht mehr der Angabe des Berufs und des Wohnortes; daher nennen moderne Eintragungen nur Vor-, Familiennamen und Geburtsdatum.

[274] Vgl. auch Herrmann, in Staudinger/Eckpfeiler (2005), S. 911.

[275] Herrmann, S. 910.

[276] Erbengemeinschaft, Gütergemeinschaft, nichtrechtsfähiger Verein, vgl. Herrmann, S. 911.

71 Beispiel: Eintragung **mehrerer Erben,** vgl die Eintragung Nr. 1a und b im folgenden Muster:[277]

Amtsgericht München	**Grundbuch von** Unterföhring		**Blatt** 1221 **Erste Abteilung**
Laufende Nummer der Eintragungen	Eigentümer	Laufende Nummer der Grundstücke im Bestandsverzeichnis	Grundlage der Eintragung
1	2	3	4
<u>1 a)</u>	Tweedy Jeff, geb. 25.8.1967	1	<u>Erbschein vom 12.7.2000</u> <u>(Az. 65 VI 1332/1999);</u> <u>eingetragen am 27.7.2000</u>
<u>b)</u>	Kral Walter, geb. 18.9.1970 – in Erbengemeinschaft –	1	<u>Frantzen</u>
2	*Gesellschaft bürgerlichen Rechts Rathausplatz 8,* *bestehend aus den Gesellschaftern* *a) Dr. Viktor Sarah, geb. 2.6.1980* *b) Prof. Dr. Dümml Tanja, geb. 20.5.1972* *c) Dr. Lausmann Markus, geb. 19.1.1969*		Auflassung vom 2.6.2010; eingetragen am 12.7.2010. Konnetschke

72   Zu den Neuerungen der GBO-Novelle 2009[278] zählt eine Neuregelung in § 47 Abs 2 GBO, die sich der Eintragung der BGB-Gesellschaft widmet[279]. Weil die (notwendige) Eintragung der BGB-Gesellschafter nach Ansicht des Gesetzgebers *„einerseits Grundbuchinhalt, andererseits jedoch auch Mittel zur Identifizierung der berechtigten GbR“*[280] sein soll, sind bei Eintragung eines Rechts für eine GbR nun auch zwingend deren Gesellschafter im Grundbuch einzutragen, § 47 Abs 2 S 1 GBO.

Beispiel: Eintragung einer **GbR als Eigentümerin**[281]: vgl im obigen Beispiel unter Nr. 2!

---

[277] Vgl. auch Anlage 1 zu § 22 GBV, dort Muster Erste Abteilung, lfd. Nr. 2a und b.
[278] ERVGBG, s. BGBl I 2009, S. 2713 ff.
[279] Insoweit in Kraft seit 18.8.2009, vgl. Art. 1 Nr. 10 iVm Art. 5 Abs 2 ERVGBG.
[280] So der Bericht der Abgeordneten Voßhoff, Dressel, Dyckmann, Neskovic und Montag zur BT-Drs 16/13437 vom 17.6.2009, S. 28.
[281] Einen Vorschlag unterbreitet auch Demharter, § 47 Rn. 28, allerdings ohne alphabetische Untergliederung der einzelnen Gesellschafter, was nun jedoch in der Praxis üblich ist, auch um die spätere Eintragung eines Gesellschafterwechsels zu erleichtern.

Mit der Spalte 3, überschrieben mit „*Laufende Nummer der Grundstücke im Be-* **73** *standsverzeichnis*", erfolgt dann die Verknüpfung mit dem Vortrag im Bestandsverzeichnis[282], mit den objektbezogenen[283] Daten des Grundbuches. Bei der Eintragung durch das Grundbuchamt und die Kontrolle der Vollzugsmitteilung durch das Notariat ist besonders darauf zu achten, dass in der Spalte 3 alle Grundstücke des Bestandsverzeichnisses (BV) erwähnt sind, anderenfalls der Eigentumsübergang mangels Eintragung noch nicht vollzogen ist.

In der Spalte 4 wiederum wird der Tag der Auflassung oder die anderweitige **74** Grundlage der Eintragung vermerkt, abgeschlossen durch den Vermerk „*einge-tragen am…*" und die Unterschrift des Rechtspflegers[284]. Entgegen der sonstigen Eintragungspraxis, in der Zweiten und Dritten Abteilung auch Angaben zur Urkundsrollennummer (abgekürzt URNr.) und zum Urkundsnotar aufzunehmen, begnügt sich die Eintragungspraxis in der Ersten Abteilung mit der bloßen Angabe des Tages der Auflassung.

IV. Zweite Abteilung, § 10 GBV

Im Rahmen der Eintragung der „*anderen*" dinglichen Rechte und Verfügungs- **75** beeinträchtigungen, beispielsweise Dienstbarkeiten[285], Vorkaufsrechte, Real-lasten , Auflassungsvormerkungen, Hypotheken bzw. Grundschulden[286] oder Insolvenzeröffnungsvermerke[287], sah sich der Gesetzgeber mit der Frage nach dem richtigen Eintragungsort konfrontiert. Die Fragestellung lautete hier:

Einheitliches Lastenverzeichnis oder typisierende Differenzierung in verschiedene Ab-teilungen?

Auf den ersten Blick könnte angenommen werden, dass diese Frage nur den **76** historischen Gesetzgeber der GBO zu interessieren hatte, zumal das aktuelle amtliche Muster eine Zweite und eine Dritte Abteilung vorsieht. Bei näherer Betrachtung der jüngsten Vergangenheit zeigt sich jedoch eine neuerliche Ver-

---

[282] Siehe auch § 9 Buchstabe c GBV.

[283] Meikel/Böttcher, § 9 Rn. 21 GBV.

[284] Vgl. § 9 Buchstabe de GBV sowie Schöner/Stöber, Rn. 704 und 706.

[285] Grunddienstbarkeiten, Nießbrauch, beschränkte persönliche Dienstbarkeiten, §§ 1018–1093 BGB.

[286] §§ 1113–1198 BGB; ca. 99 % der einzutragenden Grundpfandrechte sind Grundschulden, Hypotheken werden in der Praxis nicht mehr bestellt, sondern treten nur noch als Zwangssicherungshypotheken in Erscheinung; Volmer spricht sogar davon, dass 100 Prozent der üblichen Bankkredite über Grundschulden besichert werden, vgl. Volmer, Kreditsicherung durch Grundschulden nach dem Risikobegrenzungsgesetz, abgedruckt in Hager (Hrsg.), Grundschulden und Risikobegrenzungsgesetz, 2010, S. 23 ff.

[287] § 80 Abs 1 InsO; die Eintragg. erfolgt idR aufgrd eines Ersuchens des Insolvenzgerichts, §§ 38, 29 Abs 3 GBO.

knüpfung mit der Einführung des EDV-Grundbuches[288]. So sah beispielsweise der Diskussionsentwurf des Jahres 1982, der unmittelbar nach dem EDV-Probelauf beim Grundbuchamt München erstellt wurde[289], eine grundlegende Veränderung der äußeren Gestalt des Grundbuches vor. Gemeint ist die Zusammenführung der Zweiten und Dritten Abteilung zu einem einheitlichen Lastenverzeichnis, wovon jedoch glücklicherweise Abstand genommen wurde, anderenfalls das elektronische Grundbuch wohl immer noch nicht Realität geworden wäre. Eine solche *Zwangskollektivierung der dinglichen Rechte* hätte nicht nur über Jahre hinweg personelle Grundbuchamtsressourcen gebunden, sondern auch eine Rechtstradition zertrümmert, die bereits tief in das deutsche Rechtsbewusstsein eingedrungen ist und für sich einen höheren Differenzierungsgrad in Anspruch nehmen kann. Wie Blicke auf das ungarische[290], kroatische[291] oder serbische[292] Grundbuchmuster zeigen, wird durch die Reduzierung auf ein einziges Verzeichnis kein höheres Maß an Übersichtlichkeit erzielt. Da der aktuelle Status eines dinglichen Rechts sich stets aus der Zusammenschau von Haupt-, Veränderungs- und Löschungsspalte ergibt, erfordert auch das Datenbankgrundbuch, das im Rahmen des Projekts *„Redesign"* Grundbuch erstellt werden soll, keine grundsätzliche Änderung der äußeren Gestalt des Grundbuchs. Das ist der Grund dafür, warum die Regelung in § 10 Abs 1 GBV derzeit vorsieht, dass in der **Zweiten Abteilung** des Grundbuches alle Belastungen des Grundstücks oder eines Anteils am Grundstück eingetragen werden, *mit Ausnahme jedoch von Grundschulden, Hypotheken und Rentenschulden*[293].

77   Die spaltenmäßige Einteilung der Zweiten Abteilung, die im Grundbuch mit *„Lasten und Beschränkungen"* überschrieben ist, lautet wie folgt:
- **Spalte 1:** hier wird die laufende Nr. der Eintragung angegeben[294]
- **Spalte 2:** hier wird die laufende Nr. der betroffenen Grundstücke im Bestandsverzeichnis eingetragen, womit eine Anbindung an die Grundstücke im BV[295] erfolgt
- **Spalte 3:** hier werden die Belastungen, die Verfügungsbeeinträchtigungen, die Auflassungsvormerkungen oder die Widersprüche eingetragen (die Dienstbarkeiten und die Reallasten dabei stets mit einem aussagekräftigen Schlagwort[296])

---

[288] Vgl. Schmidt-Räntsch, S. 9.
[289] Schmidt-Räntsch.
[290] Vgl. Frank/Wachter, Länderteil Ungarn, Rn. 162.
[291] Makowicz, Länderteil Kroatien, S. 62.
[292] Makowicz, Länderteil Serbien, S. 155.
[293] § 10 Abs 1 lit. a GBV; vgl. auch Meikel/Böttcher, § 10 Rn. 1 GBV.
[294] § 10 Abs 2 GBV.
[295] § 10 Abs 3 GBV.
[296] § 10 Abs 4 GBV.

Hierzu folgendes **Beispiel**: 78

Amtsgericht München		Grundbuch von Max-Vorstadt Blatt 1235 Zweite Abteilung
Lfd. Nummer der Eintragungen	Lfd. Nummer der betroffenen Grundstücke im Bestandsverzeichnis	Lasten und Beschränkungen
1	2	3
1	1	Grunddienstbarkeit (Wegerecht) für den jeweiligen Eigentümer des Flurstückes 335/28 (Blatt 1587); gemäß Bewilligung vom 19.1.1999 – URNr. 78/Notarin Dr. Frank, München –; eingetragen am 23.12.1999. Lausmann
2	1	Vorkaufsrecht für die Triple A Super GbR, bestehend aus den Gesellschaftern Lehmann Josef, geb. 27.5.1980, und Lehmann Horst, geb. 2.3.1981; gemäß Bewilligung vom 22.1.2001- URNr. 54/Notar Prof. Dr. Hügel, Weimar –; eingetragen am 25.1.2001. Konnetschke
3	1	Nießbrauch für Kämpf Anna, geb. Silbertal, geb. 18.11.1946, und Kämpf Edwin, geb. 18.1.1944, als Gesamtberechtigte gemäß § 428 BGB; löschbar mit Todesnachweis; gemäß Bewilligung vom 06.07.2002 – UR-Nr. 1222/Notar Dr. Vossius, München –; eingetragen am 23.8.2002. Lausmann

- **Spalten 4 und 5:** hier, in der Veränderungsspalte, werden alle Veränderungen der gebuchten Rechte, Vormerkungen bzw. Verfügungsbeeinträchtigungen gebucht[297], also beispielsweise die Abtretung, Rangänderung oder inhaltliche Änderung der in der Hauptspalte gebuchten Rechte bzw. Vormerkungen
- **Spalten 6 und 7:** hier, in der Löschungsspalte, erfolgt die Löschung der in den Spalten 3 und 5 eingetragenen „Vermerke"[298].

---

[297] § 10 Abs 5 GBV.
[298] So missverständlich § 10 Abs 6 GBV; vgl. auch Meikel/Böttcher, § 10 Rn. 51 ff. GBV.

79 Zur Veranschaulichung folgendes **Beispiel**:

Amtsgericht München		**Grundbuch von** Milbertshofen	**Blatt** 9900	**Zweite Abteilung**
Veränderungen			Löschungen	
Laufende Nummer d. Spalte 1			Laufende Nummer d. Spalte 1	
4	5		6	7
5	Ansprüche aus Vormerkung abgetreten an Erste Grundstücksgesellschaft Triple A Superrating AG, München; gemäß Bewilligung vom 11.12.2000 – URNr. 1474/Notar Prof. Dr. Volmer, Obernburg –; eingetragen am 22.12.2000. Lausmann		7 8	Gelöscht am 23.09.2001. Lausmann Hinsichtlich des Berechtigten Max Konnetschke gelöscht am 23.10.2003. Lausmann

80   Ein höherer Differenzierungsgrad ist insofern zu verzeichnen, als grundsätzlich[299] zwischen dem Eintragungsort für **Nutzungsrechte (Zweite Abteilung)** und dem Eintragungsort für **Verwertungsrechte (Dritte Abteilung)** unterschieden wird. Erleichtert wird somit die Suche, die von einem spezifischen Interesse geleitet wird. Um herauszufinden, ob das belastete Grundstück in einer bestimmten Art und Weise genutzt werden oder der Eigentümer bestimmte Handlungen nicht vornehmen darf, ist die Zweite Abteilung heranzuziehen. Dagegen ist die Dritte Abteilung Gegenstand des Interesses, das sich auf die Eintragung der Grundpfandrechte bezieht. Die Zweite Abteilung erweist sich als Eintragungsort, an dem sich nicht nur die Beeinträchtigungen der Verfügungsbefugnis offenbaren, sondern sich auch die ganze Vielfalt des *numerus clausus* des Sachenrechts ereignet. Als Beispiel möge hier die Eintragung einer Auflassungsvormerkung[300] dienen, zweifelsohne das wichtigste Sicherungsmittel für den Anspruch des Käufers auf Eigentumsverschaffung[301], dessen typischer Verlauf in den folgenden Beispielen dargestellt werden soll.

---

[299] Ausnahme: Reallast, die ein Verwertungsrecht begründet, §§ 1107, 1147 BGB, vgl. Schöner/Stöber, Rn. 1287.

[300] Auflassungsvormerkung, in der Praxis mit AV abgekürzt, ist die übliche Praxisbezeichnung; in der Literatur wird teilweise der Begriff *Eigentumsübertragungsvormerkung* bevorzugt, vgl. Weirich, Rn. 873 ff.

[301] So auch Lambert-Lang/Tropf/Frenz (Hrsg.), Handbuch der Grundstückspraxis, 1. A., Bearbeiter Wolf, Teil 2 Rn. 356.

Beispiel: Eintragung einer **Auflassungsvormerkung:** Zweite Abteilung, Sp. 1 **81**
bis 3:

Amtsgericht München		**Grundbuch von** Max-Vorstadt **Blatt** 1235 **Zweite Abteilung**
Lfd. Nummer der Eintragungen	Lfd. Nummer der betroffenen Grundstücke im Bestandsverzeichnis	Lasten und Beschränkungen
1	2	3
1	1	Auflassungsvormerkung für Triple A Super GbR, bestehend aus den Gesellschaftern Lehmann Josef, geb. 27.5.1980, und Lehmann Horst, geb. 2.3.1981; gemäß Bewilligung vom 22.1.2010 – URNr. 54/Notar Dr. Schwarzriese, München –; eingetragen am 25.1.2010 Konnetschke

Falls, wie in der Praxis häufig, der Käufer erst nach der Eintragung der **82**
Auflassungsvormerkung in der Lage ist, das zur Finanzierung des Kaufpreises
notwendige Grundpfandrecht zu bestellen, tritt die Auflassungsvormerkung im
Rang hinter das neu bestellte Grundpfandrecht zurück.

Beispiel: Eintragung des **Rangrücktrittes** der Auflassungsvormerkung, Zweite **83**
Abteilung, Veränderungsspalte:

Amtsgericht München	**Grundbuch von** Max-Vorstadt	**Blatt** 1235 **Zweite Abteilung**	
Veränderungen		Löschungen	
Laufende Nummer d. Spalte 1		Laufende Nummer d. Spalte 1	
4	5	6	7
1	Rang nach Abt. III Nr. 9; eingetragen am 20.2.2010. Lausmann		

Falls der Kaufvertrag störungsfrei und ohne die Eintragung den Käufer be- **84**
lastender Zwischeneintragungen[302] abgewickelt werden konnte, kann auch die
Auflassungsvormerkung Zug um Zug mit Eintragung der Eigentumsumschreibung im Grundbuch gelöscht werden[303].

---

[302] Das sind alle Belastungen, die nach der Eintragung der Auflassungsvormerkung
erfolgen, denen der Käufer nicht zugestimmt hat, etwa die Eintragung von Zwangssicherungshypotheken gegen den Verkäufer.
[303] Vgl. auch die Ausführungen und Muster bei Grziwotz/Everts/Heinemann/Koller,
Grundstückskaufverträge, Rn. 949 und 945.

85 **Beispiel:** Eintragung der **Löschung** der Auflassungsvormerkung, Zweite Abteilung, Löschungsspalte:

Amtsgericht München		Grundbuch von Max-Vorstadt	Blatt 1235 Zweite Abteilung
Veränderungen		Löschungen	
Laufende Nummer d. Spalte 1		Laufende Nummer d. Spalte 1	
4	5	6	7
		1	Gelöscht am 23.3.2010. Lausmann

V. Dritte Abteilung, § 11 GBV

86   Schließlich werden in der **Dritten Abteilung** des Grundbuches die Hypotheken, Grundschulden und Rentenschulden einschließlich aller sich hierauf beziehenden Vormerkungen und Widersprüche eingetragen[304]. Damit zielt die Dritte Abteilung auf die Darstellung der dinglichen Verwertungsrechte[305] ab, deren Relevanz sich vor allem in der Beleihungs-, Banken- und Versteigerungspraxis zeigt. Solchen Grundpfandrechten[306] ist zu eigen, dass *„eine bestimmte Geldsumme aus dem Grundstück zu zahlen ist"*[307]. Dabei steht die gesetzliche Dominanz der Hypothek (§§ 1113–1190 BGB) im Widerspruch zu ihrer marginalen Präsenz in der Praxis, zumal schätzungsweise 99 Prozent[308] aller Grundpfandrechte in Gestalt der nicht akzessorischen Grundschuld eingetragen werden. Die Literatur erklärt die weitgehende Verdrängung der Hypothek durch die Grundschuld gerne mit der Ersetzung des Privatkredits durch den Institutskredit[309]. Vollkommen bedeutungslos ist die Rentenschuld nach §§ 1199 ff. BGB, eine spezielle Form der Grundschuld, was sie aber nicht daran hindert, in der Spaltenbezeichnung der Dritten Abteilung zu erscheinen:

---

[304] § 11 Abs 1 GBV; vgl. auch KEHE/Eickmann, § 11 Rn. 1 GBV.

[305] Ausnahme: Reallast, die in der Zweiten Abteilung eingetragen wird.

[306] Den Begriff hat die Literatur gebildet, nicht das BGB, vgl. Baur/Stürner, § 36 Rn. 1 (S. 435).

[307] So der Wortlaut bei § 1113 Abs 1 BGB (Hypothek) bzw. § 1191 Abs 1 BGB (Grundschuld) bzw. § 1199 Abs 1 BGB; vgl. auch Baur/Stürner, § 36 Rn. 1 (S. 435). .

[308] Vgl auch Volmer, Kreditsicherung durch Grundschulden nach dem Risikobegrenzungsgesetz, S. 23, abgedruckt in Hager (Hrsg.), Grundschulden und Risikobegrenzungsgesetz: Besicherung des üblichen Bankkredits erfolgt ausschließlich durch Grundschuld (100%), eine Renaissance der Hypothek ist nicht eingetreten.

[309] So Weirich, Rn. 1488; vgl. auch Grziwotz, Praxis-Handbuch Grundbuch- und Grundstücksrecht, Rn. 664.

– **Spalte 1:** diese ist für die laufende Nummer der Eintragung bestimmt, vgl. **87**
  § 11 Abs 2 GBV
– **Spalte 2:** hier erfolgt die Angabe der laufenden Nummer des belasteten Grundstücks, also die Anbindung an das Bestandsverzeichnis, vgl. § 11 Abs 3 GBV
– **Spalte 3:** diese dient der Angabe des Nennbetrages des Grundpfandrechtes,
  § 11 Abs 4 GBV, samt Bezeichnung der Währung, womit eine Brücke geschla-
  gen wird zur Regelung in § 28 Satz 2 GBO, die sich mit den Währungseinhei-
  ten im Grundbuchverfahren beschäftigt; in Betracht kommen nur Euro,
  Schweizer Franken, US-Dollar, dänische Kronen, britische Pfund Sterling,
  schwedische Kronen und die Währungen der am 1.5.2004 und 1.1.2007 beigetretenen Länder[310]
– **Spalte 4:** hier wird das Grundpfandrecht inhaltlich eingetragen, so § 11 Abs 5
  GBV

Folgendes **Beispiel** zur Veranschaulichung: **88**

Amtsgericht München		**Grundbuch von** Max-Vorstadt	**Blatt** 811 **Dritte Abteilung**
Lfd. Nummer der Eintragungen	Lfd. Nr. der belasteten Grundstücke im Bestandsverzeichnis	Betrag	Hypotheken, Grundschulden, Rentenschulden
1	2	3	4
1	1	2.500.000 EUR	Grundschuld ohne Brief zu zwei Millionen fünfhunderttausend Euro; für Sparkasse Silbertal, Silbertal; 18 Prozent jährlich; vollstreckbar nach § 800 ZPO; gemäß Bewilligung vom 20.07.2008 – URNr. 1944/ Notar Prof. Dr. Maier, München –; Rang vor Abt. II/5; eingetragen am 05.08.2008. Lausmann

– **Spalten 5 bis 7:** dieser Bereich, auch *Veränderungsspalte* genannt, ist auf der
  Rückseite zu finden, reserviert für die Eintragung von Veränderungen eingetragener Grundpfandrechte, also Rangänderungen, Abtretungen oder inhaltliche Veränderungen, § 11 Abs 6 GBV; um das betroffene Grundpfandrecht
  in völlig eindeutiger Weise zu bezeichnen, ist nicht nur die laufende Nr. des
  betroffenen Grundpfandrechtes anzugeben (Spalte 5), sondern auch der von der
  Veränderung betroffene Grundpfandrechtsbetrag, § 11 Abs 8 GBV.

---

[310] Vgl. Hügel/Wilsch, § 28 Rn. 126, 143–150.

Folgendes **Beispiel**:

Amtsgericht München	**Grundbuch** von Milbertshofen	**Blatt** 14456 **Dritte Abteilung**			
Veränderungen			Löschungen		
Lfd. Nummer d. Spalte 1	Betrag		Lfd. Nummer d. Spalte 1	Betrag	
5	6	7	8	9	10
1	2.500.000 EUR	Abgetreten mit Zinsen seit 20.07.2009 an die Bayerische Geldspeicher Aktiengesellschaft, München; eingetragen am 25.08.2009. Konnetschke			
2	375.000 EUR	Rang nach II/5; eingetragen am 07.07.2010. Lausmann			

- **Spalten 8 bis 10:** dieser Bereich, auch *Löschungsspalte* genannt, ist ebenfalls auf der Rückseite zu finden und dient der Löschung der Grundpfandrechte[311].

Folgendes **Beispiel**:

Amtsgericht München	**Grundbuch von** Milbertshofen	**Blatt** 14456 **Dritte Abteilung**			
Veränderungen			Löschungen		
Lfd. Nummer d. Spalte 1	Betrag		Lfd. Nummer d. Spalte 1	Betrag	
5	6	7	8	9	10
			1	2.500.000 EUR	Gelöscht am 22.10.2010. Konnetschke

89 Besondere Bedeutung kommt in diesem Kontext der Regelung in § 1115 Abs 1 BGB zu, die eine Einschränkung der regulären Möglichkeit der Bezugnahme gem. § 874 BGB enthält. Grundsätzlich sieht die auf Entlastung[312] der Grundbücher gerichtete Vorschrift nach § 874 BGB vor, dass bei der Eintragung eines Rechts *„zur näheren Bezeichnung des Inhalts des Rechts auf die Eintragungsbewilligung Bezug genommen werden kann"*. Anders als etwa im spanischen Grundbuchsystem, das keine Grundakten kennt, ist im deutschen Grundbuchsystem eine Bezug-

---

[311] KEHE/Eickmann, § 11 Rn. 13 GBV.
[312] Vgl. Schöner/Stöber, Rn. 262.

nahme möglich. Denn das Grundbuchamt ist verpflichtet, eintragungsrelevante Urkunden aufzubewahren, was in Form der Grundakten[313] geschieht, § 10 Abs 1 S 1 GBO. Unmittelbar eingetragen werden daher nicht alle Punkte der Grundpfandrechtsurkunde, sondern „nur" ein Teil der Bestimmungen, während der Rest durch die Bezugnahme gem. § 874 BGB ebenfalls zum Grundbuchinhalt wird. Nun schränkt jedoch die Regelung des § 1115 Abs 1 BGB die Möglichkeit der Bezugnahme insoweit ein, als ein Grundpfandrecht eingetragen werden soll. Daher müssen bei der Eintragung eines Grundpfandrechts folgende Angaben *unmittelbar* in den Grundbuchtext aufgenommen werden[314]:

– der *Gläubiger* des Grundpfandrechts
– der *Geldbetrag* des Grundpfandrechts
– der *Zinssatz* des Grundpfandrechts
– andere *Nebenleistungen* des Grundpfandrechts.

Aus diesem Grund lautet die typische Eintragung eines Grundpfandrechtes wie folgt:

Beispiel: Eintragung eines **Grundpfandrechtes:** 90

Amtsgericht München		Grundbuch von Max-Vorstadt	Blatt 811	Dritte Abteilung
Lfd. Nummer der Eintragungen	Lfd. Nr. der belasteten Grundstücke im Bestandsverzeichnis	Betrag	Hypotheken, Grundschulden, Rentenschulden	
1	2	3	4	
1	1	100.000 EUR	Grundschuld ohne Brief zu einhunderttausend Euro; für Sparkasse Heidenheim, Heidenheim; 18 Prozent jährlich; vollstreckbar nach § 800 ZPO; gemäß Bewilligung vom 02.06.2009 – URNr. 1871/Notar Prof. Böhringer, Heidenheim –; Rang vor Abt. II/5; eingetragen am 23.06.2009. Lausmann	

Zum nicht untypischen weiteren Verlauf des Grundpfandrechts zählt die spä- 91 tere Abtretung des Grundpfandrechtes, veranlasst durch die Umschuldung von Krediten. Als spätere Veränderung des Grundpfandrechtes wird die Abtretung in der Veränderungsspalte der Dritten Abteilung eingetragen[315]. Zugleich ist der bisherige Gläubiger des Rechtes in der Hauptspalte rot zu unterstreichen[316].

---

[313] Zum Inhalt der Grundakten vgl. § 24 GBV: das sind die Urkunden und Abschriften, die nach § 10 GBO durch das Grundbuchamt aufzubewahren sind.
[314] Vgl. Baur/Stürner, § 37 III 2a (S. 479).
[315] § 11 Abs 6 GBV.
[316] § 17 Abs 3 GBV.

92 Beispiel: Eintragung der **Abtretung** eines Grundpfandrechtes

Amtsgericht München		Grundbuch von Max-Vorstadt		Blatt 811 Dritte Abteilung	
Veränderungen			Löschungen		
Lfd. Nummer d. Spalte 1	Betrag		Lfd. Nummer d. Spalte 1	Betrag	
5	6	7	8	9	10
1	100.000 EUR	Abgetreten mit Zinsen seit 02.06.2009 an die Bayerisch-Kärntnerische Geldvermehrungs Aktiengesellschaft, München; eingetragen am 25.08.2009. Lausmann			

93   Nach endgültiger Abwicklung des Kreditverhältnisses und Erfüllung des Rückgewährsanspruches[317] des Bestellers des Grundpfandrechtes wird schließlich die Löschung des Grundpfandrechtes eingetragen, und zwar in der Löschungsspalte[318] der Dritten Abteilung. Zugleich sind alle mit dem gelöschten Recht verbundenen Eintragungen in der Haupt- und Veränderungsspalte zu röten[319] (im Beispiel unterstrichen). Die Löschung eines Grundpfandrechtes lautet daher wie folgt:

94 Beispiel: **Löschung** eines Grundpfandrechtes

Amtsgericht München		Grundbuch von Max-Vorstadt		Blatt 811 Dritte Abteilung	
Veränderungen			Löschungen		
Lfd. Nummer d. Spalte 1	Betrag		Lfd. Nummer d. Spalte 1	Betrag	
5	6	7	8	9	10
1	100.000 EUR	Abgetreten mit Zinsen seit 02.06.2009 an die Bayerisch-Kärntnerische Geldvermehrungs Aktiengesellschaft, München; eingetragen am 25.08.2009. Lausmann	1	100.000 EUR	Gelöscht am 02.06.2010. Konnetschke

---

[317] Vgl. Weirich, Rn. 1526.
[318] Spalten 8 bis 10, s. § 11 Abs 7 GBV.
[319] § 17 Abs 2 GBV.

G. Das Grundbuchverfahren

I. Der Antragsgrundsatz

1. Allgemeines

Das Grundbuchverfahren erfährt durch die Regelung des § 13 GBO eine **95** eigenständige Prägung und grundsätzliche Ausrichtung. Basierend auf der Überlegung des historischen Gesetzgebers, *„daß bei einer Eintragung das Privatinteresse der Beteiligten im Vordergrund"*[320] stehen soll, statuiert die Vorschrift des § 13 GBO den **Antragsgrundsatz** als einen der zentralen Grundsätze des Grundbuchrechts. Danach soll eine Eintragung im Grundbuch nur auf Antrag erfolgen, soweit das Gesetz keine anderslautende Regelung trifft, § 13 Abs 1 Satz 1 GBO.

Tragendes Prinzip ist demnach ein Regel-Ausnahme-Verhältnis: eine Eintra- **96** gung erfolgt nur auf Antrag (so die Regel), es sei denn, das Gesetz sieht ausnahmsweise eine Eintragungstätigkeit ohne Antrag bzw. eine Eintragungstätigkeit von Amts wegen vor (so die Ausnahme)[321]. Als Ausnahme ist beispielsweise die Bestimmung in § 18 Abs 2 GBO zu nennen, wonach das Grundbuchamt von Amts wegen eine Vormerkung einzutragen hat. Eine weitere Durchbrechung des Antragsgrundsatzes[322] stellt die Regelung des § 38 GBO dar, die um den Vollzug behördlicher Ersuchen kreist.

2. Rechtsnatur als reine Verfahrenserklärung

Im Rahmen des „regulären" Grundbuchverfahrens tritt der Antragsteller **97** an das Grundbuchamt heran, um den initiierenden Verfahrensimpuls zu geben, gerichtet auf die Vornahme einer bestimmten Grundbucheintragung. Teile der Literatur sprechen hier terminologisch zweifelhaft noch von einem *aktiven*, an das Grundbuchamt gerichteten *Begehren*, eine Eintragung vorzunehmen[323].

---

[320] So die Denkschrift zur GBO, vgl. Hahn/Mugdan, S. 154; aA Meikel/Böttcher, § 13 Rn. 1.

[321] Vgl. auch Bengel/Simmerding, Einführung Rn. 39 ff. (S. 183).

[322] Vgl. Hügel/Zeiser, Überblick zu § 38 GBO, sowie Demharter, § 38 Rn. 1; weitere Durchbrechungen des Antragsgrundsatzes finden sich in den §§ 9 Abs 2, Abs 3, 45 Abs 1, Abs 2, 48, 51, 52, 53, 82a, 84 ff., 90 ff. und §§ 116 ff. GBO, vgl. auch Kral/Kausch, Grundbuchrecht, 17. A., S. 86.

[323] So KEHE/Hermann, § 13 Rn. 20, unter Verweis auf die Rspr des OLG Düsseldorf aus den 50ger Jahren.

Richtiger erscheint vielmehr die Charakterisierung als das Eintragungsverfahren auslösende Verfahrenshandlung, die Rechtfertigung und Pflicht zugleich enthält[324]. Zum einen rechtfertigt der Antrag die Tätigkeit des Grundbuchamtes, die auf die Prüfung der materiell- bzw. formellrechtlichen Gesetzmäßigkeit der Eintragungsunterlagen gerichtet ist. Zum anderen verpflichtet der Antrag aber auch das Grundbuchamt dazu, in die Prüfung des Antrags einzutreten, und zwar in angemessener Zeit[325]. Während der *Antrag* als reine Verfahrenshandlung die *Verfahrensinitiierung* enthält, liefert die *Bewilligung* bzw. die Einigung die eigentliche Verfahrens- und *Eintragungslegitimierung*, wie später noch im Rahmen des formellen bzw. materiellen Konsensprinzips zu zeigen sein wird.

98   Damit ist aber auch bereits die Rechtsnatur des Antrags als eine **reine Verfahrenserklärung** beschrieben, eine Verfahrenshandlung, die ein Grundbuchverfahren einleitet, um eine bestimmte gerichtliche Tätigkeit – die Eintragung im Grundbuch-, zu erwirken[326]. Die Charakterisierung als reine Verfahrenshandlung wird bereits in der Soll-Bestimmung in § 13 Abs 1 Satz 1 GBO deutlich, wonach eine Eintragung nur aufgrund eines Antrags erfolgen *soll*. Deduktiv lässt sich hieraus ableiten, dass der Antrag keine rechtsgeschäftliche Willenserklärung[327] und auch kein Erfordernis für den Eintritt der Rechtsänderung im Grundbuch sein kann. Sofern der Antrag gänzlich fehlt oder unter einem Mangel leidet, bleibt eine dennoch vorgenommene Grundbucheintragung wirksam, sofern die materiell-rechtlichen Erfordernisse beachten wurden.

99   Dem Antrag kommt neben seiner Eigenschaft als Verfahrensantrag auch die Funktion eines Sachantrages zu, der die Reichweite der grundbuchamtlichen Prüfung vorzeichnet. Synchron zum gestellten Antrag wird nur geprüft, was eingetragen werden soll, was überdies impliziert, dass das Grundbuchamt vom Inhalt des gestellten Antrages nicht abweichen darf, sei es, indem es hinter ihm zurückbliebe, sei es, indem es über ihn hinausginge[328].

3. Weitere Wirkungen des Antrages

100   Obgleich der Antrag primär eine reine Verfahrenshandlung ist, gesteht ihm das materielle Recht weitere **Wirkungen** zu. Hierbei von bloßen Sekundärwirkungen zu sprechen, wird den weitreichenden Wirkungen des Antrages nicht gerecht[329]. Nach § 878 BGB bleibt eine Erklärung wirksam, wenn sie bindend iSv §§ 873 Abs 2, 875 Abs 2, 877 BGB erklärt und der Eintragungsantrag bereits gestellt wurde. Eine danach eingetretene Beschränkung der Verfügungsbefugnis

---

[324] So Eickmann, 5. Kap. § 2 I 2.1 (=S. 66).
[325] Vgl. auch BGH NJW 2007, 830, zu evtl. Amtshaftungsansprüchen.
[326] Sog. Erwirkungshandlung, vgl. Eickmann, 5. Kap. § 2 II, sowie Meikel/Böttcher, Einl B Rn. 20 iVm § 13 Rn. 18.
[327] Meikel/Böttcher, § 13 Rn. 18.
[328] So Weirich, Rn. 496, sowie Demharter, § 13 Rn. 4.
[329] Vgl. auch Baur/Stürner, § 16 II 4 (S. 193).

kann den Rechtserwerb dann nicht mehr beeinflussen. Auch die Regelung des § 892 Abs 2 BGB rekurriert, soweit der Zeitpunkt der Gutgläubigkeit betroffen ist, auf den Zeitpunkt der Antragstellung. Falls zum Rechtserwerb nur noch die Eintragung erforderlich ist, ist der Zeitpunkt der Antragstellung maßgeblich. Komplettiert wird das **Wirkungstableau** des Antrages durch die Determinierung des Ranges, §§ 17, 45 GBO. Sofern mehrere Eintragungen beantragt sind, durch die dasselbe Recht betroffen ist, darf die später beantragte Eintragung nicht vor der Erledigung des früher gestellten Antrages erfolgen, § 17 GBO. Das bedeutet die Verankerung eines strengen Prioritätsgrundsatzes, wie er auch in anderen Bereichen der freiwilligen Gerichtsbarkeit zu finden ist[330]. Die frühere Antragstellung generiert den Anspruch auf einen besseren Rang, § 45 Abs 1 GBO. Ein Verstoß hiergegen macht zwar das Grundbuch nicht unrichtig, kann jedoch Amtshaftungsansprüche auslösen[331].

4. Antragsberechtigung, § 13 Abs 1 Satz 2 GBO

Die Befugnis, ein grundbuchamtliches Eintragungsverfahren in Gang zu setzen, wies der Gesetzgeber keinem normierten Personenkreis zu, wie dies gelegentlich im Bereich des materiellen Rechts zu finden ist[332]. Vielmehr entschied sich der Gesetzgeber in § 13 Abs 1 Satz 2 GBO für eine eher abstrakte Definition der Antragsberechtigung. **101**

Nach § 13 Abs 1 Satz 2 GBO gilt: **antragsberechtigt** ist jeder, dessen Recht von der Eintragung betroffen wird oder zu dessen Gunsten die Eintragung erfolgen soll. Die unmittelbare rechtliche Beziehung zum Verfahrensgegenstand der Eintragung besteht entweder in einem *Betroffensein*, oder in einer *Begünstigung*, und zwar in einem dinglichen Kontext, bloße wirtschaftliche Vor- oder Nachteile reichen nicht aus[333]. Die Antragsberechtigung in Grundbuchsachen ist daran geknüpft, dass der Antragsteller durch die Eintragung eine dingliche Rechtsstellung gewinnt oder verliert[334]. **102**

Beispiele: *Betroffener* und damit Antragsberechtigter iSv § 13 Abs 1 Satz 2 GBO
– Veräußerung einer Immobilie: der Verkäufer
– Abtretung eines Grundpfandrechtes: der Zedent
– Aufhebung eines Grundstücksrechtes: der Berechtigte des Rechts
– Rangänderung eines Grundstücksrechtes: der zurücktretende Berechtigte[335].

---

[330] Siehe § 2 Abs 1 FamFG, MünchKommZPO/Pabst § 2 FamFG Rn. 18.
[331] BayObLG Rpfleger 1995, 16; OLG Köln Rpfleger 1980, 222.
[332] Etwa § 1365 Abs 2 BGB, vgl. Jurgeleit/Jurgeleit, § 1 Rn. 16.
[333] Demharter, § 13 Rn. 43, sowie Schöner/Stöber, Rn. 88.
[334] Schöner/Stöber, Rn. 88, sowie Demharter, § 13 Rn. 42.
[335] Siehe Meikel/Böttcher, § 13 Rn. 44 ff.

Beispiele: *Begünstigter* und damit Antragsberechtigter iSv § 13 Abs 1 Satz 2 GBO
- Veräußerung einer Immobilie: der Erwerber
- Abtretung eines Grundpfandrechtes: der Zessionar
- Aufhebung eines Grundstücksrechtes: der Eigentümer
- Rangänderung eines Grundstücksrechtes: der vortretende Berechtigte[336].

103   Nicht anders als in weiteren Verfahren der freiwilligen Gerichtsbarkeit[337], gilt Einzelantragsberechtigung, falls mehrere Antragsberechtigte vorhanden sind. Dann ist jeder der Antragsberechtigten befugt, einen Antrag zu stellen, entweder allein, oder im Verbund mit anderen Antragsberechtigten. In der Grundbuchpraxis dominiert die Konstellation, dass mehrere Antragsberechtigte gleichzeitig einen Antrag stellen. Dies gilt insbesondere dann, wenn es um die Eintragung eines Grundpfandrechtes geht. Dann stellt neben dem Eigentümer (=Betroffener) auch der Gläubiger (=Begünstigter) den Antrag, um sich verfahrensrechtlich gegen eine Antragsrücknahme des Eigentümers abzusichern. Häufig stellt der Notar für jeden Antragsberechtigten einen Antrag, und zwar aufgrund der Regelung des § 15 GBO.

5. Antrag und Vollmachtsvermutung zugunsten des Urkundsnotars, § 15 Abs 2 GBO

104   Für den deutschen Urkundsnotar, der eine zur Eintragung erforderliche Erklärung beurkundet oder beglaubigt hat, schafft die Regelung in § 15 Abs 2 GBO eine besondere verfahrensrechtliche Autorisation. Verantwortlich hierfür ist der *„praxisbezogene Hintergrund"*[338] der Beurkundung bzw. Beglaubigung, gekennzeichnet durch den Willen der Beteiligten, der Notar möge über die Beurkundungs- bzw. Beglaubigungstätigkeit hinaus auch am Grundbuchverfahren mitwirken[339]. Identisch hiermit ist die Situation in Registersachen, vgl § 378 Abs 2 FamFG[340]. Voraussetzung ist stets die Beurkundung oder die Beglaubigung einer zur Eintragung erforderlichen Erklärung durch den Notar, womit die Erstellung der unmittelbaren Eintragungsunterlagen[341] gemeint ist. Folge ist jedoch kein eigenes Antragsrecht des Notars[342], sondern eine weitreichende **gesetzliche Vollmachtsvermutung**. Schließlich spricht § 15 Abs 2 GBO davon, dass im Falle einer solchen Konstellation der Notar als ermächtigt *gilt*, im Namen eines Antragsberechtigten die Eintragung zu beantragen. Eine Verpflichtung, dem

---

[336] Meikel/Böttcher, § 13 Rn. 44 ff.
[337] MünchKommZPO/Ulrici, § 23 FamFG Rn. 20.
[338] BeckOK GBO Hügel/Reetz, Edition 8, Stand 1.1.2010, Vor § 13.
[339] Eickmann, 5. Kap. § 2 V 2.1 (S. 76).
[340] Zu § 378 Abs 2 FamFG s. Keidel/Heinemann, § 378 Rn. 1; s. bereits Krafka, Rn. 260.
[341] Hügel/Reetz, § 15 Rn. 17.
[342] BayObLG NJW-RR 1989, 1495.

Grundbuchamt eine Verfahrensvollmacht vorzulegen, ist dann nicht gegeben, was zur Beschleunigung des Verfahrens beiträgt. Auch wenn häufig den Notaren zur Verstärkung ihrer verfahrensrechtlichen Position zusätzlich eine rechtsgeschäftliche Vollzugsvollmacht erteilt wird, ist es nicht gerechtfertigt, von einer geringen praktischen Bedeutung des § 15 GBO zu sprechen[343]. Das steht im Widerspruch zur standardisierten und stets auf § 15 GBO rekurrierenden Vorlagepraxis der Notare, die die Grundbuchpraxis dominiert.

Seltener anzutreffen sind hingegen die Fälle, in denen der Notar nicht als Vertreter auftritt, sondern die Anträge *„zum Vollzug"* oder *„zur weiteren Veranlassung"* weitergibt[344]. Aus der Sicht der Notare ist die Vorlagepraxis iSv § 15 GBO auch mit weiteren verfahrensrechtlichen Vorteilen verbunden. Ohne eine entsprechende Verfahrensvollmacht vorlegen zu müssen, erhält der Notar bei Vorlage nach § 15 GBO die grundbuchamtlichen Beanstandungsschreiben iSv § 18 GBO (Zwischenverfügung bzw. Zurückweisung) sowie die grundbuchamtlichen Eintragungsmitteilungen iSv § 55 GBO[345]. Der gemäß § 15 GBO vorlegende Notar kann Beschwerde und Rechtsbeschwerde einlegen, ohne eine weitere verfahrensrechtliche Legitimation nachreichen zu müssen. **105**

6. Inhalt des Antrags

Der engere Regelungsbereich der Antragsvorschriften in den §§ 13–17 GBO legt nicht fest, wie ein **Grundbuchantrag** beschaffen sein muss, was mit der Rahmenregelung in § 23 FamFG korreliert. Die Notwendigkeit, bestimmte Mindestanforderungen zu etablieren, kann sich daher nur aus übergeordneten Verfahrensprinzipien herleiten. Zu nennen sind in diesem Kontext der Bestimmtheitsgrundsatz, der Legalitätsgrundsatz und das Kongruenzprinzip. **106**

Der Bestimmtheitsgrundsatz[346] gebietet eine eindeutig erkennbare Verfahrensinitiierung durch einen eindeutig erkennbaren Antragsteller. Aus dem Antrag muss sich völlig unmissverständlich ergeben, und sei es auch nur aufgrund einer Auslegung, § 133 BGB, wer was eingetragen haben möchte. **107**

Der Legalitätsgrundsatz gibt wiederum vor, dass der Inhalt des Antrags nicht im Widerspruch zum Gesetz stehen darf.

Das Kongruenzprinzip hingegen stellt die Verknüpfung der Verfahrensinitiierung (= Antrag) mit der Verfahrenslegitimierung (= Bewilligung) her. Der Antrag darf nicht über den Inhalt der Bewilligung hinausgehen und auch nicht hinter der Bewilligung zurückbleiben[347], sofern dies nicht ausdrücklich oder konkludent gestattet ist.

---

[343] So aber Jurgeleit /Eckert, § 23 Rn. 217.
[344] Vgl. Zusammenstellung bei Holzer/Kramer, 4. Teil, Rn. 70.
[345] Hügel/Wilsch, § 55 Rn. 3, also nicht die Beteiligten unmittelbar.
[346] Vgl. Schöner/Stöber, Rn. 18.
[347] So Schöner/Stöber, Rn. 89.

7. Antrag unter Vorbehalt, § 16 GBO

108 Die Erledigung des Antrags darf nicht an einen **Vorbehalt** geknüpft werden, § 16 Abs 1 GBO, weil das Grundbuchverfahren kein referentielles, sondern hermetisches Beweisverfahren ist. Durch das grundsätzliche Verbot, einen Antrag unter Vorbehalt zu stellen, wollte der Gesetzgeber dem Grundbuchamt die Prüfung der Frage ersparen, „*ob nach der gegenwärtigen Sachlage die Eintragung begehrt sei*"[348]. Diese Einschätzung deckt sich mit dem das Grundbuchverfahren beherrschenden Beibringungsgrundsatz, demzufolge einzig und allein der Antragsteller in der Pflicht steht, die erforderlichen Eintragungsunterlagen beizubringen. Die Hermetik des Verfahrens äußert sich darin, dass das Grundbuchamt nicht von Amts wegen ermitteln darf, ob die Eintragungsvoraussetzungen vorliegen[349].

Beispiel:
Eine bedingte oder befristete Antragstellung, etwa die Eintragung einer Grundschuld erst nach Auszahlung des Darlehens, ist unzulässig, § 16 Abs 1 GBO.

109 Daher kann die Prüfung von Umständen, die außerhalb der Eintragungsunterlagen liegen, auch nicht in den grundbuchamtlichen Verantwortungsbereich fallen[350]. Ausgenommen hiervon sind Rechtsbedingungen und Umstände, die das Grundbuchamt innerhalb des Verfahrens feststellen kann. Nicht anders als beispielsweise im Verwaltungsgerichtverfahren, das ebenfalls nur bedingungsfeindliche und unwiderrufliche Prozesshandlungen kennt, sind auch im Grundbuchrecht etwaige *Verfahrensimplosionen* ausgeschlossen. Vermieden werden damit Verfahrenserklärungen im Schwebezustand bzw Grundbuchverfahren, über denen ein Damoklesschwert hängt[351]. Falls dennoch ein Antrag mit einem Vorbehalt versehen sein sollte, darf das Grundbuchamt nicht sogleich zurückweisen, sondern muss auf die Auflösung des Vorbehalts hinwirken[352].

110 Um die Erledigung **Zug um Zug** zu erbringender Leistungen zu erleichtern[353], sieht die Regelung in § 16 Abs 2 GBO eine Ausnahme vor. Sofern mehrere Eintragungen beantragt sind, kann von dem Antragsteller explizit oder stillschweigend bestimmt werden, dass die eine Eintragung nicht ohne die andere Eintragung erfolgen soll. Eine solche Ausnahme durchbricht nicht die Hermetik des Verfahrens, weil die durch den Antragsteller verknüpften Fäden nun in der Hand des Grundbuchamtes liegen. Ob die eine Eintragung zusammen mit der verknüpften anderen Eintragung erfolgen kann, kann schließlich – nach entsprechender rechtlicher Prüfung-, nur das Grundbuchamt beantworten.

---

[348] So die Denkschrift zur GBO, S. 155.
[349] Hügel/Reetz, § 13 Rn. 11.
[350] Hügel/Reetz, § 16 Rn. 1.
[351] Vgl bereits Ertl, DNotZ 1964, 260, 271.
[352] Vgl Demharter, § 16 Rn. 5: Zwischenverfügung, nicht Zurückweisung.
[353] So bereits die Denkschrift zur GBO, S. 155.

Beispiel:
Überlassungsvertrag, die Eigentumsumschreibung auf den Erwerber soll nur bei gleichzeitiger Eintragung von Versorgungsrechten für den Übergeber erfolgen – zulässig, § 16 Abs 2 GBO.

8. Rechts- und Geschäftsfähigkeit des Antragstellers

Die strenge Ausrichtung des Grundbuchverfahrens, das auf die Schaffung **111** eines mit erheblichen Publizitätswirkungen versehenen Registers abzielt, gebietet es, die Rechts- und Geschäftsfähigkeit des Antragstellers zu prüfen. Das Postulat der **Rechtsfähigkeit** des Antragstellers ist umso einleuchtender, als sich das Grundbuch selbst als Spiegel dinglicher Rechte versteht. Wer dingliche Rechtspositionen erwerben möchte, muss grundsätzlich selbst die Fähigkeit aufweisen, Subjekt bzw. Träger von Rechten und Pflichten zu sein[354]. Dies gilt für natürliche und juristische Personen, wobei der Begriff der Rechtsfähigkeit sich nicht vollständig mit dem Begriff der sog. Grundbuchfähigkeit deckt[355]. So kann beispielsweise ein Verstorbener mangels Rechtsfähigkeit nicht mehr im Grundbuch eingetragen werden, § 1922 BGB[356]. Seit dem Diktum des BGH[357] und dem ERVGBG ist hingegen geklärt, dass die GbR rechts- und grundbuchfähig ist. Da die Grundsätze der Rechtsfähigkeit auch im Grundbuchverfahren gelten, ist das Grundbuchamt gehalten, die Rechtsfähigkeit von Amts wegen zu prüfen. Dies impliziert aber nicht, sich die Rechtsfähigkeit in jedem Fall nachweisen zu lassen, vielmehr sieht das übliche Regel-Ausnahme-Verhältnis vor, vom Grundsatz der Rechtsfähigkeit auszugehen. In der Konsequenz ist eine grundbuchamtliche Nachweisanforderung nur dann geboten, falls konkrete Zweifel an der Rechtsfähigkeit zu zerstreuen sind[358].

Gleiches gilt für die Frage nach der **Geschäftsfähigkeit** des Antragstellers, **112** die ebenfalls durch einen allgemeinen Erfahrungssatz bzw. ein Regel-Ausnahme-Verhältnis beantwortet wird. Weil die Geschäftsfähigkeit den Regelfall und die Geschäftsunfähigkeit den Ausnahmefall bildet, darf das Grundbuchamt nicht den formgerechten Nachweis der Geschäftsfähigkeit verlangen, sondern die Zerstreuung etwaiger Zweifel, so dass wieder vom Regelfall der Geschäftsfähigkeit ausgegangen werden kann[359]. Allerdings reicht es aus, dass die Rechts- und Geschäftsfähigkeit des Antragstellers bis zum Eingang des Antrags beim Grundbuchamt vorliegen. Maßgeblich ist der bereits erreichte Verfahrensstatus, nach einer anderen Meinung hingegen die Bestimmung des § 130 Abs 2 BGB, die entsprechende

---

[354] Zur Definition der Rechtsfähigkeit vgl Larenz/Wolf, Allgemeiner Teil des Bürgerlichen Rechts, 9. A., § 5 Rn. 2.
[355] Vgl KEHE/Dümig, Einl B 56.
[356] Schöner/Stöber, Rn. 3345.
[357] NJW 2001, 1056; vgl auch Demharter, § 19 Rn. 108.
[358] Meikel/Böttcher, § 20 Rn. 138.
[359] Hügel/Otto, § 29 Rn. 36; BayObLG Rpfleger 1992, 152.

Anwendung finden soll. Danach wirkt es sich nicht aus, sofern der Antragsteller nach der Abgabe des Antrages stirbt oder geschäftsunfähig wird[360].

9. Beteiligten- und Verfahrensfähigkeit des Antragstellers, §§ 8, 9 FamFG

113 Während die Rechts- und die Geschäftsfähigkeit die Sphäre des materiellen Rechts berühren, sind die Beteiligten- und Verfahrensfähigkeit des Antragstellers dem allgemeinen Verfahrensrecht der freiwilligen Gerichtsbarkeit zuzuordnen. Obgleich auch nach altem FGG-Recht Konsens darüber bestand, dass die Beteiligten- und die Verfahrensfähigkeit von Amts wegen zu prüfende Verfahrensvoraussetzungen waren, mussten – mangels eigenständiger FGG-Regelungen-, die Bestimmungen der ZPO (§§ 50, 52 ZPO) analog herangezogen werden. Abhilfe schaffen nun § 8 FamFG (Beteiligtenfähigkeit) und § 9 FamFG (Verfahrensfähigkeit), die für das Grundbuchverfahren Geltung beanspruchen können, § 1 FamFG, weil die GBO weiterhin hierzu keinerlei Bestimmungen enthält[361]. Dies gilt unabhängig von der strittigen Anwendbarkeit der Hinzuziehungspraxis nach § 7 FamFG, die grundbuchrechtliches Kollisionspotential enthält.

114 Nach § 8 FamFG sind **beteiligtenfähig** natürliche und juristische Personen, Vereinigungen, Personengruppen und Einrichtungen, soweit ihnen ein Recht zustehen kann, sowie Behörden. Damit ist umfassend und abschließend beschrieben, wer als Antragsteller oder als sonstiger Beteiligter Subjekt in einem Grundbuchverfahren sein kann[362]. Zugleich ist aufgrund der Verweisung in § 9 Abs 5 FamFG auf § 56 Abs 1 ZPO geregelt, dass Mängel der Beteiligten- oder Verfahrensfähigkeit in jeder Lage des Verfahrens und in jeder Instanz von Amts wegen zu prüfen sind[363].

115 Unter **Verfahrensfähigkeit** wiederum versteht man die Fähigkeit eines Beteiligten, Verfahrenshandlungen selbst oder durch einen Vertreter wirksam vor- oder entgegenzunehmen[364]. Nach § 9 FamFG sind verfahrensfähig die nach bürgerlichem Recht Geschäftsfähigen (§ 9 Abs 1 Nr. 1 FamFG), die nach bürgerlichem Recht beschränkt Geschäftsfähigen, soweit sie für den Gegenstand des Verfahrens nach bürgerlichem Recht als geschäftsfähig anerkannt sind (§ 9 Abs 1 Nr. 2 FamFG), sowie uU die beschränkt Geschäftsfähigen (§ 9 Abs 1 Nr. 3 FamFG) und diejenigen, die aufgrund eines Gesetzes hierzu bestimmt werden (§ 9 Abs 1 Nr. 4 FamFG). Für Geschäftsunfähige und beschränkt Geschäftsfähige, die nicht verfahrensfähig sind, handeln die nach bürgerlichem Recht dazu befugten

---

[360] Vgl Schöner/Stöber, Rn. 3300.

[361] Demharter, § 1 Rn. 32; *aA, aber unzutreffend* §§ 104 ff. BGB: Jurgeleit/Eckert, § 23 Rn. 198.

[362] Vgl auch MünchKommZPO/Pabst § 8 FamFG Rn 3.

[363] MünchKommZPO/Pabst § 8 FamFG Rn. 4.

[364] MünchKommZPO/Pabst § 9 FamFG Rn. 1; Meikel/Böttcher, Einl F Rn. 63.

Personen (§ 9 Abs 2 FamFG); für Vereinigungen und Behörden handeln die gesetzlichen Vertreter und Vorstände, § 9 Abs 3 FamFG.

10. Form des Antrags, § 30 GBO

Die **Form des Antrages** bemisst sich nach seiner konkreten Funktionalität **116** im Verfahren. Sofern es sich um eine ausschließliche *Verfahrensinitiierung* handelt, liegt ein sog. „**reiner**" Antrag vor, der keiner besonderen Form bedarf[365], § 13 Abs 1 S 1 GBO. Lediglich die Schriftform ist einzuhalten, weil auf dem Antrag der genaue Eingangszeitpunkt vermerkt werden soll, § 13 Abs 2 S 1 GBO.

Sofern jedoch der Antrag auch eine *Verfahrenslegitimierung* enthält, liegt ein **117** sog. „**gemischter**", **formbedürftiger Antrag** vor. Das Formerfordernis ergibt sich aus § 30 GBO, wonach für den Eintragungsantrag die Vorschriften des § 29 GBO nur dann gelten, wenn durch den Antrag zugleich eine zur Eintragung erforderliche Erklärung ersetzt werden soll. Gemeint sind beispielsweise die Fälle, in denen der Eintragungsantrag und die Eintragungsbewilligung in einer Erklärung miteinander verknüpft sind.

Beispiele:
– Antrag des Eigentümers auf Vereinigung/Bestandteilszuschreibung/Teilung vgl. §§ 5, 6, 7 GBO (enthält auch die hierzu erforderliche Bewilligung)
– Antrag des Eigentümers auf Löschung eines Grundpfandrechtes (enthält auch Mitbewilligung)

Solche Anträge dem Formprinzip des § 29 GBO zu unterstellen, dient letzt- **118** lich der größtmöglichen Gewähr der Richtigkeit des Grundbuches[366], zumal das urkundliche Sicherheitsniveau gewahrt ist. Ein gemischter Antrag muss in öffentlicher oder öffentlich beglaubigter Form vorgelegt werden, §§ 30, 29 Abs 1 S 1 GBO[367], weil er eine zur Eintragung erforderliche Erklärung enthält und somit teilweise die Verfahrenslegitimierung in sich trägt. In der Grundbuchpraxis bereitet die Form des Antrages selten Probleme, weil idR ein „**reiner**" Antrag vorliegt, gestellt durch den Notar aufgrund vermuteter Antragsvollmacht, § 15 Abs 2 GBO, begleitet von der Vorlage der Eintragungsunterlagen in separaten Verfahrenserklärungen. Die Problematik tritt gelegentlich dann in Erscheinung, falls ein Eigentümer die Löschungsbewilligung des Gläubigers vorlegt und die Löschung des Rechtes beantragt. Weil der Antrag hier auch die Mitbewilligung des Eigentümers nach § 27 S 1 GBO enthält, bedarf der Antrag der Form des § 29 GBO, was dem antragstellenden Eigentümer mit Zwischenverfügung nach § 18 Abs 1 GBO aufgegeben werden muss. Kein „*gemischter*" Antrag liegt jedoch in

---

[365] Vgl auch Demharter, § 30 Rn. 3 und Rn. 5.
[366] Bauer/v. Oefele/Knothe, § 29 Rn. 1.
[367] Bauer/v. Oefele/Schaub, § 30 Rn. 20.

folgendem Beispiel aus der Literatur[368] vor: *„Hiermit beantrage und bewillige ich gemäß § 19 GBO die Eintragung einer Hypothek"*, weil hier regulär ein separater Antrag, § 13 GBO, und eine separate Bewilligung, § 19 GBO, vorliegen. Das Beispiel eines „gemischten" Antrages müsste daher richtigerweise lauten: *„Hiermit beantrage ich die Eintragung einer Hypothek…"*.

11. Rücknahme des Antrags, § 31 GBO

119   Die Unterscheidung in *„reine"* und *„gemischte"* Anträge ist dagegen ohne Bedeutung, soweit die **Rücknahme** eines Grundbuchantrages betroffen ist, denn die Vorschrift des § 31 GBO unterwirft alle Anträge einem einheitlichen Verfahrensregime. Nach § 31 S 1 GBO bedarf eine Erklärung, durch die ein Eintragungsantrag zurückgenommen wird, der Form des § 29 GBO, was ebenfalls dazu dient, das Sicherheitsniveau des Verfahrens beizubehalten. Ausgenommen hiervon ist lediglich die Rücknahme eines Berichtigungsantrages, die seit dem RegVBG ohne Beachtung der Form des § 29 GBO erfolgen kann, was in Teilen der Literatur auf Kritik gestoßen ist, zumal auch solche Rücknahmen zum Verlust der formellen und materiellen Wirkungen des Antrages führen[369]. Die Regelung in § 31 GBO verdrängt als lex specialis die allgemeine, durch Formfreiheit gekennzeichnete Regelung nach § 22 FamFG[370].

II. Der Bewilligungsgrundsatz (formelles Konsensprinzip)

1. Historie

120   Im Zentrum jedes Verfahrensrechts steht die Frage nach Inhalt und Reichweite der amtlichen Prüfungsbefugnis, wie auch ein Blick auf eine aktuelle Studie zu südosteuropäischen Grundbuchsystemen zeigt[371]. Darin lautet eine der generellen Empfehlungen der Autoren: *„Controlling powers of the registrar not limited to the formal aspect, but also covering the material aspects, given the important effects that the recording produces (public affidavit)"*[372]. Zweifelsohne richtet sich eine solche Empfehlung vor allem an das mazedonische Grundbuchrecht, das eine grundbuchamtliche Prüfungsbefugnis notarieller Urkunden vollständig ausschließt. Angesprochen ist aber auch die ökonomische Theorie des Rechts, die sich in der jüngsten Vergangenheit der Transaktionskosten angenommen hat[373]. Dem historischen GBO-Gesetzgeber

---

[368] Knöringer, 3. Teil § 15 III 2 (S. 113).
[369] Holzer NJW 1994, 481/483; Holzer/Kramer, 4. Teil Rn. 87.
[370] MünchKommZPO/Pabst § 22 FamFG Rn. 3.
[371] Secure Transactions in South East Europe?, S. 183.
[372] S.o., S. 183.
[373] Vgl die Darstellung der div. Studien (ZERP, Murray) bei Knieper, Eine ökonomische Analyse des Notariats.

stellte sich in gleicher Weise die *Gretchenfrage* nach dem Primat der umfassenden oder nur eingeschränkten Sachprüfung, der vollständigen oder nur teilweisen Spiegelung des materiellen Rechts in das Verfahrensrecht. Bei der Beantwortung dieser zentralen Fragestellung sind die negativen Erfahrungen mit dem Prinzip der Sachprüfung gemäß Art. 25 der Preußischen Hypothekenordnung aus dem Jahr 1783 eingeflossen[374]. Danach hatte das Grundbuchamt stets auch die materielle Wirksamkeit des zugrunde liegenden Rechtsgeschäfts sowie die Einwilligung des „passiv Beteiligten" zu prüfen[375], was zu einem schwerfälligen und ineffizienten Verfahren führte, gekennzeichnet durch einen exorbitanten Arbeitsaufwand des Grundbuchamtes. Der GBO-Gesetzgeber optierte deshalb zum neueren preußischen Grundbuchrecht aus dem Jahre 1872, das zutreffend als „*Abschied vom materiellen Legalitätsprinzip und Hinwendung zum formellen Konsensprinzip*"[376] beschrieben werden kann. Seinen prägnanten Ausdruck findet dieser Paradigmenwechsel in der Regelung des § 19 GBO, die an Lakonie kaum zu übertreffen ist:

> „*Eine Eintragung erfolgt, wenn derjenige sie bewilligt, dessen Recht von ihr betroffen wird.*"

Welche weitreichende Programmatik damit verbunden ist, geht auch aus der Denkschrift zur GBO hervor: **121**

> „*Allein zur Erleichterung des Grundbuchverkehrs, insbesondere zur Vereinfachung der Buchführung, empfiehlt es sich, die Eintragung nicht von dem Nachweise der Einigung abhängig zu machen, sondern nach dem Vorgange der preuß. Gesetzgebung von der Regel auszugehen, daß statt der Einigung die Bewilligung desjenigen erforderlich und genügend ist, dessen Recht von der Eintragung betroffen wird.*"[377]

2. Wesen des formellen Konsensprinzips

Damit ist im Kern bereits beschrieben, dass es sich im Falle von § 19 GBO, **122** der bedeutsamsten Bestimmung des Grundbuchrechts[378], dem „*Grundgesetz des formellen Grundstücksrechts*"[379], um eine formalisierte Beweisregel[380] handelt, die zur **Beschleunigung** des Grundbuchverfahrens beitragen soll. Da der Gesetzgeber bewusst davon Abstand nahm, das materielle Recht (Einigung und Eintragung, § 873 BGB) vollständig auf das Verfahrensrecht zu übertragen, genügt zur

---

[374] Holzer, Das Grund- und Hypothekenbuch des Herzogtums Sachsen-Meiningen, ZNR Nr. 1/2, 2009, S. 23.

[375] Holzer, S. 23.

[376] Holzer/Kramer, 4. Teil, Rn. 90.

[377] Hahn/Mugdan, Denkschrift zur GBO, S. 156.

[378] Demharter, § 19 Rn. 1; Bauer/Stürner, § 16 III 1 (S. 193); ähnlich KEHE/Munzig, § 19 Rn. 6.

[379] So Meikel/Böttcher, § 19 Rn. 4.

[380] Holzer/Kramer, S. 78.

Eintragung, Veränderung, Belastung oder Löschung eines Rechts der Nachweis der einseitigen Bewilligung des von der Eintragung Betroffenen, § 19 GBO[381]. Die **Beschleunigung des Verfahrens** ergibt sich aus der Einschränkung der Prüfungs- und Aufklärungspflicht des Grundbuchamtes. Nicht zu prüfen sind daher die Gültigkeit des Kausalgeschäfts oder die Existenz der Einigung iSv § 873 BGB, sondern einzig und allein die Eintragungsbewilligung, die eigentliche Verfahrenslegitimierung. Ausgangspunkt ist dabei der Erfahrungssatz, dass der Betroffene nur dann die Eintragung bewilligen wird, sofern er sich auch mit dem Vertragspartner einig sein wird[382]. Konzeptionell den Verfahrensschwerpunkt auf die Erklärung des Betroffenen zu legen, bringt aber auch die Gefahr der Grundbuchunrichtigkeit mit sich, falls ausnahmsweise keine Einigung vorliegen sollte. Denn die Bewilligung ersetzt nicht die zur Rechtsänderung notwendige Einigung, indiziert vielmehr als Verfahrenslegitimierung nur eine Vermutung, beruhend auf einem allgemeinen Erfahrungssatz. Weil ein Betroffener kaum eine Erklärung *„ins Blaue hinein"* abgeben wird, ist eine inkonsistente Verfahrensbasis faktisch ausgeschlossen, was durch einen Blick auf die Praxis der Grundbuchämter bestätigt wird. Folglich treten Fälle, in denen der Eigentümer die Eintragung einer Grundschuld für die XY-Bank bewilligt und beantragt, ohne mit der Bank hierüber einig zu sein, nicht in Erscheinung. Gleiches gilt für die Abtretung eines Grundpfandrechts, die nicht zur Eintragung bewilligt und beantragt wird, ohne dass hierüber eine Einigung des Zedenten mit dem Zessionar vorliegen wird. Die Regelung des § 19 GBO knüpft an einen allgemeinen, aber sehr starken, aussagekräftigen und empirisch belegten Erfahrungssatz an.

3. Anwendungsbereich des formellen Konsensprinzips

123   Das erklärt den weiten **Anwendungsbereich** des formellen Konsensprinzips nach § 19 GBO, der sich in den Feldern der rechtsändernden und der berichtigenden Eintragungen[383] niederschlägt. Allerdings trifft § 19 GBO lediglich eine Aussage über die notwendige Verfahrenslegitimierung, erteilt aber keinen Dispens, soweit die weiteren Eintragungsvoraussetzungen betroffen sind (siehe hierzu Teil G I und V ff.). Darüber hinaus lässt sich der Anwendungsbereich des formellen Konsensprinzips nur negativ abgrenzen, und zwar vor dem Hintergrund des materiellen Konsensprinzips nach § 20 GBO, das Gegenstand der Darstellung im Teil G IV ist. Sofern nicht die Auflassung einer Immobilie oder die Bestellung, Inhaltsänderung oder Übertragung eines Erbbaurechts (siehe § 20 GBO) eingetragen werden sollen, befindet man sich im Bereich des formellen Konsensprinzips nach § 19 GBO. Das bedeutet, dass in folgenden Fällen eine Eintragung aufgrund der einseitigen Bewilligung des Betroffenen vorgenommen werden kann:

---

[381] Vgl auch Schöner/Stöber, Rn. 95.
[382] Vgl Weirich, § 9 Rn. 523.
[383] Vgl Schöner/Stöber, Rn. 99.

- Eintragung eines Grundpfandrechts: einseitige Bewilligung des Eigentümers reicht, § 19 GBO
- Eintragung eines anderen dinglichen Rechts: einseitige Bewilligung des Eigentümers reicht, § 19 GBO
- Eintragung der Abtretung eines Grundpfandrechts: einseitige Bewilligung des Zedenten reicht aus, § 19 GBO
- Löschung eines Grundpfandrechtes: ausreichend sind die Bewilligungen des Gläubigers, § 19 GBO, und des Eigentümers, §§ 27 S 1, 19 GBO
- Löschung eines Wohnungsrechtes im Grundbuch: einseitige Bewilligung des Berechtigten des Wohnungsrechtes ausreichend, § 19 GBO
- Rangrücktritt eines Nießbrauchs hinter eine Rentenreallast: einseitige Bewilligung des Berechtigten des Nießbrauchs ausreichend, § 19 GBO.

Die zuweilen in der Literatur anzutreffende Unterscheidung[384], sofern es nicht *„ums Ganze"* gehe, reiche die Eintragungsbewilligung, sofern es allerdings *„ums Ganze"* (nämlich das Eigentum) gehe, sei *„die verfahrensrechtliche Prüfung wieder auf das Ganze aus(zu)dehnen, also (auf) die beiderseitige Einigung (Auflassung), § 20 GBO"*[385], löst in der Grundbuchpraxis nur Befremden aus. Denn für das Grundbuchamt geht es stets „ums Ganze", um die richtige und vollständige Führung des Grundbuches, unabhängig davon, ob ein Grundpfandrecht über € 5,–, über € 60 Mio,– oder eine Auflassung eingetragen werden soll. Auch der bloße Hauch von Nonchalance verträgt sich nicht mit der Aufgabe[386], dem Immobiliarverkehr jene konsistente Registerbasis zur Verfügung zu stellen, die Grundlage rechtssicherer Transaktionen ist. Richtiger erscheint daher eine Abstufung, die sich am betroffenen Recht orientiert: 124

- einerseits Vollrecht Eigentum/eigentumsgleiches Recht (= § 20 GBO, Prüfung auch der materiellen Einigung) und
- andererseits beschränkt dingliche Rechte (= § 19 GBO, Prüfung nur der einseitigen Bewilligung des Betroffenen),

womit überdies der Eindruck vermieden wird, im Rahmen des formellen Konsensprinzips gehe es nicht auch *„ums Ganze"*.

4. Rechtsnatur der Bewilligung

Nach der Erörterung der Rechtsnatur des Antrages (vgl oben Teil G I) gilt es nun, die **Rechtsnatur** der Bewilligung näher zu beleuchten. Der Antrag verkörpert eine reine Verfahrenshandlung, die auf Initiierung eines grundbuchamtlichen Prüfungsverfahrens gerichtet ist. Komplementär hierzu ist die Bewilligung, die 125

---

[384] Vgl Knöringer, Freiwillige Gerichtsbarkeit, 5. A., 3. Teil IV (= S. 115).
[385] Knöringer, Freiwillige Gerichtsbarkeit, S. 115.
[386] Schöner/Stöber, Rn. 2.

die eigentliche Verfahrenslegitimierung enthält, womit ebenfalls die Qualifizierung als **reine Verfahrenshandlung** verbunden ist. Eine solche Einschätzung korrespondiert mit der zwischenzeitlich herrschenden Meinung[387], die in der Bewilligung eine „*Verfahrenshandlung ohne rechtsgeschäftlichen Charakter*"[388] erblickt. Abweichende Auffassungen meinten, in der Eintragungsbewilligung eine Doppelnatur als verfahrensrechtliche und zugleich rechtsgeschäftliche Willenserklärung erkennen zu können, weil die Eintragungsbewilligung gelegentlich durch das materielle Recht geistert, vgl die Bestimmungen in §§ 873 Abs 2, 875 Abs 2, 885 Abs 1 und Abs 2 BGB[389]. Dagegen sprechen jedoch die hauptsächliche rechtliche Verankerung der Bewilligung im Verfahrensrecht, in der Regelung des § 19 GBO, und die Tatsache, dass die bloße Bewilligung noch keine materielle Rechtsänderung herbeiführt[390]. Als sog. *Erwirkungshandlung* ist ihr Zweck darauf gerichtet, das Grundbuchamt zur Eintragung zu veranlassen und den Stoff zu ihrer Begründung zu liefern[391]. Dennoch kann in der Bewilligung nicht ein bloß verfahrensrechtliches *Pendant* zur Willenserklärung gesehen werden, wie dies in der FamFG-Literatur vertreten wird[392], allgemein bezogen auf Verfahrenserklärungen. In der Konsequenz käme dies einer Reaktivierung der früher vertretenen Meinung von der Doppelnatur gefährlich nahe. Im Übrigen ist auch eine Parallelität deshalb zu verneinen, weil die Bewilligung auf die Gestattung der Grundbucheintragung gerichtet ist, die Einigung jedoch auf die dingliche Rechtsänderung[393]. Sofern die Bewilligung gänzlich fehlt oder unter einem Mangel leidet, bleibt eine dennoch vorgenommene Grundbucheintragung wirksam, falls die materiell-rechtlichen Erfordernisse beachten wurden[394]. Bewilligung und Antrag müssen ferner übereinstimmen, weil anderenfalls die gewünschte Eintragung nicht vorgenommen werden kann[395].

5. Betroffen iSv § 19 GBO

126   Im Bestreben, die Rechtsrealität der freiwilligen Gerichtsbarkeit möglichst vollständig zu erfassen, stellte der FamFG-Gesetzgeber der Praxis Beteiligtenkataloge zur Verfügung, seien es generalklauselartige Kataloge, enthalten in § 7

---

[387] Vgl Hügel/Holzer, § 19 Rn. 7; Bauer/v. Oefele/Kössinger, § 19 Rn. 29; Demharter, § 19 Rn. 13; vgl. auch BayObLG Rpfleger 1993, 189; Ertl Rpfleger 1980, 46; Ertl DNotZ 1964, 285.

[388] Schöner/Stöber, Rn. 98; vgl auch BayObLG Rpfleger 1993, 189.

[389] Vgl auch die Darstellung bei Bauer/v.Oefele/Kössinger, § 19 Rn. 30.

[390] Eickmann, 3. Kap. § 3 I 2; Weirich, Rn. 525; KEHE/Munzig, § 19 Rn. 21.

[391] So generell MünchKommZPO/Ulrici § 25 FamFG Rn. 6 zum Wesen der Erwirkungshandlung.

[392] Ulrici, wie oben.

[393] KEHE/Munzig, § 19 Rn. 20.

[394] Bauer/v.Oefele/Kössinger, § 19 Rn. 304 ff.; Eickmann, 5. Kap. § 3 II 2 a (S. 85).

[395] ThürOLG ZErb 2001, 67; Meikel/Böttcher, § 19 Rn. 124; Güthe/Triebel, GBO, 5. A., 1929, § 19 Rn. 56.

Abs 2 Nr. 1 FamFG, oder spezielle Beteiligtenkataloge, enthalten in den §§ 161, 172, 200 oder 219 FamFG. Dagegen ging der historische GBO-Gesetzgeber einen vollständig verschiedenen Weg, indem er das formelle Konsensprinzip auf einen einzigen Satz reduzierte, vgl § 19 GBO:

Welche Gründe hierfür ausschlaggebend waren, geht aus der Denkschrift zur GBO hervor:

„*…die Bewilligung desjenigen erforderlich und genügend ist, dessen Recht von der Eintragung betroffen wird. Wer hiernach die Eintragung zu bewilligen hat, muß im einzelnen Falle mit Rücksicht auf den Gegenstand der beantragten Eintragung an der Hand der Vorschriften des BGB bestimmt werden.*"[396]

Für die Verfahrenspraxis bedeutet dies, dass eine *abstrakte* Vorgabe sich im **127** *konkreten* Fall stets aufs Neue bewähren muss, was zuweilen Schwierigkeiten bereitet. Dies gilt umso mehr, als in manchen Teilen der Literatur selbstreferentielle Definitionen angeboten werden, soweit es um die Person des Betroffenen geht[397]. Richtigerweise[398] ist **Betroffener** iSv § 19 GBO derjenige, dessen Rechtsstellung durch die vorzunehmende Eintragung rechtlich, nicht nur wirtschaftlich, unmittelbar oder mittelbar, beeinträchtigt wird oder zumindest rechtlich nachteilig berührt werden kann. Gemeint ist nur der faktisch bzw potentiell verlierende Teil, nicht dagegen der gewinnende Teil. Zugleich steht damit fest, dass der Begriff des Betroffenen iSv § 19 GBO weiter reicht als der Beteiligtenbegriff nach § 7 Abs 2 Nr. 1 FamFG. Denn der sog. „Muss-Beteiligte" nach § 7 Abs 2 Nr. 1 FamFG kann nur derjenige sein, dessen Recht durch das Verfahren *unmittelbar* betroffen wird. Einzige Richtschnur ist insoweit nur das Kriterium der Unmittelbarkeit. Dagegen bezieht sich die Regelung des § 19 GBO sowohl auf die Gruppe der *unmittelbar Betroffenen*, deren Buchposition sich durch die Eintragung zweifelsohne verschlechtert, als auch auf die Gruppe der *mittelbar Betroffenen*, deren Buchposition durch die Eintragung möglicherweise beeinträchtigt werden kann. Das Feld des mittelbaren Betroffenseins ist ein weites Feld, zumal die bloße Eventualität der Beeinträchtigung bereits gegeben ist, sofern das Recht durch die Eintragung eine ungünstigere Gestaltung erfährt[399]. Rechtshistorisch interessant und unverändert erhellend erscheint in diesem Zusammenhang ein Blick zurück in die historische GBO-Kommentarliteratur um 1900. Dort findet der Betroffene noch bezeichnenderweise Erwähnung als **„leidender Theil"**[400]. Dennoch ist das Feld nicht zu weit, weil nicht jeder Effekt auf die dingliche Position negative Auswirkungen haben muss. Möglich ist auch ein *Neutrum*, sofern sich die beantragte Eintragung neutral auf die Buchposition auswirkt, so dass ein Betroffensein iSv § 19 GBO

---

[396] Hahn/Mugdan, Denkschrift zur Grundbuchordnung, S. 156.

[397] Siehe Weirich, § 9 Rn. 517, und Knöringer, 3. Teil IV 5 (S. 115): Betroffener ist, wer betroffen ist.

[398] Siehe die Definition bei Schöner/Stöber, Rn. 100, sowie BGH Rpfleger 1984, 408.

[399] So Demharter, § 19 Rn. 49.

[400] Achilles/Strecker, Die Grundbuchordnung nebst den preußischen Ausführungsbestimmungen, 5. A., Berlin 1901, S. 210.

verneint werden kann[401]. Die Gewissheit, dass eine Grundbucheintragung unter Wahrung aller Betroffener zustande gekommen ist, gibt dem Registerapparat die notwendige Orientierungssicherheit, die *certitudo*, die bereits oben kurz im Teil B II) erörtert wurde. Gewiss ist damit, dass keinem dinglich Berechtigten eine Eintragung aufgedrängt werden kann[402]. Wer im Einzelnen bewilligen bzw mitbewilligen muss, hängt von der konkreten Fallgestaltung ab:

128 – Eintragung eines Grundpfandrechts: Betroffener iSv § 19 GBO ist der Eigentümer
– Eintragung eines anderen dinglichen Rechts: Betroffener iSv § 19 GBO ist der Eigentümer
– Eintragung der Abtretung eines Grundpfandrechts: Betroffener iSv § 19 GBO ist der Zedent
– Löschung eines Grundpfandrechtes: unmittelbarer Betroffener iSv § 19 GBO ist der Gläubiger; mittelbarer Betroffener iSv §§ 27 S 1, 19 GBO ist der Eigentümer, zumal ein potentielles Eigentümergrundpfandrecht enthalten sein kann[403]
– Entlassung eines Grundstücks aus der Mithaft: Betroffener iSv § 19 GBO ist nur der Gläubiger, nicht auch der Eigentümer[404]
– nachträgliche Mitbelastung eines Grundstücks (Pfänderstreckung): Betroffener iSv § 19 GBO ist nur der Eigentümer, nicht auch der Gläubiger[405], dessen Rechtsstellung sich lediglich verbessert
– Löschung eines Wohnungsrechtes im Grundbuch: Betroffener iSv § 19 GBO ist der Berechtigte des Wohnungsrechtes
– Rangrücktritt eines Nießbrauchs hinter eine Rentenreallast: Betroffener iSv § 19 GBO ist der zurücktretende Berechtigte des Nießbrauchs
– Änderung der Zahlungsbestimmungen eines Grundpfandrechts: Betroffene iSv § 19 GBO sind der Gläubiger und der Eigentümer[406].

6. Bewilligungsberechtigung

129 Ob die unmittelbar und mittelbar Betroffenen auch in der Lage sind, die Bewilligung abzugeben, bemisst sich danach, ob ihnen die **Bewilligungsberechtigung** zusteht, die sich nach der hM[407] aus der Bewilligungsmacht und der Bewilligungsbefugnis zusammensetzt.

Entsprechend versteht man unter der **Bewilligungsmacht** die Position des im Grundbuch verlautbarten Rechtsinhabers, sei es des Eigentümers, des Inhabers des

---

[401] Siehe Meikel/Böttcher, § 19 Rn. 41.
[402] Meikel/Böttcher, § 19 Rn. 40.
[403] Vgl auch Meikel/Böttcher, § 19 Rn. 48.
[404] Schöner/Stöber, Rn. 2719: kein Fall von § 27 GBO.
[405] Schöner/Stöber, Rn. 2648.
[406] Vgl Schöner/Stöber, Rn. 2510.
[407] Hügel/Hügel, Verfügungsbeeinträchtigungen, Rn. 1; Meikel/Böttcher, § 19 Rn. 33.

umfassendsten dinglichen Herrschaftsrechts, oder des Gläubigers eines beschränkten dinglichen Rechts[408]. Weiterhin wird die Bewilligungsmacht als die aus der Rechtsinhaberschaft fließende Befugnis beschrieben, über die Grundbuchposition durch Übertragung, Veränderung oder Aufhebung verfügen zu können[409]. Wem die Bewilligungsmacht zusteht, geht völlig unzweifelhaft aus dem Grundbuch hervor, einem Register über dingliche Rechtsverhältnisse und damit auch über dingliche Rechtsinhaberschaften:

- die Bewilligungsmacht über ein Grundstück steht dem Eigentümer zu, s. Erste Abteilung
- die Bewilligungsmacht über ein Wohnungsrecht liegt beim Berechtigten des Wohnungsrechtes, s. Zweite Abteilung
- die Bewilligungsmacht über ein Grundpfandrecht liegt beim Gläubiger des Grundpfandrechtes, s. Dritte Abteilung
- die Bewilligungsmacht über ein Pfandrecht an einer Auflassungsvormerkung liegt beim Gläubiger des Pfandrechtes, s. Veränderungsspalte der Zweiten Abteilung.

Gleichzeitig geht regelmäßig aus dem Grundbuch hervor, ob der Inhaber der **130** Bewilligungsmacht befugt ist, diese auszuüben, womit der zweite Aspekt der Bewilligungsberechtigung umschrieben ist, nämlich die **Bewilligungsbefugnis**[410]. Die Literatur versteht hierunter allgemein die rechtliche Fähigkeit, von der Bewilligungsmacht Gebrauch machen zu können[411], was idR auf einen Gleichklang hinausläuft. Eine Dissonanz liegt jedoch dann vor, sofern die grundbuchamtliche Prüfung, die insoweit stets von Amts wegen[412] zu erfolgen hat, eine Beschränkung oder sogar das gänzliche Fehlen der Bewilligungsbefugnis ergibt. Verantwortlich hierfür können sein:

- Insolvenzeröffnung, § 80 Abs 1 InsO: während die Bewilligungsmacht beim Schuldner verblieben ist, ist die Bewilligungsbefugnis auf den Insolvenzverwalter übergegangen
- Testamentsvollstreckung, § 2211 Abs 1 BGB: auch hier verbleibt die Bewilligungsmacht beim Erben, die Bewilligungsbefugnis liegt jedoch beim Testamentsvollstrecker
- Nachlassverwaltung, §§ 1975–1992 BGB: die Bewilligungsmacht liegt beim Erben, die Bewilligungsbefugnis beim Nachlassverwalter[413]
- Vormundschaft über Minderjährige, Pflegschaft, Betreuung oder elterliche Sorge: die Bewilligungsmacht liegt beim Minderjährigen/Pflegling/Betreuten/Kind, die Bewilligungsbefugnis des Vormunds/Pflegers/Betreuers/

---

[408] Grundlegend hierzu Eickmann, 5. Kap. § 3 III 1 (=S. 87).
[409] So Eickmann, „wie oben" sowie Bauer/v. Oefele/Kössinger, § 19 Rn. 135.
[410] Eickmann, „wie oben" sowie Hügel/Hügel, Verfügungsbeeinträchtigungen, Rn. 1.
[411] Eickmann, „wie oben" Hügel/Holzer, § 19 Rn. 75, sowie Meikel/Böttcher, Anhang §§ 19,20 Rn. 8.
[412] Hügel/Holzer, § 19 Rn. 78.
[413] Vgl Schöner/Stöber, Rn. 3135.

der Eltern ist durch gerichtliche Genehmigungserfordernisse eingeschränkt, §§ 1821 ff. BGB[414].

131   Eine solche Dissonanz führt in der Konsequenz dazu, dass die Bewilligungsbefugnis nicht mehr beim Rechtsinhaber liegt, sondern bei einer Person angesiedelt ist, die durch gerichtlichen Hoheitsakt eingesetzt wurde[415], worüber ein gerichtliches Zeugnis existiert.

7. Inhalt der Bewilligung

Welchen inhaltlichen Erfordernissen die Bewilligung entsprechen muss, um verfahrenstauglich zu sein, ergibt sich sowohl aus allgemeinen Grundsätzen, die das Grundbuchverfahren beherrschen, als auch aus konkreten Regelungen, die in der GBO zu finden sind.

132   Zu den *allgemeinen* Grundsätzen zählt der das Grundbuchverfahren beherrschende Bestimmtheitsgrundsatz[416], der die Eintragungsunterlagen einem strengen Regime unterwirft. Die Begründung hierfür ist in den weitreichenden Publizitätswirkungen des deutschen Grundbuchs zu suchen, welches zu den besonders starken Registern zu rechnen ist. Als Spiegel dinglicher Rechtsverhältnisse kann das Grundbuch dieser Aufgabe nur dann gerecht werden, wenn auch die zugrunde liegende Rechtsbasis nicht inkonsistent ist. Um eine völlig klare und eindeutige Eintragung über den Eigentümer, den Berechtigten sowie Inhalt und Umfang eines dinglichen Rechts vornehmen zu können, muss die zugrunde liegende Bewilligung in gleicher Weise klar und eindeutig sein[417]. Die Bewilligung muss folgenden inhaltlichen Maßgaben entsprechen:

Checkliste:

☐ Welche Eintragung soll erfolgen?

☐ Welche Immobilie ist betroffen?

☐ Wer bewilligt die Eintragung?

☐ Welches dingliche Recht soll mit welchem Inhalt eingetragen oder verändert oder gelöscht werden?

☐ Wer soll Berechtigter des einzutragenden Rechts sein[418]?

---

[414] Vgl Holzer/Kramer, 4. Teil Rn. 150.

[415] Hügel/Holzer, § 19 Rn. 82.

[416] BayObLGZ 1979, 12; BayObLG Rpfleger 1993, 189; ThürOLG ZErb 2001, 67; Schöner/Stöber, Rn. 18.

[417] Vgl oben die Darstellung im Teil C III; Demharter, Anhang zu § 13 Rn. 5.

[418] S.a. Eickmann, 8. Kap. § 1 II (S. 220).

Dies muss völlig unzweifelhaft feststehen und aus der Bewilligung hervor- **133** gehen, anderenfalls eine Eintragung nicht vorgenommen werden kann. Hier manifestiert sich der oben bereits kurz erörterte Rechtssicherheitsaspekt der Orientierungssicherheit (*certitudo*). Besonders aufschlussreich ist in diesem Zusammenhang die Motivlage des historischen Gesetzgebers, der ursprünglich in die GBO eine Vorschrift einfügen wollte, wonach „*die Eintragungsbewilligung über den Inhalt der zu bewirkenden Eintragung keinen Zweifel lassen dürfe*"[419]. Hiervon nahm der Gesetzgeber bewusst Abstand, weil eine solche Vorschrift „*wegen ihrer Selbstverständlichkeit entbehrlich*"[420] sei. Als selbstverständlich gilt es auch, den materiellen Rechtsvorgang in der Bewilligung zu bezeichnen, wenngleich die Einigung im Rahmen des § 19 GBO nicht nachgewiesen werden muss[421].

Darüber hinaus kann in der Bewilligung kein dingliches Recht geschaffen **134** werden, das nicht Teil des *numerus clausus* des deutschen Sachenrechts ist (vgl oben Teil C II). Eintragungsfähig sind nur diejenigen dinglichen Rechte, die aus dem geschlossenen Pool dinglicher Rechte resultieren. Anderslautende Bewilligung, die etwa auf die Eintragung eines Miet- oder Leasingrechts gerichtet sind, sind unmittelbar zurückzuweisen, § 18 Abs 1 GBO.

Parallel dazu muss sich die Bewilligung auch im Rahmen des inhaltlichen **135** Typenzwanges bewegen, also die eingeschränkte inhaltliche Gestaltungsfreiheit berücksichtigen. In der Praxis der Grundbuchämter ist dies die Frage, ob die einzelnen Bestimmungen des eintragungsfähigen Rechts auch selbst einen eintragungsfähigen Inhalt aufweisen, was seitens des Grundbuchamtes im Rahmen des allgemeinen Legalitätsprinzips zu prüfen ist[422]. Dass das Prinzip des numerus clausus und des inhaltlichen Typenzwanges zur Orientierungssicherheit (*certitudo*) beitragen, wurde bereits oben im Teil C II kurz erörtert.

Zum Bereich der *konkreten* GBO-Regelungen, denen jede Bewilligung ent- **136** sprechen muss, zählen dagegen die Regelungen in §§ 16, 28 und 47 GBO, die später noch ausführlich behandelt werden, hier jedoch bereits kurz zu streifen sind. Nicht anders als der Antrag, darf die Erledigung der Bewilligung nicht an eine Bedingung, Befristung oder einen sonstigen Vorbehalt geknüpft werden, vgl § 16 Abs 1 GBO analog, weil das Grundbuchverfahren ein hermetisches Beweisverfahren ist[423] und Verfahrensimplosionen abgewendet werden müssen. Das einzutragende Recht kann bedingt oder befristet ausgestaltet werden, nicht jedoch die Bewilligung selbst. Unwirksam ist beispielsweise eine Löschungsbewilligung, die der Berechtigte bei der Bestellung des Rechts aufschiebend bedingt für den Eintritt der Pflegebedürftigkeit in Form einer endgültigen oder dauernden Heimunterbringung erklärt[424]. Wie das OLG Hamm zuletzt darlegen konnte[425],

---

[419] Vgl Güthe/Triebel, § 19 Rn. 52 (= S. 439).
[420] Güthe/Triebel, § 19 Rn. 52 (= S. 440).
[421] § 19 Rn. 54 (S. 442) Güthe/Triebel.
[422] Vgl auch Meikel/Böttcher Einl H Rn. 23 und Rn. 29.
[423] Vgl oben die Darstellung unter Teil G I 7 sowie Ertl, DNotZ 1964, 265.
[424] OLG Hamm, Beschluss v. 2.8.2010, Az. 15 W 265/10.
[425] OLG Hamm, wie oben.

muss die Bewilligung *„als eine dem Grundbuchamt gegenüber abzugebende verfahrens-rechtliche Erklärung ohne weiteres verwendbar sein, das heißt, sie darf nicht von Vorbehalten, insbesondere Bedingungen oder Zeitbestimmungen abhängig sein"*. Daher ist in der Grund-buchpraxis zuweilen der Merksatz anzutreffen, die Bewilligung müsse

- *unzweideutig*,
- *unbedingt* und
- *unbefristet* sein.

137 Ausgenommen hiervon sind Rechtsbedingungen und Umstände, die das Grundbuchamt *innerhalb* des Verfahrens selbst feststellen kann. Falls dennoch eine Bewilligung mit einem unzulässigen Vorbehalt versehen sein sollte, darf das Grundbuchamt nicht sogleich zurückweisen, sondern muss auf die Auflösung des Vorbehalts hinwirken[426]. Ausgenommen ist der zulässige Vorbehalt nach § 16 Abs 2 GBO, der im Rahmen von Zug um Zug zu erbringenden Leistungen zur Anwendung kommen kann[427], insbesondere bei Überlassungsverträgen.

138 Die Regelung in § 28 S 1 GBO bezieht sich primär auf die Eintragungsbe-willigung und soll allgemein die Eintragung beim richtigen Grundstück ge-währleisten[428]. Nach § 28 Satz 1 GBO ist in der Eintragungsbewilligung die Immobilie in Übereinstimmung mit dem Grundbuch oder durch Hinweis auf das Grundbuchblatt zu bezeichnen. Das Verfahrensobjekt richtig zu bezeich-nen, ist demnach nicht in das Belieben der Beteiligten gestellt, sondern durch die inhaltlichen **Maßgaben des § 28 Satz 1 GBO** geregelt. Da die Regelung zum Bereich der verfahrensrechtlichen Ordnungsvorschriften zählt, macht ein Verstoß hiergegen die Eintragung nicht unwirksam[429]. Falls beispielsweise das Grundstück der Gemarkung Oberföhring, Flurstücksnummer 123, gebucht im Grundbuch des Amtsgerichts München, Oberföhring Blatt 456, zu bezeichnen ist, genügt Folgendes:

- *entweder* die Angabe der Gemarkung und der Flurstücksnummer[430] (=Bezeich-nung übereinstimmend mit dem Grundbuch = hier Gemarkung *Oberföhring, Flst. 123*)
- *oder* die schlichte Angabe des Grundbuchblattes (=Bezeichnung durch Hinweis auf das Grundbuchblatt= hier *Amtsgericht München, Oberföhring Blatt 456*).

139 Ein Blick in die Beurkundungs- und Grundbuchpraxis zeigt allerdings, dass fast ausnahmslos beide Arten der verfahrenskonformen Bezeichnung gewählt werden, um die Eintragung im richtigen Grundbuch sicherzustellen. Bezogen auf den Beispielsfall, bedeutet dies, dass in der Urkunde

---

[426] Vgl Demharter, § 16 Rn. 5: Zwischenverfügung, nicht Zurückweisung.

[427] So bereits die Denkschrift zur GBO, S. 155.

[428] Vgl Hügel/Wilsch, Überblick vor § 28 GBO sowie § 28 Rn. 3; BGH NJW 1984, 1959.

[429] Hügel/Wilsch, § 28 Rn. 166; Demharter, § 28 Rn. 2.

[430] BayObLG NJW-RR 1990, 722.

– zuerst ein Hinweis auf das Grundbuch des *Amtsgerichtes München, Oberföhring Blatt 456,*

– sodann ein Hinweis auf die Gemarkung *Oberföhring* und die *Flurstücksnummer 123* zu finden sein wird[431].

Nach dem „**Währungsfilter**" des § 28 Satz 2 GBO sind einzutragende Geldbe- **140** träge grundsätzlich in inländischer Währung anzugeben, wobei seit dem 1.1.2002 Grundpfandrechte und Reallasten nur noch in Euro eingetragen werden können. Die sog. Euro-Grundpfandrechteverordnung (EuroGrPfRV) gestattet überdies die Angabe in der Währung eines Mitgliedsstaates der Europäischen Union und in der Währung der Schweizerischen Eidgenossenschaft und der Vereinigten Staaten von Amerika[432]. Im Vordergrund stehen währungspolitische Erwägungen, denen die Bewilligung Rechnung tragen muss. Die Bewilligung kann daher nicht währungspolitisch beliebig sein, sondern kann nur aus einem eng definierten Währungskorb schöpfen, was einem *numerus clausus* der eintragungsfähigen Währungen gleichkommt.

Eine weitere konkrete inhaltliche Vorgabe folgt schließlich aus der Regelung **141** des **§ 47 GBO,** die sich mit der Eintragung gemeinschaftlicher Rechte beschäftigt (vgl später Teil G VIII, Berechtigungsverhältnisse). Falls ein Recht für mehrere gemeinschaftlich in das Grundbuch eingetragen werden soll, hat die Eintragung in der Weise zu erfolgen, dass entweder die Anteile der Berechtigten in Bruchteilen angegeben werden, oder das für die Gemeinschaft maßgebende Rechtsverhältnis in der Eintragung selbst bezeichnet wird[433], § 47 Abs 1 GBO. Sinn und Zweck der Vorschrift ist es, Rechtsklarheit zu schaffen und Rechtssicherheit zu garantieren, zumal dank der Regelung des § 47 GBO die Verfügungsbefugnis des einzelnen Mitberechtigten gekennzeichnet ist[434]. Eine später noch zu würdigende Ausnahme stellt § 49 GBO (Leibgeding) dar. Grundsätzlich – also unter Vorbehalt dogmatischer Unverträglichkeiten einzelner Rechte mit diversen Berechtigungsverhältnissen[435] –, kommen die folgenden Berechtigungsverhältnisse in Betracht:

– Bruchteilsgemeinschaft, §§ 741 ff. BGB
– Gesamthandsgemeinschaft, §§ 2032 ff., 1415 ff. BGB
– Gesamtberechtigung nach § 428 BGB
– Mitgläubigerschaft nach § 432 BGB
– Sukzessivberechtigung
– sog. gestaffelte Berechtigungen.

---

[431] Vgl hierzu das Dienstbarkeitsmuster im Würzburger Notarhandbuch, Bearbeiter Munzig, 1. A., Teil 2 Rn. 2372.
[432] Vgl Hügel/Wilsch, § 28 Rn. 144 ff.
[433] Vgl hierzu bereits Güthe/Triebel, § 19 Rn. 58; s.a. Hügel/Reetz, § 47 Rn. 1.
[434] Hügel/Reetz, § 47 Rn. 1.
[435] Vgl Hügel/Reetz, § 47 Rn. 49: am Eigentumsrecht kommt § 428 BGB nicht in Betracht.

142 Für die inhaltliche Gestaltung bedeutet dies, dass im Falle eines Rechts, das mehreren gemeinschaftlich zustehen soll, die Bewilligung auch Stellung zum Berechtigungsverhältnis beziehen muss. Wichtig ist in diesem Zusammenhang die neue Regelung in § 47 Absatz 2 GBO, die sich der Eintragung einer **GbR** widmet. Sofern ein Recht für eine GbR eingetragen werden soll, sind auch deren Gesellschafter im Grundbuch einzutragen, § 47 Abs 2 Satz 1 GBO:

Formulierungsbeispiel:

> Triple A Plus GbR, bestehend aus den Gesellschaftern
> a) Hilmar Huber, geb. 13.3.1980
> b) Georg Gangl, geb. 18.8.1972

143 Im Ergebnis könnte beispielsweise die Bewilligung für die Eintragung eines Wohnungsrechtes wie folgt lauten[436]:

Formulierungsbeispiel:

> Im Grundbuch des Amtsgerichts München, Gemarkung Ludwigs-Vorstadt, Blatt 1200, ist unter der BVNr. 1 das Flurstück 456/92 eingetragen. Eigentümer ist A.
>
> Der Eigentümer bestellt B, geb. 15.5.1969, und C, geb. 18.6.1967, ein Wohnungsrecht, und zwar als Gesamtberechtigten gemäß § 428 BGB. Das Wohnungsrecht ist aufschiebend bedingt durch den Tod des A. Die Berechtigten des Wohnungsrechtes dürfen unter Ausschluss des Eigentümers die gesamten Räume im zweiten Stock des Gebäudes nutzen. Außerdem dürfen die Berechtigten alle sonstigen Einrichtungen und Anlagen mitbenutzen, etwa im Keller oder Dachboden, die dem gemeinsamen Gebrauch dienen. Die Berechtigten sind weiterhin befugt, Familienangehörige bzw. Hauspersonal aufzunehmen. Die Ausübung des Wohnungsrechtes kann Dritten nicht überlassen werden. Der Eigentümer ist verpflichtet, das Gebäude und die dem Wohnungsrecht unterliegenden Räume stets in ordnungsgemäßem, gut bewohnbarem und beheizbarem Zustand zu erhalten. Der Eigentümer hat auch die Kosten für Strom, Wasser, Warmwasser, Heizung, Müllabfuhr, Straßenreinigung und Kaminkehrer zu tragen.
>
> Der Eigentümer bewilligt und beantragt die Eintragung des Wohnungsrechtes im Grundbuch an erster Rangstelle, und zwar mit dem Vermerk, dass zur Löschung des Rechtes der Nachweis des Todes der Berechtigten genügt. Der Eigentümer trägt die Kosten der Eintragung.

8. Wirksamkeit der Bewilligung

144 Zu welchem Zeitpunkt die Bewilligung **Wirksamkeit** erlangt, ist in der GBO nicht geregelt und erklärt sich auch nicht unter Rückgriff auf die rahmengesetzlichen Regelungen des FamFG. Die Frage nach der Wirksamkeit der Bewilligung ist notwendigerweise mit der Frage nach der Rechtsnatur der Bewilligung ver-

---

[436] In Anlehnung an das Muster des Würzburger Notarhandbuchs, Teil 2, Rn. 2372, und das Muster bei Schöner/Stöber, Rn. 1234.

knüpft. Wie oben im Teil G II 4. Rn. 125 dargestellt, sieht die zwischenzeitlich herrschende Meinung[437] in der Bewilligung eine *„Verfahrenshandlung ohne rechtsgeschäftlichen Charakter"*[438]. Als sog. Erwirkungshandlung ist ihr Zweck darauf gerichtet, das Grundbuchamt zur Eintragung zu veranlassen und den Stoff zu ihrer Begründung zu liefern[439].

Die rein verfahrensrechtliche Natur der Bewilligung bringt es mit sich, dass   **145** die Regelung des § 130 BGB nicht mehr zur Anwendung kommen kann und die Wirksamkeit der Bewilligung nach anderen Kriterien zu bemessen ist. Die Bewilligung wird wirksam, sobald sie eine der drei folgenden Statusebenen erreicht hat[440]:

- **Vorlagestatus**   **146**
  Die Bewilligung wird wirksam, wenn sie durch den Bewilligenden oder mit seinem Einverständnis dem Grundbuchamt in Urschrift oder Ausfertigung vorgelegt wird. Dementsprechend reicht der bloße Zugang an das Grundbuchamt nicht aus, hinzutreten muss vielmehr ein weiteres Moment, nämlich der entsprechende Wille des Erklärenden, die Bewilligung in das Verfahren einzubringen, und zwar im Original oder in einer Form, die dem Original der Erklärung am nächsten steht (Ausfertigung).

- **Aushändigungsstatus**   **147**
  Die Bewilligung wird auch dann bereits wirksam, wenn sie in Urschrift oder Ausfertigung dem Begünstigten oder Dritten ausgehändigt wird[441], wobei es wegen der rein verfahrensrechtlichen Natur der Bewilligung keinen Unterschied macht, ob die Bewilligung dem unmittelbar oder mittelbar Begünstigtem übergeben wird[442]. In der Regel geschieht dies durch unmittelbare Besitzübertragung, die notarielle Praxis kennt jedoch auch Doppelermächtigungen für den Notar, der dann kraft Ermächtigung die Bewilligung vom Bewilligenden an den Begünstigten aushändigt und gleichzeitig entgegennimmt, dokumentiert durch Angabe der Uhrzeit[443].

- **Ausfertigungsanspruchsstatus**   **148**
  Die Bewilligung wird schließlich auch dann bereits wirksam, sofern dem Begünstigtem oder dem Dritten ein unwiderruflicher, gesetzlicher und dem Einfluss des Bewilligenden entzogener[444] Anspruch auf Aushändigung der

---

[437] Vgl Hügel/Holzer, § 19 Rn. 7; Bauer/v. Oefele/Kössinger, § 19 Rn. 29; Demharter, § 19 Rn. 13; vgl. auch BayObLG Rpfleger 1993, 189; Ertl Rpfleger 1980, 46; Ertl DNotZ 1964, 285.

[438] Schöner/Stöber, Rn. 98; vgl auch BayObLG Rpfleger 1993, 189.

[439] So generell MünchKommZPO/Ulrici § 25 FamFG Rn. 6 zum Wesen der Erwirkungshandlung.

[440] Schöner/Stöber, Rn. 107; Eickmann, 5. Kap. § 3 VI 2 (=S. 127); Meikel/Böttcher, § 19 Rn. 130 ff.

[441] Schöner/Stöber, Ertl, DNotZ 1967, 353 ff.

[442] Eickmann, 5. Kap. § 3 VI 2 (= S. 128).

[443] Vgl. das Muster im Würzburger Notarhandbuch, Bearbeiter Nieder, Teil 2 Kap. 1 Rn. 77.

[444] Würzburger Notarhandbuch, wie oben.

Urschrift oder der Ausfertigung zusteht. Inhaltlich steht diese Statusebene mit der Ebene des Aushändigungsstatus gleich und meint die Konstellation nach § 51 Abs 1 BeurkG. Entscheidendes Kriterium der sog. Aushändigungssurrogate ist es, dass der Begünstigte der Bewilligung selbst an der Beurkundung der Bewilligung teilgenommen hat, womit ein gesetzlicher und nicht mehr entziehbarer Anspruch auf Aushändigung einer Ausfertigung begründet wurde[445]. Nicht ausreichend ist dagegen die Konstellation nach § 51 Abs 2 BeurkG, also die bloße Anweisung durch die an der Beurkundung beteiligten Personen, dem Begünstigten eine Ausfertigung zu erteilen.

149 Sofern die Bewilligung eine der oben beschriebenen Statusebenen erreicht hat, ist weder ein Widerruf der Bewilligung möglich, noch der Tod des Bewilligenden mit verfahrensrechtlichen Konsequenzen verbunden[446]. Um auf die obige Kennzeichnung der Bewilligung als Verfahrenslegitimierung zurückzukommen, könnte man die Wirksamkeitsregelungen zur Bewilligung wie folgt zusammenfassen:

Keine ausreichende Verfahrenslegitimierung ohne entsprechende Verfahrensautorisierung.

9. Rechts-, Geschäfts-, Beteiligten- und Verfahrensfähigkeit

150 Die oben im Teil G I 8. und 9. geschilderten Grundsätze gelten in gleicher Weise für die Bewilligung, so dass das Grundbuchamt auch hier gehalten ist, die **Rechtsfähigkeit** von Amts wegen zu prüfen. Analog zu den Prinzipien des Antragsgrundsatzes, impliziert dies jedoch nicht, dass die Rechtsfähigkeit in jedem Fall nachgewiesen werden muss, vielmehr gilt das übliche Regel-Ausnahme-Verhältnis, so dass im Grundsatz von der Rechts- und Geschäftsfähigkeit des Bewilligenden auszugehen ist. Lediglich konkrete Zweifel hieran rechtfertigen den Erlass einer Zwischenverfügung, mit der dem Antragsteller aufgegeben wird, die Zweifel zu zerstreuen[447]. Allerdings reicht es aus, dass Rechts- bzw. Geschäftsfähigkeit des Bewilligenden bis zu einem gewissen Zeitpunkt bzw Stadium vorliegen, zumal die Wirksamkeit der Bewilligung bereits mit dem Erreichen einer der oben beschriebenen Statusebenen gegeben ist. Falls dies bejaht werden kann, wirkt es sich verfahrensrechtlich nicht aus, dass der Bewilligende nach Abgabe seiner Erklärung gestorben oder geschäftsunfähig geworden ist[448].

151 Weil die GBO unverändert keine Bestimmungen über die **Beteiligten- und Verfahrensfähigkeit** enthält, gelten die Regelungen in § 8 bzw. § 9 FamFG, und zwar unabhängig von der strittigen Anwendbarkeit der Hinzuziehungspraxis nach § 7 FamFG[449]. Hier stehen sich die Hinzuziehungspraxis iSv § 7 FamFG

[445] Meikel/Böttcher, § 19 Rn. 140; KEHE/Munzig, § 19 Rn. 178.
[446] Demharter, § 19 Rn. 22, Tod des Ausstellers der Bewilligung.
[447] Hügel/Otto, § 29 Rn. 36; BayObLG Rpfleger 1992, 152.
[448] Vgl Schöner/Stöber, Rn. 102 f., allerdings unter Berufung auf § 130 BGB analog.
[449] Vgl Holzer, ZNotP 2009, 122, 131, sowie Heinemann, Rn. 561.

und das formelle Konsensprinzip nach § 19 GBO so diametral gegenüber, dass es geradezu systemfremd erscheint, eine Hinzuziehung des Begünstigten im Rahmen von § 7 Abs 2 Nr. 1 FamFG in Erwägung zu ziehen. Natürliche und juristische Personen, Vereinigungen, Personengruppen und Einrichtungen, soweit ihnen ein Recht zustehen kann, sowie Behörden können Subjekt in einem Grundbuchverfahren sein kann[450]. Die Beteiligten- oder Verfahrensfähigkeit ist in jeder Lage des Verfahrens und in jeder Instanz von Amts wegen zu prüfen, § 9 Abs 5 FamFG, § 56 Abs 1 ZPO[451]. Verfahrensfähig sind die nach bürgerlichem Recht Geschäftsfähigen (§ 9 Abs 1 Nr. 1 FamFG), die nach bürgerlichem Recht beschränkt Geschäftsfähigen, soweit sie für den Gegenstand des Verfahrens nach bürgerlichem Recht als geschäftsfähig anerkannt sind (§ 9 Abs 1 Nr. 2 FamFG), sowie uU die beschränkt Geschäftsfähigen (§ 9 Abs 1 Nr. 3 FamFG) und diejenigen, die aufgrund eines Gesetzes hierzu bestimmt werden (§ 9 Abs 1 Nr. 4 FamFG). Für Geschäftsunfähige und beschränkt Geschäftsfähige, die nicht verfahrensfähig sind, handeln die nach bürgerlichem Recht dazu befugten Personen (§ 9 Abs 2 FamFG). Für Vereinigungen und Behörden handeln die gesetzlichen Vertreter und Vorstände, § 9 Abs 3 FamFG.

10. Form der Bewilligung, § 29 GBO

Keine Anwendung finden dagegen die Regelungen der §§ 26, 29 und 30 **152** FamFG, weil diese in scharfem Kontrast zu den grundbuchverfahrensrechtlichen Bestimmungen stehen. Während § 26 FamFG eine Ermittlungspflicht des Gerichtes etabliert, übernimmt § 29 FamFG die bisherigen FGG-Beweiserhebungsgrundsätze, die sich bislang durch besondere Flexibilität[452] auszeichneten, nun allerdings beschränkt durch die Regelungen des § 30 FamFG, die Bestimmungen über die förmliche Beweisaufnahme. Das Grundbuchamt sieht sich hingegen im „regulären" Eintragungsverfahren zu keinem Zeitpunkt vor die Wahl zwischen Streng- oder Freibeweis gestellt, weil das Grundbuchverfahren ein reines Nachweisverfahren ist, das vom Beibringungsgrundsatz[453] und vom Grundsatz der **Beweismittelbeschränkung** beherrscht wird, festgehalten in § 29 GBO. Danach soll eine Eintragung nur vorgenommen werden, wenn die Eintragungsbewilligung oder die sonstigen zu der Eintragung erforderlichen Erklärungen durch *öffentliche* oder *öffentlich beglaubigte Urkunden* nachgewiesen werden, § 29 Abs 1 S 1 GBO. Da der Antragsteller in der Pflicht steht, alle Eintragungsunterlagen beizubringen, findet im grundbuchamtlichen Verfahren weder eine Beweiserhebung, noch etwa die Vernehmung von Zeugen statt[454]. Die Beschränkung der zulässigen Beweis-

---

[450] Vgl auch MünchKommZPO/Pabst § 8 FamFG Rn3.
[451] MünchKommZPO/Pabst § 8 FamFG Rn. 4.
[452] Musielak/Borth, Familiengerichtliches Verfahren, 1. A., § 29 Rn. 1.
[453] Schöner/Stöber, Rn. 152; Demharter, § 29 Rn. 23.
[454] Schöner/Stöber, wie oben.

mittel auf öffentliche oder öffentlich beglaubigte Urkunden bringt es mit sich, dass das Grundbuchamt nicht über das in FamFG-Verfahren übliche Arsenal an Beweismitteln verfügen kann. Der geschlossene Katalog an Beweismitteln, der zweifelsohne den Grundstock für die inhaltliche Richtigkeit der Registerbasis bildet, und der Beibringungsgrundsatz bedeuten aber auch, dass insoweit eine Entschleunigung des Grundbuchverfahrens nicht zu befürchten ist[455]. Eine Eintragung soll nur dann erfolgen, wenn der Betroffene sie formgemäß bewilligt, §§ 19, 29 Abs 1 S 1 GBO, also in Form einer öffentlichen Urkunde oder öffentlich beglaubigten Urkunde abgibt. Die Merkmale einer *„öffentlichen Urkunde"* ergeben sich unter Rückgriff auf die Bestimmung des § 415 ZPO:

- *richtiger Aussteller* (also eine öffentliche Behörde oder eine mit öffentlichem Glauben versehene Person, beispielsweise ein Notar)
- *Einhaltung der Amtsbefugnisse* (die Behörde oder die Amtsperson muss sachlich zuständig sein und sich in den Grenzen seiner Amtsbefugnisse bewegen)
- *Wahrung der vorgeschriebenen Form* (also gemäß den Bestimmungen des Beurkundungsgesetzes bzw. des Konsulargesetzes[456]).

11. Ausnahmen, §§ 21–26 GBO, und die Ersetzung der Bewilligung

153   Es entspricht der Konzeption des § 19 GBO als Beschleunigungsvorschrift, **Ausnahmen** in solchen Fällen zuzulassen, in denen sich ein Festhalten am Bewilligungserfordernis als hinderlich erweisen würde[457]. Dies gilt insbesondere in solchen Konstellationen, in denen eine Absenkung des Sicherheitsniveaus nicht zu befürchten ist. Hieran knüpfen zwei Arten von Vorschriften an:

- die GBO- Vorschriften, die einen *Dispens* vom Bewilligungserfordernis erteilen, und
- die ZPO- Vorschriften, die einen *Bewilligungsersatz* vorsehen.

154   Zu den sog. **Dispensierungsvorschriften**[458] zählen insbesondere die Regelungen, die im Anschluss an § 19 GBO zu finden sind, nämlich die §§ 21, 22, 23, 24, 25, 26 und 38 GBO. Gemeinsamer Regelungsgehalt dieser Bestimmungen ist es, das Bewilligungsprinzip des § 19 GBO zu modifizieren und den Verzicht auf die Bewilligung zu statuieren. Dementsprechend sieht die Regelung in § 21 GBO den *„Wegfall der Eintragungsbewilligung mittelbar Betroffener"* vor, sofern das subjektiv-dingliche Recht nicht auf dem Blatt des herrschenden Grundstücks vermerkt ist. Weiterhin ist zur Berichtigung des Grundbuches die Eintragungsbewilligung dann nicht erforderlich, sofern die Unrichtigkeit des Grundbuchs nachgewiesen

---

[455] Meikel/Böttcher, § 19 Rn. 7, teilweise allerdings zweifelnd.
[456] Vgl auch Demharter, § 29 Rn. 8 ff.
[457] Vgl allgemein hierzu Bauer/v.Oefele, GBO, 2. A., Bearb. Kössinger, § 22 Rn. 2.
[458] Zur Wortwahl vgl Bauer/v. Oefele/Kössinger, § 21 Rn. 1.

wird, § 22 Abs 1 S 1 GBO. Falls bei einem Lebenszeitrecht ein Löschungserleichtungsvermerk eingetragen ist, ist nach dem Tod des Berechtigten nicht die Bewilligung der Rechtsnachfolger des Berechtigten erforderlich, § 23 Abs 2 GBO. Gleiches gilt für die Löschung zeitlicher beschränkter Rechte, § 24 GBO. Zur Löschung einer Vormerkung oder eines Widerspruchs, die aufgrund einer einstweiligen Verfügung eingetragen wurden, ist die Bewilligung des Berechtigten nicht erforderlich, sofern die einstweilige Verfügung aufgehoben wurde, § 25 S 1 GBO. Hier die förmliche Bewilligung des Berechtigten der Vormerkung oder des Widerspruchs zu verlangen, wäre besonders unverständlich, zumal solche Vormerkungen und Widersprüche bereits erloschen sind, die Eintragung somit nur noch deklaratorisch wirkt[459]. Daneben enthalten die Bestimmungen in § 26 Abs 1 und Abs 2 GBO, die die Übertragung und Belastung von Briefgrundpfandrechten regeln, weitere Abwandlungen[460] des Bewilligungsprinzips nach § 19 GBO. Sofern die Abtretung einer Briefhypothek oder einer Briefgrundschuld eingetragen werden soll, reicht die Abtretungserklärung des bisherigen Gläubigers aus, um die Eintragung vorzunehmen, § 26 Abs 1 GBO. Eine Bewilligung ist dann nicht mehr erforderlich. Entsprechendes gilt für die Eintragung der Belastung eines solchen Briefgrundpfandrechtes, § 26 Abs 2 GBO, etwa in Gestalt eines Nießbrauchs oder eines Pfandrechtes am Briefgrundpfandrecht[461]. Schließlich modifiziert[462] auch die Ersuchensregelung des § 38 GBO das Bewilligungsprinzip des § 19 GBO dahingehend, dass in den gesetzlich geregelten Fällen einzig und allein das behördliche Ersuchen ausreicht, um die Eintragung vornehmen zu können.

Von den sog. Dispensierungsvorschriften sind diejenigen ZPO- Vorschriften zu **155** unterscheiden, die einen **Bewilligungsersatz** vorsehen. Praktische Relevanz erlangen diese Bestimmungen vor allem im Bereich der Zwangsvollstreckung, etwa bei der Eintragung einer Zwangshypothek, die als Grundlage einen vollstreckbaren Schuldtitel erfordert, § 867 ZPO, oder bei der Eintragung einer Arresthypothek, zu deren Eintragung ein Arresturteil bzw. ein Arrestbeschluss ausreicht, §§ 932, 922 ZPO. Die Bewilligung des Eigentümers als Schuldners, die ohnehin nur schwerlich zu beschaffen wäre bzw im Erfolgsfalle ohnehin einer rechtsgeschäftlichen Grundpfandrechtsbestellung gleichkäme, ist in diesen Fällen ebensowenig erforderlich wie bei der Pfändung eines dinglichen Rechts[463], der rechtskräftigen Verurteilung zur Abgabe einer Willenserklärung, § 894 ZPO, sowie der vorläufig vollstreckbaren Verurteilung zur Abgabe einer Willenserklärung iSv § 895 ZPO, zumal hier die Bewilligung einer Vormerkung oder eines Widerspruchs bereits fingiert wird[464]. Formgerechte Rechtfertigungen, die Eintragung im Wege der Zwangsvollstreckung vorzunehmen, liegen bereits vor, weshalb kein Bedürfnis mehr besteht, zusätzlich die Bewilligung des Betroffenen zu verlangen. Zwar

---

[459] Bauer/v. Oefele/Kohler, § 25 Rn. 2.
[460] So Demharter, § 26 Rn. 1.
[461] Vgl Demharter, § 26 Rn. 8.
[462] Bauer/v.Oefele/Bauer, § 38 Rn. 1.
[463] Hügel/Wilsch, Pfändung im Grundbuchverfahren, Rn. 10.
[464] Vgl Demharter, § 19 Rn. 9.

sind im Allgemeinen die grundbuchamtlichen Zwangsvollstreckungsverfahren *Hybridverfahren*, die sich im Doppelbereich[465] GBO/ZPO abspielen, der Legitimierungsschwerpunkt liegt jedoch eindeutig nicht in der GBO, sondern in der ZPO.

12. Rücknahme der Bewilligung

156 Die Möglichkeit der **Rücknahme einer Bewilligung** kann nicht losgelöst von der Rechtsnatur der Bewilligung (vgl oben Teil G II 4) betrachtet werden, sondern muss daran anknüpfen, dass die Bewilligung eine *„Verfahrenshandlung ohne rechtsgeschäftlichen Charakter"*[466] darstellt, die unter Umständen bereits Wirksamkeit erlangt haben kann. Dies hängt wiederum vom erlangten Status der Bewilligung ab (vgl oben Teil G II 8)[467]:

157 • **Vorlagestatus**
= Vorlage der Bewilligung an das Grundbuchamt durch den Bewilligenden selbst oder mit seinem Einverständnis, und zwar in Urschrift oder Ausfertigung.
Eine auf diese Art und Weise wirksam gewordene Bewilligung kann grundsätzlich für die Dauer des Eintragungsverfahrens nicht zurückgenommen werden[468]. Die Literatur[469] erwähnt in diesem Zusammenhang den Umkehrschluss, dass die Bewilligung mit Verfahrensbeendigung zurückgenommen werden könne, was jedoch nicht berücksichtigt, dass nach Zurückweisung die Eintragungsunterlagen ohnehin an den Einreicher zurückgegeben werden müssen[470], vgl auch die Regelung des § 10 Abs 1 GBO. Wichtiger ist hingegen die Option, den Vorlagestatus durch eigene Verfahrenshandlungen wieder zu beseitigen, wobei in der Praxis stets auf die Antragslage abzustellen ist. Falls nur ein Antrag des Bewilligenden vorliegt, kann dieser das Grundbuchverfahren einseitig beenden, somit auch wieder die Bewilligung zurücknehmen[471]. Falls jedoch auch Anträge anderer Beteiligter vorliegen, kann der Bewilligende allein das Verfahren nicht beenden, sondern ist auf die kollektive Rücknahme aller Anträge angewiesen, schließlich wurde der Vorlagestatus durch alle Antragsteller initiiert. In der Grundbuchpraxis ist es nicht unüblich, dass nur einer der Beteiligten seinen Antrag zurücknimmt, das Grundbuchverfahren jedoch fortgesetzt werden muss, da auch die Anträge anderer Beteiligter vorliegen.

---

[465] BayObLG Rpfleger 1982, 466.
[466] Schöner/Stöber, Rn. 98; vgl auch BayObLG Rpfleger 1993, 189.
[467] Schöner/Stöber, Rn. 107; Eickmann, 5. Kap. § 3 VI 2 (=S. 127); Meikel/Böttcher, § 19 Rn. 130 ff.
[468] Meikel/Böttcher, § 19 Rn. 155.
[469] Meikel/Böttcher, § 19 Rn. 156.
[470] Hügel/Zeiser, § 18 Rn. 23.
[471] Meikel/Böttcher, § 19 Rn. 156.

- **Aushändigungsstatus**   158
  = Aushändigung der Bewilligung in Urschrift oder Ausfertigung an den Begünstigten oder Dritten.
  Der auf diese Art und Weise erlangte Besitz an einer Urschrift oder Ausfertigung eröffnet dem Begünstigen oder Dritten die Möglichkeit, das Grundbuchverfahren jederzeit zu initiieren, so dass der Bewilligende überhaupt
  nicht mehr in der Lage ist, die Bewilligung einseitig zurückzunehmen[472]. Das
  Verfahrensrecht knüpft hier an den Besitz der Urkunde die Vermutung, dass
  der Bewilligende mit dem Vollzug der Eintragung einverstanden ist. Falls
  der Vollzug der Urkunde noch nicht beim Grundbuchamt beantragt wurde,
  kann daher die Wirksamkeit der Bewilligung nur noch durch freiwillige oder
  gerichtlich erzwungene Rückgabe beseitigt werden[473], was in der Praxis eher
  seltener in Erscheinung tritt.

- **Ausfertigungsanspruchsstatus**   159
  = dem Begünstigten oder Dritten steht ein unwiderruflicher, gesetzlicher und
  dem Einfluss des Bewilligenden entzogener Anspruch auf Aushändigung der
  Urschrift oder der Ausfertigung zu (Konstellation nach § 51 Abs 1 BeurkG).
  Eine auf diese Art und Weise wirksam gewordene Bewilligung kann ebenfalls
  durch den Bewilligenden nicht mehr einseitig zurückgenommen werden, weil
  der Bewilligende über den Anspruch des Begünstigten oder Dritten nicht verfügen kann. Nicht anders als im oben beschriebenen Aushändigungsstatus, ist
  der auf einem Ausfertigungsanspruch basierende Status durch weitreichende
  verfahrensrechtliche Autarkie gekennzeichnet. Der Bewilligende vermag es in
  der Konsequenz nicht, die Grundbucheintragung durch einseitige Verfahrenshandlungen abzuwenden, sondern nur durch Klage, die sich entweder auf die
  Unterlassung der Erteilung einer Urschrift oder Ausfertigung richtet, oder auf
  die Herausgabe einer bereits erteilten Urschrift oder Ausfertigung abzielt[474].

III. Berichtigungsverfahren, §§ 22, 19 GBO

1. Systematischer Kontext: Schnittstelle zu § 894 BGB

Wie die historischen Beispiele der preußischen und der bayerischen Grundbuch-   160
gesetzgebung zeigten[475], erweisen sich GBO- Verfahrensordnungen dann als unvollständig, wenn sie im Falle der Grundbuchunrichtigkeit keine verfahrensrecht-

---

[472] Meikel/Böttcher, § 19 Rn. 153.
[473] Meikel/Böttcher, § 19 Rn. 153.
[474] Meikel/Böttcher, § 19 Rn. 154.
[475] Preuß. GBO 1872 u. Bayerisches Hypothekenbuch 1822, vgl Holzer, Die Richtigstellung des Grundbuchs, S. 55 und 51: jeweils ohne Regelung, die dem jetzigen § 22 GBO
vergleichbar gewesen wäre.

liche Schnittstelle offerieren, sondern die Beteiligten lediglich auf den prozessualen Weg verweisen. Das Fehlen einer entsprechenden Regelung ist umso bedenklicher, als die Unrichtigkeit des Grundbuchs stets mit der Gefahr des Rechtsverlustes für denjenigen verbunden ist, dessen Recht nicht oder nicht mehr eingetragen ist[476]. Denn nach § 39 Abs 1 GBO soll eine Eintragung nur erfolgen, sofern die Person, deren Recht durch sie betroffen wird, als der Berechtigte eingetragen ist.

161   Als *gesetzliches Relais*, das die materiellen Unrichtigkeiten[477] an das Grundbuchverfahren weitergibt, fungiert die Regelung des § 22 GBO, die überdies zur „*Erleichterung des Grundbuchverkehrs*"[478] beitragen soll. Dies geschieht durch eine zeitnähere, wenngleich nicht zwangsläufig auch einfachere Synchronisierung von materieller und formeller Rechtslage im Wege des Unrichtigkeitsnachweises bzw im Wege der Berichtigungsbewilligung. Den Ausgangspunkt bildet eine Regelung des materiellen Rechts, nämlich § 894 BGB.

2. Arten der Grundbuchunrichtigkeit, § 894 BGB

162   Nach § 894 BGB liegt eine **Grundbuchunrichtigkeit** vor, sofern „ *der Inhalt des Grundbuchs in Ansehung eines Rechts an dem Grundstück, eines Rechts an einem solchen Recht oder einer Verfügungsbeschränkung der in § 892 Abs 1 bezeichneten Art mit der wirklichen Rechtslage nicht im Einklang*" stehen. Wesensmerkmal der Unrichtigkeit ist eine Divergenz von Buchstand und Rechtsstand[479], die entweder bereits originär begründet, oder erst nachträglich eingetreten sein kann[480]. In beiden Fällen kommt die Regelung des § 22 GBO zur Anwendung[481].

163   Zweifelhaft erscheint die Unterscheidung der Literatur zwischen der ursprünglichen Unrichtigkeit, die auch als „Unrichtigkeit im engeren Sinne" bezeichnet wird, und der nachträglichen Unrichtigkeit, die unter dem Begriff der „Unvollständigkeit" anzutreffen ist[482]. Da sich beide Unrichtigkeiten nicht in ihrem materiellen Gehalt, sondern nur auf der **Zeitlinie** unterscheiden, reicht eine rein zeitliche Differenzierung aus[483]. Hinzu kommt das Argument der begrifflichen Verwirrung, zumal sich der Begriff der „Unvollständigkeit", gewählt für die nachträgliche Unrichtigkeit, bereits im Begriffsbereich der Richtigstellung befindet, die im scharfen Kontrast zur Berichtigung steht. Denn im Falle einer Eintragung, die „lediglich" unvollständig bzw unzulänglich[484] ist, erfolgt keine

---

[476] OLG Rostock FGPrax 2009, 208; Baur/Stürner, § 18 A III Rn. 8 (S. 224).

[477] Vgl auch Hügel/Holzer, § 22 Rn. 2.

[478] So bereits Güthe/Triebel, § 22 Rn. 2.

[479] So Baur/Stürner, § 18 A I 2 Rn. 3 (S. 222).

[480] Vgl Böttcher, Die Berichtigung des Grundbuchs, RpflStud. 1991, S. 33; KEHE/Dümig, § 22 Rn. 23.

[481] OLG Rostock, FGPrax 2009, 208.

[482] S. KEHE/Dümig, § 22 Rn. 25 und 44; Bauer/v.Oefele/Kohler, § 22 Rn. 47; Demharter, § 22 Rn. 6.

[483] S. zur zeitlichen Unterscheidung auch OLG Rostock, FGPrax 2009, 208.

[484] Vgl die Anmerkung Demharter's zu OLG Düsseldorf, Rpfleger 1987, 496.

Berichtigung iSv § 22 GBO, sondern eine Richtigstellung, wie im folgenden Kapitel noch zu zeigen sein wird.

Eine **ursprüngliche, originäre Unrichtigkeit** des Grundbuchs kann auf einer **164** *„Divergenz von Willenselement und Grundbucheintragung"*[485] beruhen, etwa im Falle der *falsa demonstratio non nocet*:

Beispiel:
Verkäufer und Käufer wollen einen Kaufvertrag über das Flst. 123 abschließen, erwähnen jedoch in der Urkunde versehentlich das Flst. 123/1, das ebenfalls im Eigentum des Verkäufers steht, woraufhin der Käufer als Eigentümer des Flst. 123/1 eingetragen wird. Wegen des Grundsatzes falsa demonstratio non nocet bezieht sich die Erklärung der Parteien richtig auf das Flst. 123, der Eigentumserwerb scheitert an der fehlenden Eintragung; zugleich ist der Käufer auch nicht Eigentümer des Flst. 123/1 geworden, da hier das Element der Einigung fehlt[486], § 873 Abs 1 BGB.

Weitere Divergenzen, die nicht auf einer bloßen Falschbezeichnung beruhen, **165** können sein:
– *bewilligt ist die Eintragung eines Vorkaufsrechts für A, eingetragen wird das Recht aber für B, die im Beurkundungstermin ebenfalls anwesende Ehefrau des A*
– *bewilligt ist die Eintragung einer Buchgrundschuld über 50.000 Euro, eingetragen wird ein Recht über 500.000 Euro*
– *bewilligt ist die Eintragung eines bedingten Wohnungsrechtes, eingetragen wird ein unbedingtes Wohnungsrecht*[487]
– *bewilligt ist die Eintragung einer Grunddienstbarkeit, eingetragen wird eine beschränkt persönliche Dienstbarkeit*[488]
– *es liegt eine Einigung über die Eintragung des A und B als Miteigentümer zu je ½ vor, eingetragen wird aber nur A als Alleineigentümer*[489].

Eine ursprüngliche Unrichtigkeit des Grundbuches kann auch auf das Fehlen **166** oder den Wegfall von materiellen Voraussetzungen zurückzuführen sein:
– *erfolgreiche Anfechtung der Einigung, §§ 119 ff. BGB*
– *Geschäftsunfähigkeit eines Beteiligten, §§ 104 ff. BGB*
– *geheimer Vorbehalt oder Scheingeschäft, §§ 116, 117 BGB*
– *Verstoß gegen die guten Sitten und Wucher, § 138 BGB*
– *oder ein nicht zulässiges Insichgeschäft, § 181 BGB*[490].

Hinzuzufügen sind die Fälle ursprünglicher Grundbuchunrichtigkeit, in denen eine Eintragung ohne die notwendige materiell-rechtliche Zustimmung Dritter vorgenommen wurde, §§ 877, 876, 880 Abs 2, 1812 bzw. 1821 BGB.

---

[485] Böttcher, S. 33.
[486] Vgl. auch Baur/Stürner, § 18 A I 3 (S. 222), sowie Böttcher, S. 34.
[487] Weitere Beispiele s. Böttcher, S. 34.
[488] Vgl auch Bauer/v. Oefele/Kohler, § 22 Rn. 52.
[489] Vgl auch KEHE/Dümig, § 22 Rn. 31.
[490] So etwa die Aufzählung bei Böttcher, S. 34.

167 Wesentlich häufiger sind allerdings die Fälle **nachträglicher Unrichtigkeit** des Grundbuchs, deren Quellen zumeist außerhalb[491] des Grundbuches zu finden sind. Solche Rechtsänderungen[492] können sein:

– *Entstehung von Pfandrechten aufgrund gerichtlicher Pfändung, § 804 ZPO*
– *Zuschlag in der Zwangsversteigerung, § 90 ZVG*
– *Erbfall, § 1922 BGB*
– *Erbanteilsübertragung, § 2033 BGB*
– *Begründung des Güterstandes der Gütergemeinschaft, § 1416 BGB*
– *Umlegungsplan, §§ 74 ff. BauGB*
– *Erlöschen höchstpersönlicher Rechte mit Tod des Berechtigten, z.B. Nießbrauch, vgl. § 1061 BGB*
– *Übergang des Eigentums nach den Vorschriften des Straßenrechts oder des Wasserrechts*
– *Erlöschen einer Grunddienstbarkeit in den Fällen der §§ 1025 S 2, 1026 BGB*
– *Gesellschafterwechsel bei einer GbR[493].*

3. Abgrenzung Berichtigung/Richtigstellung/Amtslöschung

168 Dass lediglich eine zeitliche Differenzierung zwischen ursprünglicher und nachträglicher Unrichtigkeit sinnvoll ist, nicht jedoch eine begriffliche Unterscheidung zwischen *„Unrichtigkeit im engeren Sinn"* und *„Unvollständigkeit"*, war bereits kurz Gegenstand des vorangehenden Kapitels und führt nun hinein in notwendige Überlegungen zur Abgrenzung der Berichtigung von der **Richtigstellung** bzw anderen Verfahrensarten. Hierbei erweist sich eine begriffliche und thematische Abgrenzung aus zwei Gründen als problematisch.

Der erste Grund ergibt sich unmittelbar aus der GBO selbst, die zwar mit § 22 GBO eine Regelung für die Berichtigung des Grundbuches bereithält, nicht aber auch eine Bestimmung für die Richtigstellung. Obgleich täglich von den Grundbuchämtern praktiziert, sind Anwendungsbereich und Verfahrensweise der Richtigstellung nicht definiert[494].

169 Der zweite Grund ist gleichsam Folge der fehlenden Normierung und äußert sich in einem wechselvollen Gebrauch der Terminologie. So findet sich beispielsweise in der preußischen Allgemeinen Verfügung vom 20.11.1899 zur Ausführung der GBO[495] noch keinerlei Differenzierung zwischen Berichtigung und Richtigstellung, zumal in § 8 Nr. 5 der Verfügung noch von *„Vermerken über Berichtigungen der Bestandsangaben"* die Rede ist, obwohl damit das klassische Feld der Richtigstellung beschrieben ist[496]. Ihre Fortsetzung finden solche Gleichsetzungen in aktuellen Kommentierungen, in denen immer noch davon die Rede

---

[491] Baur/Stürner, § 18 A I 3 Rn. 4 (S. 223); Böttcher, S. 35 ff.
[492] Vgl auch die Auflistung bei Böttcher, S. 35 ff.
[493] Derzeit noch strittig, wie hier jedoch DNotI-Report 16/2010.
[494] Holzer, Die Richtigstellung des Grundbuchs, S. 38.
[495] Abgedruckt bei Achilles/Strecker, S. 505.
[496] Vgl etwa KEHE/Dümig, § 22 Rn. 10, sowie Bauer/v.Oefele/Kohler, § 22 Rn. 39.

ist, die *Richtigstellung* sei durch die Eintragung von *Berichtigungs*vermerken zu bewirken[497]. Auch die aktuelle Rspr entscheidet zuweilen im Sinne der Berichtigung, obgleich die Richtigstellung einschlägig gewesen wäre[498]. Andererseits differenzierten Teile der historischen Kommentarliteratur[499] bereits sehr früh zwischen Berichtigung und Richtigstellung.

Das entscheidende Kriterium für die Abgrenzung von Berichtigung und Richtigstellung ist im Verfahrensgegenstand selbst zu sehen, je nachdem, ob ein im Grundbuch eingetragenes Recht oder eine im Grundbuch eingetragene Tatsache betroffen ist. Gemeint ist die Unterscheidung zwischen *Recht* (dann Berichtigung) und *Tatsache* (dann Richtigstellung):   **170**
- falls eine unrichtige Rechtsposition bzw ein Rechtsvorgang Gegenstand des Verfahrens ist, bewegt man sich im Bereich der Berichtigung nach § 22 GBO (Recht = Berichtigung)
- falls „nur" eine im Grundbuch verlautbarte Tatsache Gegenstand des Verfahrens ist, bewegt man sich dagegen im Bereich der Richtigstellung (Tatsache = Richtigstellung)[500].

Für eine solche verfahrensrechtliche Abgrenzung streitet auch die materiell-rechtliche Einordnung, wie sie im Rahmen der Regelung nach § 894 BGB vorgenommen wird. Falls der Inhalt des Grundbuches nicht von der materiellen Rechtslage abweicht, vielmehr „lediglich" tatsächliche Verhältnisse im Grundbuch unzutreffend wiedergegeben sind, liegt keine Unrichtigkeit iSv § 894 BGB vor[501]. Maßgebend für die Beurteilung, ob eine berichtigungsfähige Eintragung iSv § 22 GBO oder eine richtigzustellende Tatsache vorliegt, ist demnach, ob die Eintragung dem öffentlichen Glauben des Grundbuchs unterliegt[502]. Falls dies bejaht werden kann, ist der Anwendungsbereich der Berichtigung nach § 22 GBO eröffnet. Sofern jedoch die Korrektur tatsächlicher, deskriptiver Merkmale des Grundbuchs zur Disposition steht, liegt keine Unrichtigkeit iSv §§ 894, 891, 892 BGB vor, so dass nur eine Richtigstellung erfolgen kann. Die Entscheidung, ob der Weg der Berichtigung oder der Weg der Richtigstellung zu beschreiten ist, erfordert demzufolge stets ein Echo aus dem Bereich des materiellen Rechts, ein **§ 894-BGB-Echo:**   **171**
- *positives Echo des § 894 BGB*, weil Unrichtigkeit gegeben ist: dann Berichtigung, § 22 GBO, sofern nicht spezielle GBO-Sonderverfahren greifen, etwa die Amtslöschung, § 53 Abs 1 GBO

---

[497] Demharter, § 22 Rn. 22.
[498] OLG München NJW-RR 2009, 446: Berichtigung der im Grundbuch als „C-Einrichtungen GmbH" in „C-Einrichtungen *g*GmbH", und zwar unter voller Identitätswahrung – deshalb richtigerweise Richtigstellung.
[499] Güthe/Triebel, § 22 Rn. 4.
[500] So die grundlegende Arbeit von Holzer, Die Richtigstellung des Grundbuchs, S. 82.
[501] NK-BGB-U.Krause § 894 Rn. 8 (Nomos Kommentar BGB, Band 3, 2. A.).
[502] Holzer, S. 83, sowie Böttcher, RpflStudH 1991, S. 38.

– *negatives Echo des § 894 BGB*, weil keine Unrichtigkeit gegeben ist, sondern nur eine unvollständige bzw unzulängliche bzw überflüssige Eintragung vorliegt: dann Richtigstellung[503] (falls inhaltlich unzulässig: Amtslöschung nach § 53 Abs 1 S 2 GBO).

172   Nachdem nun die beiden völlig eigenständigen und wesensverschiedenen[504] Verfahren voneinander abgegrenzt sind, gilt es, einen Blick auf die unterschiedlichen Strukturen zu werfen. Während die Berichtigung nach § 22 GBO einen „regulären" Antrag erfordert[505], weil es um die Verwirklichung materieller Rechtsänderungen geht[506], ordnet die hM die **Richtigstellung** den grundbuchamtlichen **Amtsverfahren**[507] zu. Denn Gegenstand des Richtigstellungsverfahrens ist gerade nicht die Realisierung materieller Rechtsänderungen, sondern die Beseitigung einer inhaltlichen Unzulänglichkeit von Tatsachen, die sich außerhalb des öffentlichen Glaubens des Grundbuchs bewegen[508]. In der Folge kommt etwaigen Anträgen nur die Bedeutung einer Anregung zu. Zugleich bedeutet die Einstufung als Amtsverfahren die Begründung einer entsprechenden Amtsermittlungspflicht nach § 26 FamFG, so dass das Grundbuchamt „*von Amts wegen die zur Feststellung der entscheidungserheblichen Tatsachen erforderlichen Ermittlungen durchzuführen*" hat. In Abweichung zum Beibringungsgrundsatz obliegt somit die Verantwortung für die Beschaffung der Richtigstellungsunterlagen nicht den Beteiligten, sondern dem Grundbuchamt[509]. Hier, in der Verschränkung mit § 26 FamFG, in der Einführung von *Tatsachen*, zeigt sich eine besondere Übereinstimmung mit dem Wesen der Richtigstellung, weil Gegenstand der Ermittlungspflicht nach § 26 FamFG grundsätzlich nur Tatsachen sind, nicht aber Rechtsfragen[510]. Die sich hieran anknüpfenden gesetzlichen Mit-, Hinweis- bzw Hinwirkungspflichten ergeben sich aus den §§ 27, 28 FamFG. Eine weitere Konsequenz der Einstufung als Amtsverfahren besteht darin, dass die auf das „reguläre" Antragsverfahren zugeschnittene Formvorschrift des § 29 GBO keine Anwendung findet[511], was in der Grundbuchpraxis häufig nicht beachtet wird. Gemeint ist der alltägliche Fall der Namensänderung eines Berechtigten, für die häufig noch der Nachweis durch Urkunden verlangt wird, obgleich hier, wegen der Charakterisierung als Amtsverfahren, der Freibeweis genügt[512]. Eine Beweismittelbeschränkung auf den urkundlichen Strengbeweis, wie sie im Antragsverfahren vorzufinden ist, gilt nicht, und für den Freibeweis

---

[503] Holzer, S. 84.
[504] Holzer, S. 86.
[505] Demharter, § 22 Rn. 45.
[506] Holzer, S. 265.
[507] Holzer, S. 272; LG Mainz NJW-RR 1999, 1032; LG Berlin NJOZ 2008, 1289.
[508] Holzer, S. 272, 264, 263; LG Berlin NJOZ 2008, 1289.
[509] Vgl. Holzer, S. 273, sowie LG Berlin, *aA* Demharter, § 22 Rn. 22, keine Ermittlungspflicht des Grundbuchamtes.
[510] MünchKommZPO/Ulrici § 26 FamFG Rn. 7.
[511] LG Berlin NJOZ 2008, 1289; Holzer, S. 276 ff.
[512] Vgl Meikel/Böttcher, § 22 Rn. 86.

existiert kein *numerus clausus*[513]. Deshalb kann das Grundbuchamt im Rahmen seines eigenen Ermessens auf alle erdenklichen Beweismittel zurückgreifen, die zur Überzeugungsbildung beitragen können. In Betracht kommen beispielsweise Personenfeststellungen der Notare oder Schriftstücke jeglicher Art, aus denen die Unzulänglichkeit bzw Unvollständigkeit einer Eintragung hervorgeht. Dies bedeutet jedoch nicht, dass bloße Wahrscheinlichkeiten oder Vermutungen ausreichen, um die Richtigstellung von Tatsachen im Grundbuch zu bewirken. Vielmehr gilt auch hier, dass eine Richtigstellung nur dann in Betracht kommt, sofern die richtig zu stellenden Tatsachen feststehen[514]. Die Berichtigung bzw Richtigstellung kommen überdies nur dann in Betracht, sofern keine inhaltlich unzulässige Eintragung vorliegt. Verantwortlich hierfür zeichnet zum einen ein negatives § 894-BGB-Echo, wonach ausschließlich wirksame Grundbucheintragungen Gutglaubensschutz genießen, nicht aber inhaltlich unzulässige Eintragungen, die rechtlich wirkungslos sind[515]. Zum anderen ist die Beseitigung inhaltlich unzulässiger Eintragungen speziell in **§ 53 Abs 1 S 2 GBO** geregelt, im sog. Amtslöschungsverfahren [516]:

> „*Erweist sich eine Eintragung nach ihrem Inhalt als unzulässig, so ist sie von Amts wegen zu löschen.*"

4. Berichtigung aufgrund Unrichtigkeitsnachweises, § 22 Abs 1 S 1 u S 2 GBO

Die Regelung des § 22 GBO dient, wie oben bereits kurz erwähnt, als *gesetzliches Relais* dazu, die materiellen Unrichtigkeiten[517] an das Grundbuchverfahren weiterzugeben. Dies geschieht wiederum auf zwei verschiedenen Wegen, mithilfe von zwei verschiedenen Optionen, die gleichrangig nebeneinander stehen, gleichzeitig jedoch nicht zum Zuge kommen können, weil sie im Alternativverhältnis[518] zueinander stehen:

– Berichtigung aufgrund *Unrichtigkeitsnachweises*, § 22 GBO
– Berichtigung aufgrund *Berichtigungsbewilligung*, § 19 GBO (s. unten Pkt. 5).

Deutlich wird dieses Alternativverhältnis bereits anhand der Regelung in § 22 Abs 1 S 1 GBO:

> „*Zur Berichtigung des Grundbuchs bedarf es der Bewilligung nach § 19 nicht, wenn die Unrichtigkeit nachgewiesen wird.*"

173

---

[513] So Bork/Jacoby/Schwab-Jacoby, FamFG, § 29 Rn. 8; Holzer, S. 277, sowie LG Mainz NJW-RR 1999, 1032.

[514] LG Berlin, NJOZ 2008, 1289.

[515] NK-BGB, Bearb. U. Krause, § 892 Rn. 11.

[516] Vgl zur Abgrenzung auch OLG Rostock FG Prax 2009, 208 sowie Böttcher, S. 38.

[517] Vgl auch Hügel/Holzer, § 22 Rn. 2.

[518] So bereits Güthe/Triebel, § 22 Rn. 28: „*entweder die eine oder der andere ist erforderlich*".

174   Um das Verfahren zu beschleunigen und unnötigen Formalismus zu vermeiden, nimmt hier das Verfahrensrecht den Grundsatz des formellen Konsensprinzips zurück und offeriert mit der Möglichkeit des **Unrichtigkeitsnachweises** eine weitere Form der Verfahrenslegitimierung. Die GBO kennt somit nicht nur die Bewilligung als eigentliche Verfahrenslegitimierung, eine sog. *Erwirkungshandlung*, deren Zweck darauf gerichtet ist, das Grundbuchamt zur Eintragung zu veranlassen und den Stoff zu ihrer Begründung zu liefern[519]. Die GBO kennt vielmehr als Verfahrenslegitimierung auch den Unrichtigkeitsnachweis, den man als *Erwirkungsnachweis* bezeichnen könnte, um in der Terminologie zu bleiben. Denn der Unrichtigkeitsnachweis dient in gleicher Weise dazu, das Grundbuchamt zu einer Eintragung zu veranlassen, indem er das urkundliche Material zu ihrer Begründung liefert. Die Bezeichnung als Erwirkungsnachweis ist überdies deshalb zutreffend, weil im Rahmen des Unrichtigkeitsnachweises keinerlei Absenkung des GBO-typischen Sicherheits- und Formniveaus zu beobachten ist. Schließlich werden an den Nachweis der Unrichtigkeit des Grundbuchs strenge Anforderungen gestellt[520]. Es genügt insbesondere nicht, dass der Antragsteller eine Art materiell-rechtliche Wahrscheinlichkeitsrechnung präsentiert oder nur einen gewissen Unrichtigkeitsgrad glaubhaft macht. Im Rahmen des Berichtigungsverfahrens aufgrund Unrichtigkeitsnachweises ist das Beweismaß auch nicht dahingehend reduziert, dass das Grundbuchamt die glaubhaft gemachte Unrichtigkeit nur für überwiegend wahrscheinlich halten muss, § 31 FamFG[521]. Im Gegenteil, eine bloße Glaubhaftmachung reicht nicht aus, erforderlich ist vielmehr die freie Überzeugung des Grundbuchamtes iSv § 37 FamFG, was volle Gewissheit bedeutet[522]:

175   *Das Grundbuchamt muss von der Grundbuchunrichtigkeit voll und ganz überzeugt sein*[523].

176   Die Rspr postuliert hier zu Recht, der Antragsteller habe „*alle Möglichkeiten, bis auf ganz entfernt liegende, auszuräumen, die der beantragten neuen Eintragung entgegenstehen könnten*"[524]. Nur die volle Gewissheit gewährleistet, dass eine Verletzung verfassungsmäßiger Rechte des Betroffenen ausgeschlossen ist, zumal dieser verfahrensrechtlich nicht mitwirkt, uU jedoch angehört werden kann[525]. Das Berichtigungsverfahren aufgrund Unrichtigkeitsnachweises zählt zu den regulären **Antragsverfahren**, nicht zu den Amtsverfahren, so dass es nicht dem

---

[519] So generell MünchKommZPO/Ulrici § 25 FamFG Rn. 6 zum Wesen der Erwirkungshandlung.

[520] BayObLG NJW-RR 1986, 1458, 1459; Demharter, § 22 Rn. 37.

[521] Vgl auch Böttcher, S. 41, sowie allgemein Bork/Jacoby/Schwab, § 31 Rn. 7.

[522] Vgl allgemein hierzu Bork/Jacoby/Schwab, § 37 Rn. 6; s.a. Holzer/Kramer, 5. Teil Rn. 78.

[523] So Böttcher, S. 41.

[524] BayObLG NJW-RR 1986, 1458, 1459; s.a. Demharter, § 22 Rn. 37, sowie Böttcher, S. 41.

[525] Insbesondere bei Löschungen, vgl BayObLG MittBayNot 2005, 41.

Grundbuchamt obliegt, Ermittlungen anzustellen oder sich Urkunden zu beschaffen[526]. Diese Einordnung geht konform mit dem allgemeinen GBO-Grundsatz, wonach im Antragsverfahren keine grundbuchamtliche Ermittlungspflicht besteht[527].

Weiterhin trifft die Bezeichnung als *Erwirkungsnachweis* auch deshalb zu, weil **177** der Unrichtigkeitsnachweis nur in der Form des § 29 GBO geführt werden kann, demnach nur unter Verwendung öffentlicher oder öffentlich-beglaubigter Urkunden[528], somit unter Beachtung der GBO-typischen Beweismittelbeschränkung. Um *„grundbuchtauglich"* zu sein, muss der Unrichtigkeitsnachweis stets in die strenge und sichere Form des Urkundsbeweises gekleidet sein. Dies kann sogar dazu führen, dass eine Berichtigung scheitert, weil der Unrichtigkeitsnachweis nicht formgerecht geführt werden kann. Hier das Formniveau zu reduzieren, kommt allerdings nicht in Betracht, weil notfalls auch eine Berichtigungsbewilligung erstritten werden kann[529]. Normalerweise kann jedoch ein entsprechender Urkundsbeweis erbracht werden:

– *Entstehung von Pfandrechten aufgrund gerichtlicher Pfändung, § 804 ZPO: Vorlage des gerichtlichen Pfändungs- und Überweisungsbeschlusses, § 829 ZPO*
– *Zuschlag in der Zwangsversteigerung, § 90 ZVG: Vorlage des gerichtlichen, rechtskräftigen Zuschlagsbeschlusses (idR im Rahmen eines Ersuchens iSv § 130 Abs 1 ZVG)*
– *Erbfall, § 1922 BGB: Vorlage eines Erbscheins in Urschrift oder Ausfertigung, § 35 Abs 1 S 1 GBO, oder Vorlage einer beglaubigten Abschrift einer Verfügung von Todes wegen, die in einer öffentlichen Urkunde enthalten ist, samt Eröffnungsniederschrift, vgl § 35 Abs 1 S 2 GBO*[530]
– *Erbanteilsübertragung, § 2033 BGB: Vorlage des notariellen Erbanteilsübertragungsvertrages, vgl § 2033 Abs 1 S 2 BGB*
– *Begründung des Güterstandes der Gütergemeinschaft, § 1416 BGB: Vorlage einer beglaubigten Abschrift des Ehevertrages oder gerichtliches Zeugnis über die Eintragung im Güterrechtsregister, vgl § 33 GBO, oder entsprechende Notarbescheinigung über die Eintragung im Güterrechtsregister*[531]
– *Umlegungsplan, §§ 74 ff. BauGB: Ausfertigung des rechtskräftigen Umlegungsplans samt beglaubigter Abschrift der Bekanntmachung*[532] *(idR im Rahmen eines Ersuchens iSv § 38 GBO)*
– *Erlöschen höchstpersönlicher Rechte mit Tod des Berechtigten, z.B. Nießbrauch, vgl. § 1061 BGB: Vorlage einer Sterbeurkunde*[533]

---

[526] Böttcher, S. 42; Holzer/Kramer, 5. Teil Rn. 82.
[527] BayObLG Rpfleger 1982, 141; BayObLG MittBayNot 1980, 152.
[528] OLG Hamm FGPrax 2007, 209; Böttcher, S. 41/42.
[529] BayObLG NJW 2003, 1402; aktueller Fall auch OLG München, Beschluss v. 25.8.2010, 34 Wx 68/10, zur insolvenzrechtlichen Rückschlagsperre (im konkreten Fall war der Weg des § 22 GBO verbaut).
[530] Vgl auch Hügel/Wilsch, § 35 GBO.
[531] Vgl auch Böttcher, S. 42.
[532] Vgl Schöner/Stöber, Rn. 3875.
[533] Zu beachten sind jedoch die Besonderheiten des § 23 GBO.

- Erlöschen einer Auflassungsvormerkung, die einen bedingten Anspruch auf Rückübereignung sichert: Bezugnahme auf die zugrunde liegende Bewilligung, sofern sich daraus zweifelsfrei ergibt, dass der Anspruch erloschen ist[534]
- Erlöschen einer Grunddienstbarkeit in den Fällen der §§ 1025 S 2, 1026 BGB: Bezugnahme auf den Fortführungsnachweis, der sich in grundbuchamtlicher Sammelverwahrung befindet[535], oder gesiegelte Bescheinigung des Vermessungsamtes, dass die abzuschreibende Fläche von der Dienstbarkeit nicht betroffen ist[536].

178   In den Fällen des § 22 Abs 1 S 2 GBO, der Eintragung oder Löschung einer Verfügungsbeschränkung, kommt dem Unrichtigkeitsnachweis besondere Bedeutung zu. Eine Berichtigungsbewilligung, die auf Eintragung einer Verfügungsbeschränkung gerichtet ist, wäre schwierig oder kaum zu erlangen, da sie vom Betroffenen abgegeben werden müsste. Bei Verfügungsentziehungen, etwa infolge Insolvenz oder Testamentsvollstreckung, haftete entsprechenden Berichtigungsbewilligungen, abgegeben vom betroffenen Gemeinschuldner oder Erben, überdies eine dogmatische Widersprüchlichkeit an. Dem steht gegenüber, dass sich Bestehen oder Wegfall von Verfügungsbeschränkungen im Regelfall besonders einfach durch öffentliche Urkunden nachweisen lassen[537]. Das Insolvenzrecht greift diese Konstellation auf und ordnet in § 32 Abs 2 S 2 InsO an, dass die Eintragung eines Insolvenzvermerkes auch vom Insolvenzverwalter beantragt werden kann. Daneben existiert nur das die Praxis dominierende Ersuchen des Insolvenzgerichts iSv § 38 GBO. In diesem Kontext ist auch die Regelung des § 22 Abs 1 S 2 GBO zu betrachten, die bei Eintragung oder Löschung einer Verfügungsbeschränkung den verfahrensrechtlichen Schwerpunkt auf den Unrichtigkeitsnachweis legt. Eine verfahrensrechtliche Regelung ist sinnvoll, weil materielles Recht, hier **§ 892 Abs 1 S 2 BGB**, es gebietet, für eine baldige Eintragung der Verfügungsbeschränkung zu sorgen, anderenfalls gutgläubiger Erwerb droht:

Ist der Berechtigte in der Verfügung über ein im Grundbuch eingetragenes Recht zugunsten einer bestimmten Person beschränkt, so ist die Beschränkung dem Erwerber gegenüber nur wirksam, wenn sie aus dem Grundbuch ersichtlich oder dem Erwerber bekannt ist (§ 892 Abs 1 S 2 BGB).

179   Ein **Insolvenzverwalter**, der die Eintragung oder Löschung der Insolvenzeröffnung in das Grundbuch beantragt, fügt dementsprechend seinem formlosen Antrag eine Abschrift seiner Bestellungsurkunde nach § 56 Abs 2 InsO und eine Abschrift des Eröffnungsbeschlusses bei[538]. In der Grundbuchpraxis ist diese Form

---

[534] Pfälz. OLG Zweibrücken FGPrax 2005, 244.
[535] BayObLG Rpfleger 2004, 280.
[536] LG Landshut MittBayNot 1978, 215.
[537] Staudinger/Gursky, BGB-Neubearbeitung 2008, § 894 Rn. 5.
[538] Hügel/Wilsch, Insolvenzrecht und Grundbuchverfahren, Rn. 72, 73; BGH RNotZ 2006, 144, sowie LG Zweibrücken NZI 2000, 327.

der Grundbuchberichtigung iSv § 22 Abs 1 S 2 GBO seltener anzutreffen, sie spielt allenfalls im Rahmen eines Kaufvertrages eine Rolle, bei dem der Insolvenzverwalter mitwirkt und die Freigabe des Grundstücks erklärt[539], § 32 Abs 2 S 2 InsO iVm § 22 Abs 1 S 2 GBO.

Ein **Testamentsvollstrecker,** der die Eintragung des Testamentsvollstreckervermerks beantragt, ist gehalten, seinem Antrag den speziellen Unrichtigkeitsnachweis nach § 35 GBO und den Nachweis seiner Verfügungsberechtigung beizufügen[540]. **180**

Ein **Gläubiger,** der an der Immobilie des Antragsgegners ein Verfügungsverbot aufgrund Einstweiliger Verfügung gemäß § 938 Abs 2 ZPO eintragen lassen möchte, um diesem die Veräußerung oder Belastung zu untersagen, erbringt den Unrichtigkeitsnachweis iSv § 22 Abs 1 S 2 GBO dadurch, dass er dem Grundbuchamt die Einstweilige Verfügung in Ausfertigung vorlegt[541]. **181**

Auch der **Gläubiger** eines Pfändungsbeschlusses, der die Pfändung eines dinglichen Rechts enthält, hält mit dem Beschluss einen Unrichtigkeitsnachweis iSv § 22 Abs 1 S 2 GBO in Händen, mit dem das gerichtliche Verfügungsverbot iSv § 829 Abs 1 S 2 ZPO iVm §§ 135, 136 BGB im Grundbuch vermerkt werden kann[542]. **182**

5. Berichtigung aufgrund Berichtigungsbewilligung, § 19 GBO

Mit der zweiten **Option** des § 22 GBO, der Berichtigung aufgrund *„regulärer"* **183** **Bewilligung** des Betroffenen, betritt man wiederum vertrautes Terrain, den Bereich des formellen Konsensprinzips nach § 19 GBO[543], wenngleich sich hier die Rspr in der Vergangenheit zuweilen zu besonderen Hinweisen veranlasst sah:

„Doch hat das Landgericht übersehen, dass es neben der Berichtigung aufgrund Unrichtigkeitsnachweises auch die Berichtigung aufgrund Bewilligung des Betroffenen gibt."[544]

„Die Rechtspflegerin hat anscheinend übersehen, dass es neben der Berichtigung aufgrund Unrichtigkeitsnachweises auch die Berichtigung aufgrund Bewilligung des Betroffenen gibt."[545]

---

[539] Vgl Schöner/Stöber, Rn. 1638.

[540] *Erbfall:* Erbschein in Ausfertigung oder Verfügung von Todes wegen in öffentlicher Urkunde samt Eröffnungsniederschrift in beglaubigter Abschrift, § 35 Abs 1 S 1 bzw S 2 GBO; *TV-Befugnisse:* Testamentsvollstreckerzeugnis in Ausfertigung oder Verfügung von Todes wegen in öffentlicher Urkunde samt Eröffnungsniederschrift in beglaubigter Abschrift, §§ 35 Abs 2, Abs 1 S 2 GBO.

[541] Vgl Böttcher, Zwangsvollstreckung im Grundbuch, 1. A., Rn. 293 iVm 196.

[542] Hügel/Wilsch, Sonderbereich Pfändung im Grundbuchverfahren, Rn. 14.

[543] Güthe/Triebel, § 22 Rn. 31.

[544] BayObLG DNotZ 1991, 398.

[545] OLG Frankfurt a.M. NJW-RR 1996, 14.

184   Kausal hierfür mag die jeweilige Fallkonstellation gewesen sein, in der der Weg der Berichtigungsbewilligung als Notfluchtweg erschien, als Notfallplan, der dann zur Anwendung kommt, sofern das Unrichtigkeitsverfahren scheitert. Eine solche Qualifizierung als „*Plan B*" der Grundbuchberichtigung wird jedoch der Berichtigungsbewilligung nicht gerecht, weil sie mehr[546] ist als eine bloße verfahrensrechtliche Exit-Strategie. Richtig ist vielmehr, dass zwischen dem Unrichtigkeitsnachweis und der Berichtigungsbewilligung ein echtes Konkurrenz- und Alternativverhältnis[547] besteht und sich die Entscheidung nach taktischen Gesichtspunkten orientiert. Die Wahl zwischen beiden Optionen wird u.a. dadurch beeinflusst, wie schwierig es ist, den Unrichtigkeitsnachweis zu beschaffen, oder wie es mit der Darlegung der Unrichtigkeit bestellt ist[548]. Denkbar ist, dass der Unrichtigkeitsnachweis in der Form des § 29 GBO nicht geführt werden kann, so dass nur noch die Berichtigungsbewilligung verbleibt. Es kann aber auch der Weg der Berichtigungsbewilligung nach § 19 GBO verschlossen sein, weil beispielsweise der Betroffene nicht mehr existiert, etwa infolge Erbfalls[549], so dass nur noch der spezielle Unrichtigkeitsnachweis iSv § 35 GBO verbleibt. Ob die eine oder die andere **Option** greift, hängt vom spezifischen Nachweisgrad ab, weshalb sich in der Literatur häufig folgender **Versuch einer Systematisierung** findet, der, angepasst an das FamFG, wie folgt lautet[550]:

- *Starker* Nachweisgrad = *Unrichtigkeitsnachweis* = *Erwirkungsnachweis*, erbringt den vollständigen Beweis, und zwar zur vollen Überzeugung und Gewissheit des Grundbuchamtes, vgl § 37 FamFG, deshalb keine Bewilligung mehr erforderlich
- *Schwacher* Nachweisgrad = *Berichtigungsbewilligung* = *Erwirkungshandlung*, erfordert „lediglich" schlüssigen Sachvortrag, die Glaubhaftmachung gegenüber dem Grundbuchamt, vgl § 31 FamFG, ein Nachweis der Unrichtigkeit ist dann entbehrlich.

185   Inhaltlich muss die Berichtigungsbewilligung den Erfordernissen entsprechen, die oben im Teil G II 7) aufgeführt sind. Ein wesentlicher Unterschied zur „gewöhnlichen" Bewilligung ist in der Zielrichtung zu sehen, weil die Berichtigungsbewilligung nicht auf konstitutive Rechtsänderung, sondern auf deklaratorische Berichtigung gerichtet ist[551]. Ein weiterer Unterschied besteht darin, dass die Berichtigungsbewilligung einem **Plausibilitätserfordernis** entsprechen muss, das sich aus dem Wesen der Grundbuchberichtigung ergibt. Wesentlicher

---

[546] Und auch mehr als eine „*reine Verfahrenshandlung, (die) lediglich darauf gerichtet (ist), einen dem materiellen Recht entsprechenden Grundbuchstand herzustellen*", so BGH in BGHReport 2006, 147.

[547] Vgl auch OLG Frankfurt a.M. NJW-RR 1996, 14: Berichtigungsbew. macht Unrichtigkeitsnachweis entbehrlich.

[548] Vgl Bauer/v.Oefele/Kohler, § 22 Rn. 24.

[549] Bauer/v.Oefele/Kohler, § 22 Rn. 26.

[550] So grundlegend Eickmann, 9. Kap. § 1 II 1; ihm folgend Böttcher, S. 39.

[551] So bereits Güthe/Triebel, § 22 Rn. 31; vgl auch Hügel/Holzer, BeckOK GBO, 9. Edition, § 22 Rn. 69.

Bestandteil jeder Berichtigungsbewilligung ist die **schlüssige Darlegung** der bestehenden Unrichtigkeit und der angestrebten Richtigkeit des Grundbuches[552]. Inwiefern Unrichtigkeit besteht und inwieweit Richtigkeit wieder hergestellt werden soll, muss aus der Berichtigungsbewilligung deutlich hervorgehen, anderenfalls eine deklaratorische Berichtigung nicht erfolgen kann. Als Gründe hierfür kann auf den Bestimmtheitsgrundsatz und den Beibringungsgrundsatz verwiesen werden. Besondere praktische Relevanz erlangt dies im Rahmen der Berichtigungsbewilligung aufgrund Eigentumswechsels. Hier folgt aus der Ableitung zu § 20 GBO, dass die Berichtigungsbewilligung eine schlüssige Darlegung derjenigen materiellen Rechtsvorgänge enthalten muss, die den Eigentumswechsel bewirkt haben[553]. Es gilt insbesondere, Tatsachen vorzutragen, die zum einen die Unrichtigkeit des Grundbuchs schlüssig erscheinen lassen, die zum anderen aber auch aufzeigen, dass durch die beantragte Eintragung das Grundbuch wieder Richtigkeit erlangt[554]. Beide Bereiche sind abzudecken, woran sich die Frage nach dem Bewilligungsberechtigten anschließt. Die hM[555] orientiert sich insoweit zu Recht am Wesen des formellen Konsensprinzips, das auf Beschleunigung des Eintragungsverfahrens ausgerichtet ist, und verlangt die Bewilligung des Buchberechtigten, also die Bewilligung desjenigen, dessen grundbuchmäßiges Recht von der Berichtigung formell betroffen ist. Diese Einschätzung korrespondiert auch eher mit der oben geschilderten Einschränkung der Prüfungs- und Aufklärungspflicht, wie sie der Regelung des § 19 GBO eigen ist. Im Rahmen der Berichtigungsbewilligung nach § 19 GBO ist also nicht die materielle Rechtslage zu prüfen, sondern einzig und allein die Eintragungsbewilligung, die Verfahrenslegitimierung. Falls im Grundbuch mehrere Buchberechtigte eingetragen sind, müssen alle Berechtigten die Bewilligung abgeben. Dazu zählt nach derzeit nicht unbestrittener Auffassung auch die Grundbuchberichtigung nach Ausscheiden eines BGB-Gesellschafters:

Beispiel:
Die Triple A Plus GbR ist als Eigentümerin eingetragen, daneben sind, wie es nun § 15 Abs 1 lit. c GBVf iVm § 47 Abs 2 GBO entspricht, die Gesellschafter A und B als solche vermerkt; nun überträgt der Gesellschafter A seine GbR-Mitgliedschaft auf den neu eintretenden Gesellschafter C[556].

---

[552] Vgl Thüringer Oberlandesgericht in OLG-NL 2001, 12; DNotI-Report 16/2010, S. 146.

[553] BayObLG DNotZ 1991, 598; ThürOLG; OLG Frankfurt a.M. NJW-RR 1996, 14; LG Leipzig, 01 T 6429/01, Beschluss vom 9.7.2002; Bauer/v.Oefele/Kohler, § 22 Rn. 13; zur BGB-Gesellschaft vgl DNotI-Report 16/2010, 146.

[554] BayObLG Rpfleger 1994, 410, 412; Hügel/Holzer, BeckOK GBO, 9.Edition, § 22 Rn. 71.

[555] Hügel/Holzer, BeckOK GBO, Edition 9, § 22 Rn. 74; Bauer/v.Oefele/Kohler, § 22 Rn. 17; Böttcher, S. 40; *aA* Demharter, § 22 Rn. 32.

[556] Vgl auch DNotI-Report 16/2010; zur abweichenden Meinung vgl Bestelmeyer Rpfleger 2010, 169, 185 ff.

186   In einer solchen Konstellation kommt neben dem Unrichtigkeitsnachweis auch die Berichtigungsbewilligung aller GbR-Gesellschafter nebst Zustimmung des neuen Gesellschafters (s. unten § 22 Abs 2 GBO) in Betracht.

6. Berichtigung durch Eintragung eines Eigentümers oder Erbbauberechtigten, § 22 Abs 2 GBO

187   Die Regelung des § 22 Abs 2 GBO, die ein Zusatzerfordernis[557] statuiert, sieht sich häufig der fundamentalen Kritik[558] ausgesetzt, in der Zielrichtung kryptisch und in der Systematik *„irreführend“*[559] zu sein. Diese Kritik kann jedoch nicht geteilt werden, weil die Regelung in § 22 Abs 2 GBO die Bestimmungen zur Berichtigung in sinnvoller Art und Weise ergänzt. Hinzu kommt ein Gleichklang mit anderen Wertungen der GBO, was auch der Grund dafür ist, warum sich die Bestimmung unproblematisch in die Regelungsmechanik der GBO einfügt und in der Praxis kaum Angriffspunkte bietet. Nach § 22 Abs 2 GBO ist zur Berichtigung durch Eintragung eines Eigentümers oder Erbbauberechtigten auch die **Zustimmung** des neu einzutragenden **Eigentümers** oder **Erbbauberechtigten** erforderlich, es sei denn, es liegt ein Fall des § 14 GBO vor oder die Unrichtigkeit ist nachgewiesen. Um die ratio legis besser verstehen zu können, ist es sinnvoll, ein Blick zurück[560] auf folgende Unterscheidung zu werfen:

> - *Unrichtigkeitsnachweis* = starker Nachweisgrad, erbringt vollständigen Beweis, § 37 FamFG
> - *Berichtigungsbewilligung* = schwacher Nachweisgrad, erfordert „lediglich“ schlüssigen Sachvortrag, die Glaubhaftmachung gegenüber dem Grundbuchamt, vgl § 31 FamFG.

188   Die Bestimmung in § 22 Abs 2 GBO zieht die verfahrensrechtliche Konsequenz aus dem Nachweisgrad, wie er der Berichtigungsbewilligung beigemessen wird, und sieht eine weitere Absicherung der Berichtigung durch die Zustimmung des einzutragenden Eigentümers vor. Unverkennbar ist die inhaltliche Anlehnung an die eigentumsspezifische Verfahrensregelung in § 20 GBO, was auch durch einen Blick in die historische Kommentarliteratur bestätigt wird. Danach sei die Ausnahmebestimmung *„mit Rücksicht auf die Bedeutung des Eigenthums und des Erbbaurechts , insbesondere auch mit Rücksicht auf die mit diesen Rechten verknüpften öffentlich-rechtlichen Pflichten“*[561] in die GBO aufgenommen worden. Die Kritik übersieht hier den erhöhten Nachweisgrad, der mit der Zustimmung des einzutragenden Eigentümers bzw Erbbauberechtigten verbunden ist, und dass ein

---

[557] Bauer/v. Oefele/Kohler, § 22 Rn. 238.
[558] Bauer/v. Oefele/Kohler; Böttcher, S. 43.
[559] Bauer/v.Oefele/Kohler, § 22 Rn. 238.
[560] Siehe oben Teil G III 5.
[561] Achilles/Strecker, § 22 (= S. 216); ihnen folgend: Hügel/Holzer, § 22 Rn. 80.

solches *„verfahrensrechtliches Äquivalent"*[562] zu § 20 GBO letztendlich dazu dient, das Eigentum bzw Erbbaurecht auf eine sichere und absolut zweifelsfreie Grundlage zu stellen. Es wäre auch sinnwidrig, ein Berichtigungsverfahren zuzulassen, das wiederum seinerseits Unrichtigkeit generiert. Andererseits ist es nur konsequent, vom zusätzlichen Zustimmungserfordernis abzusehen, sofern dies verfahrensrechtlich inopportun ist, etwa in den Fällen des Unrichtigkeitsnachweises oder den Fällen des § 14 GBO. Das ist auch der Grund dafür, warum **§ 22 Abs 2 GBO** diese Verfahrenskonstellationen ausnimmt:

„…sofern nicht der Fall des § 14 (GBO) vorliegt oder die Unrichtigkeit nachgewiesen wird…"

Nach § 14 GBO darf die Berichtigung des Grundbuchs auch von demjenigen **189** beantragt werden, der aufgrund eines gegen den Berechtigten vollstreckbaren Titels eine Eintragung in das Grundbuch verlangen kann. Praktische Relevanz entfaltet diese Regelung vor allem bei der Eintragung einer Zwangshypothek, der die Voreintragung des Erben vorauszugehen hat, § 39 GBO. Die **erweiterte Antragsberechtigung** nach § 14 GBO ginge faktisch ins Leere, sofern der neu einzutragende Schuldner als Eigentümer bzw Erbbauberechtigter seine Zustimmung nach § 22 Abs 2 GBO erteilen müsste. Daher kann in solchen Fällen die Berichtigung stets ohne Zustimmung des neu einzutragenden Eigentümers bzw Erbbauberechtigten erfolgen, § 22 Abs 2 GBO[563]. Gleiches gilt für den Fall des Unrichtigkeitsnachweises, also die Option des § 22 GBO, die sich durch einen besonders starken Nachweisgrad auszeichnet, gekennzeichnet überdies dadurch, dass hier zur vollen Überzeugung und Gewissheit des Grundbuchamtes der vollständige Beweis erbracht wird, § 37 FamFG. Hier noch die Zustimmung des einzutragenden Eigentümers bzw Erbbauberechtigten zu verlangen, ergäbe wegen **Offenkundigkeit** keinen Sinn und auch kein höheres Nachweisniveau[564]. Besonders deutlich wird dies im Falle der Eintragung der Erbfolge, wobei der spezielle Unrichtigkeitsnachweis iSv § 35 GBO zur Anwendung kommt, und zwar ohne weitere Zustimmung der Erben.

Unabhängig davon, ist die Zustimmung vom wahren Eigentümer bzw Erb- **190** bauberechtigten abzugeben, dessen Eintragung erfolgen soll[565], und zwar entweder ausdrücklich, oder konkludent, etwa in Form eines Berichtigungsantrages des einzutragenden Eigentümers oder Erbbauberechtigten. Weil ein solcher Antrag auch eine zur Eintragung erforderliche Erklärung iSv § 29 Abs 1 S 1 GBO enthält, liegt ein *„echter"* gemischter Antrag vor, der mindestens öffentlich beglaubigt werden muss, §§ 30, 29 GBO[566]. Daneben muss auch die eigenständig

---

[562] Holzer/Kramer, 5. Teil Rn. 134.

[563] Achilles/Strecker, § 22 GBO (S. 216); Demharter, § 14 Rn. 14.

[564] Vgl generell zur Ausnahme Bauer/v.Oefele/Kohler, § 22 Rn. 250, sowie Böttcher, S. 44.

[565] Hügel/Holzer, § 22 Rn. 82; Brandenburgisches OLG in OLGR Brandenburg 2008, 184–188.

[566] Achilles/Strecker, § 22 GBO (S. 216); Demharter, § 29 Rn. 9; Böttcher, S. 44.

erklärte Zustimmung in der gehörigen Form des § 29 Abs 1 S 1 GBO erfolgen[567]. Falls mehrere Eigentümer oder Erbbauberechtigte einzutragen sind, müssen alle Einzutragenden die Zustimmung erklären. Der Schutzzweck des § 22 Abs 2 GBO bezieht sich allerdings nur auf die Eintragung eines neuen Eigentümers oder Erbbauberechtigten, nicht auch auf die Eintragung eines Eigentümers oder Erbbauberechtigten, der schon im Grundbuch als solcher eingetragen ist, etwa in Form eines Gesamthand- oder Bruchteilseigentümers[568].

Beispiel:
In Abt. I sind A, B und C als Miterben eingetragen; der Miterbe A überträgt seinen Erbanteil auf den anderen Miterben B, der zum einen deshalb nicht zustimmen muss, weil die Unrichtigkeit nachgewiesen ist, der aber auch zum anderen deshalb nicht zustimmen muss, weil er bereits als Gesamthandseigentümer verlautbart ist.

7. Exemplarisches Beispiel zu § 22 GBO

191　　Exemplarisch erweist sich in diesem Zusammenhang die Vereinbarung einer **Gütergemeinschaft,** da hier beide Optionen des § 22 GBO, Unrichtigkeitsnachweis oder Berichtigungsbewilligung, zur Verfügung stehen.

Beispiel:
A und B vereinbaren durch Ehevertrag Gütergemeinschaft; im Grundbuch ist derzeit nur A als Grundstückseigentümer eingetragen, A und B wollen nun das Grundbuch berichtigen lassen. Der Ehevertrag sieht keinerlei Vorbehaltsgut vor.

192　　Zunächst ist das positive § 894-BGB-Echo festzuhalten, zumal durch die Vereinbarung der Gütergemeinschaft kraft Gesetzes Gesamtgut entstanden ist, § 1416 Abs 1 BGB[569]. Die einzelnen Gegenstände, wozu auch das Grundstück zählt, werden gemeinschaftliches Eigentum und müssen nicht durch Auflassung übertragen werden, § 1416 Abs 2 BGB. In § 1416 Abs 3 S 1 BGB ist sogar von der *„Berichtigung des Grundbuchs"* die Rede, die jeder Ehegatte vom anderen Ehegatten verlangen kann. Eröffnet sind nun die beiden, in einem Alternativverhältnis zueinander stehenden Optionen des § 22 GBO, die Berichtigung aufgrund Unrichtigkeitsnachweises, § 22 GBO, oder die Berichtigung aufgrund Berichtigungsbewilligung, § 19 GBO[570]. Dementsprechend können dem Berichtigungsantrag die folgenden Unterlagen beigefügt werden:
- entweder **Unrichtigkeitsnachweis,** also Vorlage einer notariellen Ehevertragsausfertigung; die Zustimmung des neu einzutragenden B ist nicht erforderlich, weil die Unrichtigkeit des Grundbuchs nachgewiesen ist, vgl § 22 Abs 2 GBO

---

[567] Achilles/Strecker S. 216; Böttcher, S. 44.
[568] Vgl KEHE/Dümig, § 22 Rn. 113.
[569] Vgl auch Schöner/Stöber, Rn. 760.
[570] Schöner/Stöber, Rn. 760.

– oder **Berichtigungsbewilligung** des eingetragenen A, § 19 GBO. Daneben ist die Zustimmung des neu einzutragenden B erforderlich, weil hier der Weg der Berichtigungsbewilligung beschritten wird, vgl § 22 Abs 2 GBO. Beide Erklärungen sind in der Form des § 29 GBO vorzulegen.

8. Voraussetzungen der Berichtigung im Überblick (Schemata)

In der Schlussbetrachtung gilt es nun, die Voraussetzungen der Grundbuch- **193** berichtigung schematisch darzustellen. Im Ergebnis erfordern die einzelnen Optionen des § 22 GBO Folgendes:

- Grundbuchberichtigung aufgrund eines **Unrichtigkeitsnachweises** **194**
  – Antrag desjenigen, der die Unrichtigkeit schlüssig behauptet, § 13 GBO[571]
  – Unrichtigkeitsnachweis in der Form einer öffentlichen oder öffentlich beglaubigten Urkunde
  – Keine Zustimmung des neu einzutragenden Eig./Erbbauber. , § 22 Abs 2 GBO
  – Voreintragung des unrichtig Eingetragenen, § 39 GBO
  – bei zu berichtigenden Grundpfandrechten mit Brief: Briefvorlage, §§ 41, 42 GBO[572]
  – ggf. behördliche Genehmigungen, etwa finanzamtliche Unbedenklichkeitsbescheinigung[573]
  – Betreuungs- bzw familiengerichtliche Genehmigungen sind dagegen nicht erforderlich[574]
- Grundbuchberichtigung aufgrund einer **Berichtigungsbewilligung** **195**
  – Antrag desjenigen, der die Unrichtigkeit schlüssig behauptet, § 13 GBO[575]
  – Berichtigungsbewilligung des Betroffenen in öffentlich beglaubigter Form, § 29 GBO
  – beglaubigte Zustimmung des neu einzutragenden Eig./Erbbauber., vgl §§ 22 Abs 2, 29 GBO
  – Voreintragung des unrichtig Eingetragenen, § 39 GBO
  – bei zu berichtigenden Grundpfandrechten mit Brief: Briefvorlage, §§ 41, 42 GBO[576]
  – ggf. behördliche Genehmigungen, etwa finanzamtliche Unbedenklichkeitsbescheinigung[577]

---

[571] S. Böttcher, S. 39.
[572] Vgl BayObLG Rpfleger 1987, 363; Demharter, § 22 Rn. 48.
[573] § 22 GrEStG, vgl auch Böttcher, S. 44, sowie Demharter, § 22 Rn. 49.
[574] Böttcher, S. 45; Grund ist der deklaratorische Charakter der Berichtigung, so dass keine Verfügung vorliegt, vgl Bauer/v.Oefele/Kohler, § 22 Rn. 262.
[575] S. Böttcher, S. 39.
[576] BayObLG Rpfleger 1987, 363; Bauer/v.Oefele/Kohler, § 22 Rn. 258.
[577] § 22 GrEStG, vgl auch Böttcher, S. 44.

– Betreuungs- bzw familiengerichtliche Genehmigungen sind hier erforderlich[578].

IV. Der Einigungsgrundsatz (materielles Konsensprinzip)

1. Allgemeines – Historie

196 Mit der Regelung des § 19 GBO installierte der historische Gesetzgeber das formelle Konsensprinzip als *„Grundgesetz des formellen Grundstücksrechts"*[579], um eine wesentliche Beschleunigung[580] des Verfahrens herbeizuführen und einem sehr aussagekräftigen Erfahrungsgrundsatz Raum zu verschaffen. Demnach kann eine Eintragung erfolgen, *„wenn derjenige sie bewilligt, dessen Recht von ihr betroffen wird"*, § 19 GBO. Bildlich betrachtet spielt das Verfahrensrecht im Bereich des § 19 GBO über die *empirische Bande*, um zum Ziel zu gelangen. Im Bereich des Eigentums und des Erbbaurechts erschien dem Gesetzgeber eine solche Verfahrensweise jedoch als inopportun, als *Vabanquespiel*, um in der Terminologie zu bleiben. Um das Eigentum und das Erbbaurecht auf eine absolut sichere und zweifelsfreie Grundlage zu stellen, sieht die Bestimmung des § 20 GBO eine Durchbrechung[581]/Ergänzung des formellen Konsensprinzips vor. Dies geschah, so die historische Kommentarliteratur, *„mit Rücksicht auf die Bedeutung des Eigenthums und des Erbbaurechts , insbesondere auch mit Rücksicht auf die mit diesen Rechten verknüpften öffentlich-rechtlichen Pflichten"*[582]. Insoweit besteht ein besonderes Interesse an der Kongruenz zwischen materieller und formeller Rechtslage[583].

2. Erweiterung des Nachweisfeldes in § 20 GBO

197 Erreicht werden soll eine solche Kongruenz durch die Erweiterung des Nachweisfeldes in **§ 20 GBO**. Danach gilt:

> *„Im Falle der Auflassung eines Grundstücks sowie im Falle der Bestellung, Änderung des Inhaltes oder Übertragung eines Erbbaurechts darf die Eintragung nur erfolgen, wenn die erforderliche Einigung des Berechtigten und des anderen Teils erklärt ist."*

---

[578] Böttcher, S. 45; Grund ist hier der der Schutz des Minderjährigen bzw Betreuten, weil anderenfalls im Wege der Berichtigung verfügt werden könnte, deshalb bedarf die Berichtigungsbewilligung analog §§ 1812, 1821 BGB der Genehmigung, vgl Bauer/v. Oefele/Kohler, § 22 Rn. 262.
[579] Meikel/Böttcher, § 19 Rn. 4.
[580] Vgl Denkschrift zur GBO, S. 156.
[581] Siehe hier Teil C IV sowie Demharter, § 20 Rn. 2.
[582] Achilles/Strecker, § 22 (= S. 216).
[583] BeckOK GBO Hügel/Hügel, 9. Edition, Stand 1.6.2010, § 20 Rn. 1; OLG Karlsruhe Rpfleger 2001, 343.

3. Legaldefinition „Auflassung"

Was unter einer *„Auflassung"* zu verstehen ist, geht aus der Legaldefinition **198** in § 925 Abs 1 BGB hervor, die hierzu *„die zur Übertragung des Eigentums an einem Grundstück nach § 873 erforderliche Einigung des Veräußerers und des Erwerbers"* erwähnt. Die Vorschrift gilt auch für die Übertragung von Miteigentumsanteilen an Grundstücken, für die Übertragung von unvermessenen Teilflächen, von Wohnungs- und Teileigentum und von grundstücksgleichen Rechten[584].

4. Auflassung erforderlich oder nicht erforderlich

In welchen Fällen eine **Auflassung** erforderlich ist, erschließt sich aus dem **199** materiellen Recht und orientiert sich daran, ob ein Wechsel in der Person des Eigentümers oder in seiner Zugehörigkeit zu einer Gemeinschaftsform[585] erfolgen soll. Weil sich Eigentumsübertragungen kraft Gesetzes ohne weiteres rechtsgeschäftliches Moment vollziehen, kommen notwendigerweise nur rechtsgeschäftliche Übertragungen in Betracht. Zu erwähnen sind in diesem Zusammenhang unter anderem die folgenden Konstellationen[586]:
– *Kauf/Schenkung/Tausch einer Immobilie:*
  Auflassung ist zum Immobilienerwerb erforderlich
– *Umwandlung einer Erbengemeinschaft in eine Bruchteilsgemeinschaft:*
  Auflassung ist zum Immobilienerwerb erforderlich[587]
– *Erwerb einer Nachlassimmobilie durch einen Vermächtnisnehmer:*
  Auflassung erforderlich, s. §§ 2174, 873, 925 BGB[588]
– *Auseinandersetzung einer ehelichen Gütergemeinschaft:*
  Auflassung erforderlich[589]
– *Einbringung einer Immobilie in eine Personen- oder Kapitalgesellschaft:*
  Auflassung erforderlich[590]
– *Änderung der Bruchteile von Miteigentümern:*
  Auflassung ist erforderlich[591].

Im Umkehrschluss ist eine Auflassung dann nicht erforderlich, wenn bereits **200** die **Unrichtigkeit** des Grundbuches gegeben ist – sei sie ursprünglich begründet,

---

[584] NK-BGB-Grziwotz, 2. A., § 925 Rn. 4–6; zum historischen Begriff der „Auflassung" s. Weirich, § 5 Rn. 207: Auflassung steht für „uplatinge" = Überlassung.
[585] Schöner/Stöber, Rn. 3289; BeckOK BGB Bamberger/Roth, Bearbeiter Grün, 18. Edition, Stand 1.10.2007, § 925 Rn. 14.
[586] Vgl auch Schöner/Stöber, Rn. 3290.
[587] Schöner/Stöber, Rn. 3290.
[588] Schöner/Stöber, Rn. 3290 iVm Rn. 837 ff.
[589] Demharter, § 20 Rn. 6.
[590] Schöner/Stöber, Rn. 3290.
[591] Schöner/Stöber, Rn. 3290.

oder wenn erst nachträglich eingetreten[592] –, oder überhaupt kein Rechtsträger-wechsel vorliegt[593]. Gemeint sind die folgenden Konstellationen:

- *Übertragung eines Erbanteils, § 2033 BGB:*
  keine Auflassung erforderlich, die Rechtswirkungen der Erbanteilsübertra-gung treten unmittelbar mit der Verfügung ein und führen zur nachträglichen Unrichtigkeit des Grundbuchs[594]
- *Formwechselnde Umwandlung einer Personengesellschaft:*
  wandelt sich beispielsweise eine GbR in eine OHG oder KG um, so ändert sich der Rechtsträger nicht, sondern präsentiert sich lediglich in einem anderen rechtlichen Kleid, so dass eine Auflassung nicht in Betracht kommt[595]
- *Spaltung nach dem Umwandlungsgesetz:*
  auch hier ist eine Auflassung nicht erforderlich, da bereits eine partielle Ge-samtrechtsnachfolge eingetreten ist, und zwar mit Eintragung der Spaltung im Register des übertragenden Rechtsträgers, § 131 UmwG
- *Verschmelzung nach dem Umwandlungsgesetz:*
  die Unrichtigkeit des Grundbuchs tritt kraft Gesetzes ein, und zwar mit Ein-tragung der Verschmelzung im Register des übernehmenden Rechtsträgers, § 20 UmwG, weshalb eine Einzelübertragung durch Auflassung nicht mehr erforderlich ist[596]
- *Gesellschafterwechsel bei einer BGB-Gesellschaft:*
  Einigkeit besteht darüber, dass im Falle des Gesellschafterwechsels einer BGB-Gesellschaft eine Auflassung nicht nötig ist, strittig ist dagegen, ob eine Grundbuchunrichtigkeit iSv § 22 GBO vorliegt, oder der Weg der Richtig-stellung zu beschreiten ist[597]
- *Zuschlag in der Zwangsversteigerung:*
  der Ersteher erwirbt bereits mit Zuschlag das Eigentum an der versteigerten Immobilie, siehe § 90 Abs 1 ZVG, so dass eine Auflassung nicht mehr möglich ist[598].

5. Zuständigkeit für Entgegennahme der Auflassung

201 Die Regelung in § 925 Abs 1 Satz 2 BGB sieht als Formerfordernis der Auf-lassung die **Mitwirkung einer zuständigen Stelle** vor, wobei deutsche[599] No-tare und nicht näher definierte „*weitere Stellen*" Erwähnung finden. Neben den

---

[592] Vgl hierzu Teil G III, Berichtigungsverfahren, §§ 22, 19 GBO.
[593] Schöner/Stöber, Rn. 3292 und 3293.
[594] Schöner/Stöber, Rn. 963; Böttcher RpflStud. 1991, 36.
[595] Schöner/Stöber, Rn. 985; BeckOK BGB Bearb. Grün, § 925 Rn. 15.
[596] Schöner/Stöber, Rn. 995a.
[597] Für Grundbuchberichtigung: OLG München, Beschluss v. 16.9.2010, 34 Wx 100/10; OLG Brandenburg, Beschluss v. 23.7.2010, 5 Wx 47/10; Lautner DNotZ 2010, 664; Demharter, § 47 Rn. 30; OLG Zweibrücken FGPrax 2010, 22.
[598] Vgl auch Stöber, ZVG-Handbuch, 9. A., Rn. 357.
[599] Zur exklusiven Kompetenz der deutschen Notare vgl BeckOK BGB Bearb. Grün,

deutschen Notaren sind zur Entgegennahme der Auflassung die folgenden Stellen zuständig:

- *Konsularbeamte* im Falle der Entgegennahme der Auflassung im Ausland, vgl § 12 Nr. 1 KonsularG
- *Ratsschreiber* in Baden-Württemberg[600]
- jedes *deutsche Gericht*[601] im Rahmen der Beurkundung eines gerichtlichen Vergleichs, § 925 Abs 1 Satz 3 BGB
- *Insolvenzgerichte* im Rahmen eines rechtskräftig bestätigten Insolvenzplans, siehe § 925 Abs 1 Satz 3 BGB[602].

6. Gleichzeitige Anwesenheit beider Teile sowie weitere verfahrensrechtliche Aspekte

Weiterhin muss die Auflassung bei gleichzeitiger Anwesenheit des Veräußerers **202** und des Erwerbers vor der zuständigen Stelle erklärt werden, § 925 Abs 1 Satz 1 BGB, was aber nicht den Ausschluss der Erklärung durch Bevollmächtigte oder vollmachtlose Vertreter bedeutet, sondern das Verbot einer sukzessiven Beurkundung[603]. Das Erfordernis der **gleichzeitigen Anwesenheit beider Teile** findet in der Urkunde insofern Berücksichtigung, als der Notar bereits im Eingang der Urkunde festhält[604]:

> Auf Ersuchen der Erschienenen und ihren bei gleichzeitiger Anwesenheit vor mir abgegebenen Erklärungen entsprechend beurkunde ich wie folgt

Einen Sonderfall stellt die Fiktion der **Abgabe einer Willenserklärung** iSv **203** § 894 Abs 1 Satz 1 ZPO dar. Danach gilt die Erklärung des Schuldners, der zur Abgabe einer Willenserklärung verurteilt ist, als abgegeben, sobald das Urteil die Rechtskraft erlangt hat. Nicht ersetzt wird die Erklärung des Gläubigers[605]. Um dem Erfordernis der gleichzeitigen Anwesenheit beider Teile Rechnung zu tragen, ist der Gläubiger gehalten, seine eigene Auflassungserklärung vor der zuständigen

---

§ 925 Rn. 19; OLG Köln Rpfleger 1972, 134; Demharter, § 20 Rn. 15; siehe im Übrigen § 20 Abs 2 BNotO.

[600] Allerdings in begrenztem Umfang, nur für Auflassung in Erfüllung von Verträgen, die sie selbst beurkundeten, vgl. KEHE/Munzig, § 20 Rn. 96.

[601] Also alle deutschen Gerichte, seien es Zivil- oder Straf-, Vollstreckungs, Landwirtschafts-, Verwaltung-, Finanz- oder Sozialgerichte, vgl Demharter, § 20 Rn. 16, wobei der Praxisschwerpunkt eindeutig auf den gerichtlichen Vergleichen der Familiengerichte ruht, im Rahmen einer Ehescheidung; zur unzulässigen Auflassung in einem Vergleich gem. § 278 Abs 6 ZPO s. OLG Düsseldorf FGPrax 2007, 8.

[602] Siehe §§ 221, 254 InsO, insbesondere gelten mit Rechtskraft der Bestätigung des Insolvenzplans die Erklärung in der vorgeschriebenen Form als abgegeben.

[603] NK-BGB/Grziwotz, § 925 Rn. 30.

[604] Siehe das Muster im Würzburger Notarhandbuch, 1. A., Bearb. Hertel, Teil 2 Kap. 2, Rn. 143.

[605] Kein Dispens, vgl BeckOK BGB, § 925 Rn. 22.

Stelle abzugeben, und zwar unter *gleichzeitiger Vorlage* der rechtskräftig ersetzten Schuldnererklärung[606].

204　　Zum weiteren, generellen Inhalt einer Auflassung zählt, dass die Erklärungen der Beteiligten inhaltlich übereinstimmen müssen. Erforderlich sind korrespondierende Erklärungen des Verkäufers und Käufers, gerichtet auf Übertragung (Verkäufer) und Erwerb (Käufer), was sich ggf. auch erst im Wege der Auslegung erschließen kann[607]. Ferner trifft das Verfahrensrecht[608] in § 28 Satz 1 GBO eine Bestimmung darüber, wie die Immobilie im Grundbuchverfahren richtig zu bezeichnen ist, nämlich übereinstimmend mit dem Grundbuch oder durch Hinweis auf das Grundbuchblatt. Falls die Auflassung an mehrere Begünstigte erklärt wird, *„soll die Eintragung in der Weise erfolgen, dass entweder die Anteile der Berechtigten in Bruchteilen angegeben werden oder das für die Gemeinschaft maßgebende Rechtsverhältnis bezeichnet wird"*, so § 47 Abs 1 GBO (zu den Besonderheiten einer GbR als Erwerber siehe § 47 Abs 2 GBO[609]).

7. Keine bedingte oder befristete Auflassung, § 925 Abs 2 BGB

205　　Eine Auflassung, die unter einer **Bedingung** (§ 158 BGB) oder **Zeitbestimmung** (§ 163 BGB) erfolgt, ist unwirksam, so die Regelung in § 925 Abs 2 BGB, die Eigentum auf Zeit[610] bzw. Eigentum unter dem Damoklesschwert für unzulässig erklärt, um das Grundbuch auf eine sichere und verläßliche Grundlage zu stellen. Ausgeschlossen wird auf diese Art und Weise, dass das stärkste dingliche Recht, das Eigentum, in sich zusammenfällt, was eine Implosion des gesamten Grundbuchinhaltes zur Folge hätte. Die Vermutung des § 891 Abs 1 BGB wäre erheblich entwertet, und der Raum für title insurances anglo-amerikanischen Typs eröffnet. Von besonderer praktischer Bedeutung sind insofern die unzulässigerweise unter der auflösenden Bedingung einer Rücktrittserklärung erklärte oder die unzulässigerweise in einem widerruflichen Prozessvergleich enthaltene Auflassung[611].

206　　Dagegen führen **Rechtsbedingungen** nicht zur Unwirksamkeit der Auflassung iSv § 925 Abs 2 BGB, weil insoweit keine unzulässigen Bedingungen, sondern bloße Wirksamkeitsvoraussetzungen[612] vorliegen, statuiert durch das Gesetz, ohne weitere Mitwirkung der Beteiligten.

---

[606] Siehe auch KEHE/Munzig, § 20 Rn. 98.

[607] BeckOK BGB, § 925 Rn. 28; wegen des Bestimmtheitsgrundsatzes sind der Auslegung allerdings enge Grenzen gesetzt, KG, Beschluss vom 22.6.2010, 1 W 277/10.

[608] Keine Bedeutung dagegen für die sachlichrechtliche Wirksamkeit der Auflassung, vgl Hügel/Wilsch, GBO, 1. A., § 28 Rn. 101; BayObLG NJW-RR 1988, 330.

[609] Eintragung einer GbR erfordert auch die Eintragung der Gesellschafter, § 47 Abs 2 Satz 1 GBO.

[610] NK-BGB-Grziwotz, § 925 Rn. 33.

[611] BeckOK BGB, § 925 Rn. 34; BGH NJW 1988, 415.

[612] BeckOK BGB § 925 Rn. 33.

8. Bestellung, Inhaltsänderung oder Übertragung eines Erbbaurechts, § 20 GBO

Das Erbbaurecht, ein veräußerliches und vererbliches Recht, darin bestehend, auf oder unter der Oberfläche eines Grundstücks ein Bauwerk haben zu dürfen, vgl § 1 Abs 1 ErbbauRG, stellt sich aus der Sicht des Eigentümers als Grundstücksbelastung, aus Sicht des Erbbauberechtigten hingegen als Recht dar, auf das Grundstücksrecht entsprechende Anwendung findet, vgl § 11 Abs 1 ErbbauRG, demnach als grundstücksgleiches Recht. Damit konform geht die verfahrensrechtliche Einordnung des Erbbaurechts in § 20 GBO. Auch im Falle der **Bestellung,** der **Inhaltsänderung** oder der **Übertragung eines Erbbaurechts** darf die Grundbucheintragung nur erfolgen, sofern dem Grundbuchamt die Einigung nachgewiesen wird. Nicht anders als im Falle des Eigentums, geschah die Erweiterung des Nachweisfeldes des § 20 GBO „*mit Rücksicht auf die Bedeutung … des Erbbaurechts , insbesondere auch mit Rücksicht auf die mit diesen Rechten verknüpften öffentlich-rechtlichen Pflichten*"[613]. Eine solche Verknüpfung zeigt sich beispielsweise in § 2 Nr. 3 ErbbauRG, worin dem Eigentümer und dem Erbbauberechtigten die Gelegenheit eröffnet wird, eine vertragliche Vereinbarung über die Tragung der öffentlichen und privatrechtlichen Lasten und Abgaben zu treffen[614]. Daneben kann vertraglich u.a. die Instandhaltung, die Verwendung oder der Wiederaufbau des Bauwerks oder der Heimfall des Erbbaurechts geregelt werden[615]. 207

Da die Inhaltsänderung oder die Übertragung eines Erbbaurechts diese Verpflichtungen in gleicher Weise tangieren, ist es verfahrensrechtlich nur konsequent, sie in das erweiterte Nachweisfeld des § 20 GBO einzubeziehen. In der praktischen Konsequenz ist dem Grundbuchamt im Falle der *Inhaltsänderung*[616] des Erbbaurechts die Einigung zwischen Erbbauberechtigtem und Grundstückseigentümer und im Falle der *Übertragung*[617] des Erbbaurechts die Einigung zwischen Verkäufer und Käufer des Erbbaurechts vorzulegen. 208

9. Rechts-, Geschäfts-, Beteiligten- und Verfahrensfähigkeit

Die oben im Teil G I 8) und 9) bzw. Teil G II 9) geschilderten Grundsätze gelten in gleicher Weise für die Auflassung. Das Grundbuchamt ist verpflichtet, die Rechtsfähigkeit von Amts wegen zu prüfen und den allgemeinen Regel-Ausnahme-Grundsatz zu beachten, demzufolge vom Grundsatz der Geschäftsfähigkeit 209

---

[613] Achilles/Strecker, § 22 (= S. 216).
[614] Siehe auch Böttcher, Praktische Fragen des Erbbaurechts, 5. A., Rn. 152.
[615] Siehe §§ 2 Nr. 1, Nr. 2 und Nr. 4 ErbbauRG.
[616] Siehe auch Böttcher, Praktische Fragen des Erbbaurechts, Rn. 523.
[617] Böttcher, Rn. 507.

auszugehen ist[618]. Die Auflassung bleibt wirksam, falls der Eigentümer nach der Erklärung verstirbt oder seine Geschäftsfähigkeit verliert[619].

10. Form, § 29 GBO

210   Materiell-rechtlich bedarf die Auflassung zwar keiner besonderen **Form,** formell-rechtlich sieht die Bestimmung in § 29 Absatz 1 GBO allerdings vor, dass eine Eintragung nur vorgenommen werden darf, sofern die zur Eintragung erforderliche Erklärung (= die Auflassung) durch **öffentliche Urkunde** nachgewiesen ist. Darin liegt kein Widerspruch zum materiellen Recht oder eine Verletzung des zuletzt oft bemühten Grundsatzes, das formelle Recht habe dem materiellen Recht zu dienen, denn das formelle Recht kann aus generalpräventiven Gründen durchaus eine strengere Form vorsehen[620]. Dabei scheidet ein Nachweis durch öffentliche Beglaubigung aus, weil eine Beglaubigung lediglich den vollen Beweis darüber erbringt, dass die Unterschrift in Gegenwart des Notars vollzogen oder anerkannt wurde, so § 40 Abs 1 BeurkG, nicht aber auch, dass die Erklärungen gem. § 925 BGB bei gleichzeitiger Anwesenheit der Beteiligten abgegeben wurden[621].

11. Notwendigkeit einer Bewilligung, § 19 GBO

211   Schließlich gilt es noch, das Verhältnis zwischen § 20 und § 19 GBO zu klären. Gemeint ist die Frage, ob im Rahmen des § 20 GBO zusätzlich noch die Bewilligung nach § 19 GBO vorzulegen ist, oder ob die Einigung ausreicht. In letztere Richtung schienen Anmerkungen der Denkschrift zur GBO zu deuten, wonach *„die Eintragung nur auf Grund der nachgewiesenen Einigung erfolgen"*[622] könne. Eine solche Betrachtungsweise verkennt jedoch nach einer Ansicht[623], dass die Verfahrenshandlungen der §§ 13, 19 GBO stets einzuhalten seien und sich die Frage überhaupt nicht stelle. Eine andere Ansicht[624] erklärt das **Zusatzerfordernis der Bewilligung** damit, dass § 20 GBO zusätzlich zu § 19 GBO zu beachten sei, das Nachweiserfordernis der Einigung gewissermaßen auf § 19 GBO aufgeschaltet sei. Die herrschende notarielle Gestaltungs- und Grundbuchpraxis teilt die Ansicht,

[618] Vgl auch Meikel/Böttcher, § 20 Rn. 138.
[619] KEHE/Munzig, § 20 Rn. 48; Demharter, § 20 Rn. 38.
[620] So BayObLG NJW-RR 2001, 734, unter Berufung auf Huhn, Rpfleger 1977, 200.
[621] BayObLG, wie oben.
[622] Denkschrift zur GBO, S. 156; so auch die ältere Literatur, vgl Meikel/Böttcher, § 20 Rn. 5.
[623] Meikel/Böttcher, § 20 Rn. 5.
[624] BeckOK GBO Hügel/Hügel, 9.Edition, Stand 1.6.2010, § 20 Rn. 3.

dass zusätzlich zur Einigung nach § 20 GBO noch die Bewilligung nach § 19 GBO vorzulegen ist. Eine **Musterformulierung**[625] lautet insofern:

> Die Vertragsteile sind sich über den vereinbarten Eigentumsübergang einig. Der Veräußerer bewilligt und der Erwerber beantragt die Eintragung der Rechtsänderung in das Grundbuch – bei mehreren im angegebenen Erwerbsverhältnis.

V. Bezeichnungsgebot, § 28 GBO

In der historischen Kommentarliteratur ist zuweilen die Aussage anzutreffen, wonach die GBO *„im Allgemeinen keine Vorschriften"* über den Inhalt der Bewilligung vorsehe[626]. Einzige Ausnahme hierzu sei die Regelung in § 28 GBO, die sich mit der notwendigen **Bezeichnung des Grundstücks und der Geldbeträge** beschäftigt. Diese perspektivische Einordnung lässt allerdings die inhaltliche Maßgabe außer Acht, die sich aus dem Vorbehaltsverbot nach § 16 Abs 1 GBO ergibt[627]. Das dingliche Recht selbst kann bedingt oder befristet ausgestaltet sein, nicht aber auch der Eintragungsantrag und die Eintragungsbewilligung[628]. Dass die Regelung des § 28 GBO keine singuläre Positionierung aufweisen kann, sondern an die inhaltlichen Maßgaben des § 16 GBO anknüpft, mindert jedoch nicht ihre verfahrensrechtliche Bedeutung. Die Norm zerfällt in zwei Regelungsbereiche: **212**
– *Bezeichnung der Immobilie, § 28 Satz 1 GBO*
– *Bezeichnung der Geldbeträge, § 28 Satz 2 GBO.*

Nach § 28 Satz 1 GBO ist in der verfahrensrechtlichen Erklärung die Immobilie in Übereinstimmung mit dem Grundbuch oder durch Hinweis auf das Grundbuchblatt **zu bezeichnen.** Der Sinn und Zweck der Norm besteht darin, die Eintragung bei der richtigen Immobilie zu gewährleisten[629], was wiederum dem übergeordneten Ziel des Grundbuchs dient, über die privatrechtlichen Rechtsverhältnisse der Immobilie klar und zuverlässig Auskunft zu geben[630]. Da insoweit ein Höchstmaß an Kongruenz zwischen materieller Rechtslage und Grundbuch angestrebt wird, ist eine verfahrensrechtliche Navigationsvorschrift erforderlich. Diese Funktion übernimmt das in § 28 GBO fixierte **Bezeichnungsgebot**, ein Leuchtturm, der sicherstellt, dass der richtige Hafen, die richtige Immobilie bzw die richtig Währung, angesteuert wird[631]. Um im Bild zu bleiben: *the armada has* **213**

---

[625] Entnommen dem Würzburger Notarhandbuch, 1. A., Bearbeiter Hertel, Teil 2 Kap. 2 Rn. 145.
[626] So Achilles/Strecker, § 28 GBO (= S. 224).
[627] Siehe oben Teil G I 7.
[628] Vgl generell Ertl DNotZ 1964, 265.
[629] BGH NJW 1984, 1959 sowie Hügel/Wilsch, Überblick vor § 28 GBO sowie § 28 Rn. 3.
[630] BGHZ 80, 126; BayObLGZ 1990, 188.
[631] Hügel/Wilsch, § 28 Rn. 97; vgl bereits OLG München JFG 3, 283; sa Böhringer BWNotZ 2009, 67.

to know which harbour it is heading for. Wie wichtig ein solcher Fixpunkt sein kann, zeigt sich in der Grundbuchpraxis immer dann, sobald Verfahrenserklärungen keine entsprechende Bezeichnung iSv § 28 S 1 GBO aufweisen. Solche unvollständigen Verfahrenserklärungen laufen grundsätzlich Gefahr, einen Rangverlust zu erleiden, weil das in § 17 GBO verankerte Prinzip torpediert wird. Nach § 17 GBO richtet sich die grundbuchamtliche **Bearbeitungsreihenfolge** nach der **Eingangsreihenfolge** der Anträge. Falls jedoch der Antrag keine Bezeichnung iSv § 28 S 1 GBO enthält, kann eine Zuordnung nicht erfolgen, so dass potentiell ein späterer Antrag vor dem früheren Antrag vollzogen werden könnte. Weil eine Verletzung der formell-rechtlichen Vorschrift des § 17 GBO nicht zur Unrichtigkeit des Grundbuchs führt[632] und dem Grundbuchamt in solchen Fällen auch nicht die Verletzung gesetzlicher Vorschriften vorgehalten werden kann, scheidet die Eintragung eines Amtswiderspruchs iSv § 53 Abs 1 S 1 GBO aus. Der Rekurs auf etwaige Schadensersatzansprüche[633] geht ebenfalls fehl, weil kein Fehler des Grundbuchamtes vorliegt, sondern es sich um einen selbstinduzierten Schaden des Antragstellers handelt. Dies unterstreicht die zentrale, navigatorische Bedeutung des in § 28 GBO statuierten Bezeichnungsgebotes, das im Grundbuchverfahren **universale**[634] **Geltung** beanspruchen kann. In der Konsequenz müssen daher nicht nur der Eintragungsantrag und die Eintragungsbewilligung den Maßgaben des § 28 S 1 GBO entsprechen, sondern auch alle sonstigen Grundbucherklärungen und Eintragungsunterlagen, soweit sie einen unmittelbaren Bezug zur Immobilie aufweisen:

- *die Abtretungs- und Belastungserklärungen iSv § 26 GBO*
- *die Vereinigungs- und Zuschreibungserklärungen iSv §§ 5, 6 GBO*
- *die Teilungserklärungen iSv § 7 GBO*
- *der verfahrensrechtliche Nachweis der Einigung iSv § 20 GBO*[635]
- *die Eintragungsersuchen iSv § 38 GBO*
- *der Insolvenzplan*[636]
- *Einstweilige Verfügungen und Arreste*[637]
- *Vollmachten mit Bezug zur Immobilie*
- *der Spaltungsvertrag nach dem Umwandlungsgesetz*[638] *mit Grundbuchpositionen*

---

[632] S. Hügel/Zeiser, § 17 Rn. 30.

[633] Vgl Demharter, § 17 Rn. 17.

[634] Hügel/Wilsch, § 28 Rn. 3.

[635] BayObLG MittBayNot 1981, 247, nicht aber auch die materiell-rechtliche Einigung.

[636] Siehe § 228 S 2 InsO: „. so sind diese Rechte unter Beachtung des § 28 GBO genau zu bezeichnen".

[637] In der Grundbuchpraxis zeigt sich, dass Einstweilige Verfügungen und Arreste häufig nicht dem Bezeichnungsgebot des § 28 S 1 GBO entsprechen; regelmäßig fehlt auch ein Berechtigungsverhältnis iSv § 47 GBO, was zu Verfahrensverzögerungen führt.

[638] Vgl § 126 Abs 2 S 2 UmwG, der die Regelung des § 28 S 1 GBO für anwendbar erklärt; der BGH sieht hierin ein materiell-rechtliches Wirksamkeitserfordernis, vgl BGH Rpfleger 2008, 247; einen Ausweg hierzu soll in der Verwendung sog „All-Klauseln" („alle Grundpfandrechte") liegen, so OLG Schleswig, DNotZ 2010, 66, was jedoch in der Literatur

- *die Pfändungs- und Überweisungsbeschlüsse, soweit sie sich auf Grundbuchpositionen beziehen*
- *sowie Genehmigungen mit unmittelbarem Immobilienbezug.*

Ein weiterer, positiver Effekt des § 28-GBO-Navigators besteht zweifelsohne **214** darin, dass die Prüfungspflicht des Grundbuchamtes erleichtert und somit ein Beitrag zur Verfahrensoptimierung geleistet wird[639]. Dem Bezeichnungsgebot kann wie folgt entsprochen werden, vgl § 28 S 1 GBO:
- entweder durch Bezeichnung der Immobilie übereinstimmend mit dem Grundbuch
- oder durch Hinweis auf das Grundbuchblatt.

Die Regelung in § 28 S 1 GBO offeriert demnach zwei verschiedene Arten **215** der Bezeichnung. Die eine Art der verfahrenskonformen Bezeichnung , die *Bezeichnung übereinstimmend mit dem Grundbuch*, knüpft an die Regelung des § 2 Abs 2 GBO an, wonach die Grundstücke im Grundbuch nach den in den Bundesländern eingerichteten amtlichen Liegenschaftskatastern benannt werden. Einschlägig ist die Spalte 3 des Bestandsverzeichnisses, in der die Gemarkung und die Flurstücksnummer als vermessungstechnische **Bezeichnung des Grundstücks** zu finden sind[640]. Ein Grundstück ist daher wie folgt zu bezeichnen:
- *Gemarkung Oberföhring, Flurstücksnummer 123.*

Bei der **Bezeichnung von Wohnungs- und Teileigentum,** besonders ausgestal- **216** tetem Miteigentum, verbunden mit dem Alleineigentum an Sondereigentum, sind darüber hinaus der Miteigentumsanteil und das Sondereigentum zu erwähnen:
- *26/1000 Miteigentumsanteil an dem Grundstück Gemarkung Oberföhring, Flurstücksnummer 123, verbunden mit dem Sondereigentum an der Wohnung Nr. 15 laut Aufteilungsplan[641].*

Eine weitere Besonderheit gilt für die grundbuchmäßige **Bezeichnung eines** **217** **Erbbaurecht,** eines grundstücksgleichen Rechts:
- *Erbbaurecht an Grundstück Oberföhring Blatt 789, Bestandsverzeichnis Nr. 1, Flurstücksnummer 123[642].*

Die zweite Art der verfahrenskonformen Bezeichnung, die *Bezeichnung durch* **218** *Hinweis auf das Grundbuchblatt*, übernimmt die Informationen, die in der Aufschrift zu finden sind, § 5 GBV[643]:
> *„Amtsgericht München*
> *Grundbuch von Milbertshofen Blatt 1969"*

---

zu Recht als unzureichend kritisiert wird, vgl Leitzen ZNotP 2010, 94, sowie Hügel/Wilsch, BeckOK GBO, 9.Edition, § 28 Rn. 173.

[639] So auch bereits Achilles/Strecker, § 28 1a (= S. 225).
[640] Vgl § 6 Abs 3 GBVfg sowie Hügel/Wilsch, § 28 Rn. 15, 16.
[641] Vgl § 7 Abs 1 WEG iVm § 3 WGV sowie Hügel/Wilsch, § 28 Rn. 42.
[642] Vgl Anlage 9 zu § 59 GBVfg sowie Hügel/Wilsch, § 28 Rn. 53.
[643] Siehe hierzu Teil F Pkt. I hier, die Ausführungen zur Aufschrift.

219   Anzugeben sind demnach das Amtsgericht, der Grundbuchbezirk und die Nummer des Blattes. In den Zeiten des Papiergrundbuches musste überdies noch die Nummer des Bandes angegeben werden, vgl § 5 GBV, was die Erklärung dafür ist, warum häufig immer noch die Bandstelle aufgeführt wird, vor allem in Zwangsvollstreckungsanträgen, obgleich das Grundbuch mittlerweile elektronisch geführt wird. Eine solche Bandstellen-Bezeichnung ist inzwischen obsolet, weil die Vorschriften, die Grundbuchbände vorsehen, auf die Gestaltung des maschinell geführten Grundbuches nicht mehr anzuwenden sind, § 63 S 2 GBV[644]. Insoweit reichen das Amtsgericht, der Grundbuchbezirk und die Nummer des Blattes, womit global alle Grundstücke gemeint sind, die im Bestandsverzeichnis des bezeichneten Blatts aufgeführt sind[645]. Falls jedoch nur einzelne Grundstücke des Blattes betroffen sind, muss eine Einschränkung vorgenommen werden, damit sich völlig eindeutig ergibt, auf welches Grundstück sich die beantragte Eintragung beziehen soll[646]. Die Einschränkung besteht zumeist darin, in der Urkunde die Bestandsverzeichnisnummer anzugeben, überdies gefolgt von der Flurstücksnummer, was einer Bezeichnung „übereinstimmend mit dem Grundbuch" gleichkommt. Diese Beobachtung verweist auf die aktuelle und vom Bestimmtheitsgrundsatz geleitete Beurkundungspraxis, die beide Formen der verfahrenskonformen Bezeichnung aufgreift, um die Eintragung im richtigen Grundbuch sicherzustellen. Dementsprechend enthält eine Urkunde regelmäßig, um ein Beispiel zu geben:
- zuerst einen Hinweis auf das Grundbuch: „Amtsgerichtes München, Oberföhring Blatt 456",
- sodann einen Hinweis auf die „Gemarkung Oberföhring, Flurstücksnummer 123"[647].

220   Eine weitere konkrete inhaltliche Vorgabe ergibt sich aus dem **„Währungsfilter"** des § 28 Satz 2 GBO. Danach sind einzutragende Geldbeträge grundsätzlich in inländischer Währung anzugeben, demnach seit dem 1.1.2002 in Euro. Im Fokus der Regelung, die mitunter dem Bestimmtheitsgrundsatz dient und eine „genaue Begrenzung des Umfangs der Belastung zur Folge hat"[648], stehen nicht nur Grundschulden, Hypotheken und Rentenschulden, sondern auch Reallasten, sofern diese wiederkehrende Geldleistungen sichern, etwa Erbbauzinsreallasten, § 9 Abs 1 ErbbauRG. In Betracht kommen überdies die Regelungen in § 882 S 2 BGB (Höchstbetrag des Wertersatzes) und in § 1199 Abs 2 S 2 BGB (Ablösungssumme bei Rentenschulden). Neben dem Bestimmtheitsgrundsatz spielen auch währungspolitische Erwägungen eine Rolle, wie anhand der Euro-Grundpfand-

---

[644] Hügel/Wilsch, § 28 Rn. 31.

[645] Böhringer Rpfleger 1988, 391; aA LG Kiel SchlHA 1989, 157, das jedoch das Wesen der globaleren Bezeichnungsform verkennt, vgl Hügel/Wilsch, § 28 Rn. 33.

[646] BayObLG Rpfleger 1980, 433; LG Neubrandenburg NJW 1994, 128.

[647] Vgl hierzu das Dienstbarkeitsmuster im Würzburger Notarhandbuch, Bearbeiter Munzig, Teil 2 Rn. 2372.

[648] So Achilles/Strecker, § 28 2 b (=S. 225).

rechteverordnung (EuroGrPfRV) deutlich wird, die auf die Öffnungsklausel in § 28 S 2 GBO zurückgeht. Die EuroGrPfRV gestattet daher auch die Grundbucheintragung in der Währung

- eines Mitgliedsstaates der Europäischen Union (Ost-Erweiterung[649] beachten)
- eines der „Opt-out"-Mitgliedsländer der Europäischen Union, darunter Dänemark, Schweden und Großbritannien[650] (Dänische Krone: DKK; Schwedische Krone: SEG; Pfund Sterling: GBP)
- der Schweizerischen Eidgenossenschaft (Schweizer Franken: CHF)
- und der Vereinigten Staaten von Amerika (US-Dollar: USD).[651]

Mit § 28 S 2 GBO erteilte der Gesetzgeber währungspolitischer Beliebigkeit **221** eine Absage, so dass die Eintragung weiterer **ausländischer Währungen** nicht in Betracht kommt[652]. Die Situation lässt sich daher als *numerus clausus der im Grundbuch eintragungsfähigen Währungen* bezeichnen, dem die Bestellung von Grundpfandrechten bzw Geldreallasten Rechnung tragen muss. Während das in § 28 S 2 GBO verankerte Währungsgebot der notariellen Beurkundungspraxis keine Schwierigkeiten bereitet, treten in der Grundbuchpraxis vereinzelt Probleme auf, sofern aufgrund eines Vollstreckungstitels eine Zwangssicherungshypothek in einer Währung eingetragen werden soll, die nicht zum oben bezeichneten Währungskorb zählt. Einen Ausweg bietet hier nur die Umrechnung des zu vollstreckenden Geldbetrags in eine verfahrenskonforme Währung, gefolgt von der Bestellung einer Höchstbetragshypothek nach § 1190 BGB[653].

VI. Formerfordernisse, § 29 GBO

1. Allgemeines, Normzweck

Form und Inhalt als Gegensätze zu begreifen, wird der Funktionalität von **222** Formvorschriften häufig nicht gerecht. Ein solcher Dualismus verkennt insbeson-

---

[649] Vgl Hügel/Wilsch, § 28 Rn. 146, vgl EU-Osterweiterung zum 1.5.2004, der Beitritt Lettlands, Litauens, Maltas, Polens, der Slowakei, Sloweniens, Tschechiens, Ungarns und Zyperns; seit dem 1.1.2007 zählen auch Bulgarien und Rumänien zu den EU-Mitgliedsländern; nach § 1 Nr. 2 EuroGrPfRV können die Geldbeträge auch in der Währung dieser Mitgliedsstaaten eingetragen werden, was aber in der Grundbuchpraxis bislang nicht in Erscheinung getreten ist. „Estland hat am 1.1.2011 den Euro eingeführt, und zwar als 17. Euro-Land."

[650] Siehe § 1 Nr. 2 EuroGrPfRV sowie Hügel/Wilsch, § 28 Rn. 149; zur „*Verordnung über Grundpfandrechte in ausländischer Währung und in Euro*" vom 30.10.1997 vgl BGBl. I S. 2683.

[651] Vgl Hügel/Wilsch, § 28 Rn. 144 ff.

[652] Hügel/Wilsch, § 28 Rn. 151; OLG Bremen, Beschluss des 1.Zivilsenats vom 12.12.1988.

[653] Hügel/Wilsch, § 28 Rn. 151.

dere, dass mit der Einhaltung bestimmter Formvorschriften zugleich ein inhaltlicher Beitrag erbracht werden kann, was für das Grundbuchverfahren besonders zutrifft. Die **Form**, die Di Fabio zutreffend als „**Schwester der Freiheit**" bezeichnet[654] hat, tritt im Grundbuchverfahren als „**Schwester der Rechtssicherheit**" auf den Plan[655]. Wer auf den Inhalt besonderen Wert legt, muss bereits bei den Formvorschriften ansetzen. Dies gilt umso mehr, als das Richtigkeitsniveau des Registers direkt mit dem Formniveau korreliert. Das Fundament eines Registers, das eine Richtigkeitsvermutung etabliert und Gutglaubensschutz gewährt, muss daher im Bereich des sichersten Beweises liegen, demnach im Bereich des Urkundsbeweises[656]. Die historische Kommentarliteratur[657] führte hierzu aus:

> „…muß die GBO Anordnungen treffen, daß das Grundbuchamt eine Eintragung erst dann vornehmen darf, wenn ihm deren sämmtliche Voraussetzungen völlig nachgewiesen sind."

223 Die Echtheit der Eintragungsgrundlage und der sonstigen Eintragungsunterlagen muss völlig unzweifelhaft[658] sein, um das Grundbuch auf eine sichere Grundlage zu stellen[659]. Deshalb bestimmt die Regelung in § 29 Abs 1 GBO:

> „Eine Eintragung soll nur vorgenommen werden, wenn die Eintragungsbewilligung oder die sonstigen zu der Eintragung erforderlichen Erklärungen durch öffentliche oder öffentlich beglaubigte Urkunden nachgewiesen werden. Andere Voraussetzungen der Eintragung bedürfen, soweit sie nicht bei dem Grundbuchamt offenkundig sind, des Nachweises durch öffentliche Urkunden."

2. Nachweis durch öffentliche oder öffentlich beglaubigte Urkunden, § 29 Absatz 1 Satz 1 GBO

224 Unterschieden wird zwischen *zur Eintragung erforderlichen Erklärungen* (§ 29 Abs 1 Satz 1 GBO) und *anderen Voraussetzungen der Eintragung* (§ 29 Abs 1 Satz 2 GBO). Dabei bieten die Versuche der Kommentarliteratur, die „*zu der Eintragung erforderlichen Erklärungen*" im Sinne von § 29 Abs 1 Satz 1 GBO zu definieren, notwendigerweise Zirkelschlüsse selbstreferentiellen Inhaltes[660]. Welche Erklärungen zur Eintragung notwendig sind, ergibt sich aus den relevanten verfahrensrechtlichen Bestimmungen, die dem Grundbuchamt als Prüfstein an die Hand gegeben sind[661]. Ihre die Eintragung konstituierende Bedeutung bringt es mit sich, dass

---

[654] Di Fabio, Form und Freiheit, DNotZ 2006, 342, 350.

[655] Zur Rechtssicherheit (*certitudo* und *securitas*) vgl hier Teil B II; vgl auch Schiemann, in Staudinger/Eckpfeiler (2005), S. 88, sowie Demharter, § 29 Rn. 2.

[656] Zum vollen Beweis einer Urkunde vgl auch § 415 ZPO sowie Eickmann, 5. Kap. § 5 I 1 (S. 161).

[657] Achilles/Strecker, § 29 Pkt. 1 (S. 226).

[658] Achilles/Strecker, wie oben.

[659] BayObLG NJW-RR 2001, 734; vgl bereits die Denkschrift zur GBO, S. 157.

[660] Vgl KEHE/Herrmann, § 29 Rn. 18; Demharter, § 29 Rn. 8.

[661] Vgl auch Meikel/Hertel, § 29 Rn. 20.

sie nach § 29 Abs 1 Satz 1 GBO durch öffentliche oder öffentlich beglaubigte Urkunden nachgewiesen werden müssen. Gemeint sind unter anderem die folgenden Erklärungen:

– *Vereinigungs- und Zuschreibungserklärungen nach §§ 5, 6 GBO*
– *gemischte Anträge iSv §§ 13, 30 GBO*[662]
– *Eintragungsbewilligungen nach § 19 GBO*
– *Auflassungen von Immobilien, § 20 GBO*[663]
– *Bestellung, Inhaltsänderung oder Übertragung von Erbbaurechten, § 20 GBO*
– *Berichtigungsbewilligungen nach § 22 Abs 1 GBO*
– *Eigentümerzustimmungen nach § 22 Abs 2 GBO*
– *Abtretungserklärungen nach § 26 GBO*
– *Eigentümerzustimmungen nach § 27 GBO*
– *Antragsrücknahmen nach § 31 GBO (sofern nicht auf Berichtigung gerichtet)*
– *Vollmachten und Zustimmungen, die eine zur Eintragung erforderliche Erklärung ergänzen*[664]
– *löschungsfähige Quittungen (relevant bei Zwangssicherungshypotheken).*

Die Regelung in § 29 Abs 1 Satz 1 GBO verbietet eine Eintragung in „*unge-* **225** *höriger Form*"[665] und bringt den Grundsatz der Beweismittelbeschränkung zum Ausdruck, der das ganze Grundbuchverfahren beherrscht[666]. Andere Beweismittel – etwa das Freibeweisverfahren nach § 29 Abs 1 FamFG, das grundsätzlich für alle Verfahren der freiwilligen Gerichtsbarkeit gilt-, sind durch die explizite Bestimmung des § 29 GBO ausgeschlossen. Eine Ausnahme besteht nur für die grundbuchamtlichen Amtsverfahren[667].

Welche Erfordernisse eine „*öffentliche Urkunde*" erfüllen muss, geht aus der Re- **226** gelung in § 415 ZPO hervor, worauf bereits die Denkschrift zur GBO hinweist[668]. Die Merkmale einer „**öffentlichen Urkunde**" im Einzelnen:

– *richtiger Aussteller* (eine öffentliche Behörde oder eine mit öffentlichem Glauben versehene Person, etwa ein Notar, ein Urkundsbeamter der Geschäftsstelle, ein Gerichtsvollzieher, ein öffentlich bestellter Vermessungsingenieur oder ein Konsul[669])
– *Einhaltung der Amtsbefugnisse* (die Behörde oder die Amtsperson muss sachlich zuständig sein und sich in den Grenzen seiner Amtsbefugnisse bewegen)
– *Wahrung der vorgeschriebenen Form* (siehe Beurkundungsgesetz bzw Konsulargesetz).

---

[662] Vgl auch Teil G I Pkt. 10, Form des Antrags, § 30 GBO.
[663] Meikel/Hertel, § 29 Rn. 27.
[664] Demharter, § 29 Rn. 10.
[665] In Anlehnung an Achilles/Strecker, § 29 Anm. 1, „*nicht in gehöriger Form*".
[666] Siehe auch Schöner/Stöber, Rn. 152.
[667] Keidel/Sternal, § 29 Rn. 4.
[668] Denkschrift zur GBO, S. 159; vgl auch Achilles/Strecker, § 29 Anm. 4 a (S. 228).
[669] Vgl KEHE/Herrmann, 3 29 Rn. 73.

227　Ein Blick in die grundbuchamtliche Praxis zeigt, dass es sich bei der großen Mehrzahl der öffentlichen Urkunden, die zur Eintragung eingereicht werden, um **notarielle Urkunden** handelt. Eine Folge der Formregelung nach § 29 GBO besteht darin, dass die Notare bereits frühzeitig in das Vorfeld der Registrierung eingebunden sind[670]. Um ein Beispiel einer *öffentlichen Urkunde* wiederzugeben, sei das Grundmuster einer Grundschuldbestellungsurkunde kurz dargestellt[671]:

Formulierungsbeispiel:

Bestellung einer Buchgrundschuld

Heute, den zehnten November zweitausendzehn (10.November 2010),

erschien vor mir, dem unterzeichnenden Notar

Walter Schwarzriese, München,

in meinen Amtsräumen Gänsemarkt 10, 80007 München,

Herr Johann Konnetschke, geboren am 8.11.1969, wohnhaft in Pfitznerstraße 9, 80807 München, ausgewiesen durch gültigen deutschen Personalausweis, nach Angaben verheiratet.

Der Notar stellte die Frage, ob er mit der vorliegenden Angelegenheit bereits außerhalb seiner notariellen Amtstätigkeit vorbefasst war (§ 3 Abs 1 Nr. 7 BeurkG); der Erschienene verneinte dies.

Auf Ersuchen des Erschienen beurkunde ich wie folgt:

1. Grundbuchstand

Herr Johann Konnetschke ist im Grundbuch der Gemarkung Milbertshofen Blatt 898 als Eigentümer des Grundstücks Flurstück 123 eingetragen. Das Grundstück ist unbelastet vorgetragen.

2. Grundschuldbestellung

Herr Johann Konnetschke (Eigentümer) bestellt für die Stadtsparkasse Silbertal, Silbertal, an dem vorstehend beschriebenen Grundstück eine Grundschuld ohne Brief in Höhe von 35.000 Euro (in Worten: fünfunddreißigtausend Euro) nebst Grundschuldzinsen in Höhe von 18 (in Worten: achtzehn) Prozent jährlich, gerechnet von heute an.

Das Grundschuldkapital ist fällig. Die Grundschuldzinsen sind jeweils nachträglich am ersten Werktag des folgenden Kalenderjahres fällig. Die Grundschuld erhält erste Rangstelle.

3. Zwangsvollstreckungsunterwerfung

Der Eigentümer unterwirft sich wegen der Grundschuld einschließlich der Zinsen der sofortigen Zwangsvollstreckung in der Weise, dass die Zwangsvollstre-

---

[670] Vgl auch Würzburger Notarhandbuch, Bearbeiter Limmer, Teil 1 Kap. 2 Rn. 100.

[671] In Anlehnung an das Formulierungsmuster der BNotK, vgl Würzburger Notarhandbuch, Bearbeiter Munzig, Teil 2 Kapitel 10 Rn. 2581, sowie Teil 2 Kapitel 2 Rn. 143, Bearbeiter Hertel.

ckung aus dieser Urkunde gegen den jeweiligen Eigentümer des Grundbesitzes zulässig sein soll.

4. Grundbucherklärungen

Der Eigentümer bewilligt und beantragt die Eintragung der Grundschuld gemäß den vorstehenden Bestimmungen sowie die Eintragung der Zwangsvollstreckungsunterwerfung.

(folgende weitere Bestimmungen über die persönliche Haftung, die persönliche Vollstreckungsunterwerfung, die Zweckvereinbarung und die weiteren Bestimmungen).

Vorgelesen vom Notar, von dem Beteiligten genehmigt und eigenhändig unterschrieben

Johann Konnetschke   Walter Schwarzriese, Notar

Die zweite Form der Nachweismittel, die **öffentlich beglaubigten Urkunden,** die den öffentlichen Urkunden gleichgestellt sind[672], knüpft an die Regelung des § 129 Absatz 1 Satz 1 BGB an: **228**

„Ist durch Gesetz für eine Erklärung öffentliche Beglaubigung vorgeschrieben, so muß die Erklärung schriftlich abgefasst und die Unterschrift des Erklärenden von einem Notar beglaubigt werden."

Während die abgegebene Erklärung selbst eine Privaturkunde bleibt, ist öffentliche Urkunde iSv § 415 ZPO nur der **Beglaubigungsvermerk**[673], der den vollen Beweis der darin bezeugten Tatsachen erbringt. Welchen Inhalt ein solcher Beglaubigungsvermerk aufweisen muss, ist in den §§ 40 Abs 3, 39, 10 BeurkG geregelt. Das Grundmuster einer Beglaubigung lautet wie folgt[674]: **229**

Formulierungsbeispiel:

Die Echtheit der vorstehenden, vor mir anerkannten Unterschrift von Herr Johann Konnetschke, geboren am 8.11.1972, wohnhaft in Pfitznerstraße 9, 80807 München, ausgewiesen durch gültigen deutschen Personalausweis, wird hiermit beglaubigt.

München, den 22. November 2010

Peter Titanrot, Notar   Siegel

Ein Verstoß gegen die Formvorschrift des § 29 GBO impliziert allerdings keine Unrichtigkeit der Eintragung, weil die Bestimmung als Ordnungsvorschrift ausgestaltet ist[675]. Das Grundbuchamt ist gehalten, einen Formmangel mit dem Erlass einer Zwischenverfügung zu beanstanden. **230**

---

[672] Achilles/Strecker, § 29 Anm. 5 (S. 233).

[673] Würzburger Notarhandbuch, Bearbeiter Limmer, Teil 1 Kap. 2 Rn. 288.

[674] In Anlehnung an das Würzburger Notarhandbuch, Bearbeiter Limmer, Teil 1 Kap. 2 Rn. 298.

[675] So bereits Achilles/Strecker, § 29 Anm. 1 (S. 226); s.a. Demharter, § 29 Rn. 2.

3. Andere Voraussetzungen der Eintragung, § 29 Abs 1 Satz 2 GBO: Offenkundigkeit oder Nachweis durch öffentliche Urkunden

231   Andere Voraussetzungen der Eintragung bedürfen des Nachweises durch öffentliche Urkunden, soweit sie nicht bereits ohnehin offenkundig sind, § 29 Abs 1 Satz 2 GBO. Eine nähere Definition der *„anderen Voraussetzungen der Eintragung"* ergibt sich nicht aus der GBO, aber aus der Denkschrift zur GBO[676]:

> *„Für diejenigen Voraussetzungen der Eintragung, die nicht in Erklärungen bestehen (Nachweis der Bestellung zum gesetzlichen Vertreter, Nachweis einer gerichtlichen Entscheidung usw.), bestimmt der Entwurf, daß sie, soweit sie nicht bei dem Grundbuchamt offenkundig sind, des Nachweises durch öffentliche Urkunden bedürfen".*

232   Der Fokus der Bestimmung liegt folglich auf verfahrensrechtlich relevanten Tatsachen und Rechtszuständen[677], deren Nachweis durch **öffentliche Urkunden** zu erbringen ist. Hierzu zählen unter anderem:

- *Tod eines Berechtigten: Sterbeurkunde bzw Auszug aus dem Sterbebuch (alternativ: notarielle Tatschenbescheinigung[678])*
- *Verheiratung von Berechtigten: Heiratsurkunde*
- *Scheidung von Berechtigten: Scheidungsurteil bzw. Scheidungsbeschluss*
- *Bestellung zum Insolvenzverwalter: Bestellungsurkunde, § 56 Abs 2 S 1 InsO*
- *Erlöschen einer Dienstbarkeit nach § 1026 BGB: Bescheinigung des Vermessungsamtes[679]*
- *Erbfolge: Erbschein, § 35 Abs 1 S 1 GBO, oder Verfügung von Todes wegen in öffentlicher Urkunde samt Eröffnungsniederschrift, vgl § 35 Abs 1 S 2 GBO*
- *Pfändung eines Rechts: Pfändungs- und Überweisungsbeschluss[680]*
- *Bestellung zum Testamentsvollstrecker: Testamentsvollstreckerzeugnis nach § 2368 BGB, vgl. § 35 Abs 2 GBO; alternativ: Vorlage der Verfügung von Todes wegen in öffentlicher Urkunde samt Eröffnungsniederschrift sowie Annahmeerklärung[681].*

4. Erklärungen oder Ersuchen einer Behörde, § 29 Absatz 3 GBO

233   Die **Form** eintragungsbegründender **Behördenerklärungen** oder -ersuchen ist in § 29 Absatz 3 GBO geregelt:

---

[676] Denkschrift zur GBO, S. 160.
[677] Holzer/Kramer, 4. Teil Rn. 202.
[678] Hügel/Otto, GBO, 1. A., § 29 Rn. 103.
[679] KEHE/Herrmann, § 29 Rn. 28.
[680] Siehe bereits Achilles/Strecker, § 29 Anm. 2 b (S. 227).
[681] Demharter, § 36 Rn. 63.

„Erklärungen oder Ersuchen einer Behörde, auf Grund deren eine Eintragung vorgenommen werden soll, sind zu unterschreiben und mit Siegel oder Stempel zu versehen."

Der Sinn und Zweck der Regelung besteht darin, den Nachweis behördlicher Erklärungen bzw. Ersuchen zu erleichtern[682] und dem Grundbuchamt eine langwierige Prüfung behördeninterner Vorgänge zu ersparen[683]. Falls die behördliche Erklärung bzw. das behördliche Ersuchen iSv § 38 GBO unterschrieben und gesiegelt/gestempelt ist, ist das Grundbuchamt davon befreit, die behördeninterne Zuständigkeit und Vertretungsregelung zu überprüfen. Auch hier zeigt sich wiederum, dass mit Formvorschriften ein inhaltlicher Beitrag geleistet werden kann. Eine unterschriebene und gesiegelte/gestempelte Erklärung bzw. ein entsprechendes Ersuchen kann für sich die Vermutung reklamieren, ordnungsgemäß errichtet worden zu sein[684], und zwar unter Einhaltung der behördeninternen Zuständigkeit, unter Einhaltung der behördlich vorgeschriebenen Verfahrensweise und unter Einhaltung der behördlich vorgeschriebenen Form[685]. Ihre verfahrensrechtliche Relevanz zeigt die *„Behördenform"*[686] des § 29 Absatz 3 GBO vor allem im Bereich der behördlichen Ersuchen im Sinne von § 38 GBO.

5. Form elektronischer Dokumente, § 137 GBO

Mit Inkrafttreten des ERVGBG[687] löste der Gesetzgeber die *„faktische* **234** *Papiergebundenheit"*[688] des Urkundsbeweises nach § 29 GBO und etablierte mit § 137 GBO die Möglichkeit der Einreichung funktionsäquivalenter **elektronischer Dokumente**[689]. Die Regelung in § 137 Abs 1 GBO lautet:

„Ist eine zur Eintragung erforderliche Erklärung oder eine andere Voraussetzung der Eintragung durch eine öffentliche oder öffentlich beglaubigte Urkunde nachzuweisen, so kann diese als ein mit einem einfachen elektronischen Zeugnis nach § 39 a des Beurkundungsgesetzes versehenes elektronische Dokument übermittelt werden. Der Nachweis kann auch durch die Übermittlung eines öffentlichen elektronischen Dokuments (§ 371 a Absatz 2 Satz 1 der Zivilprozessordnung) geführt werden, wenn 1. das Dokument mit einer qualifizierten elektronischen Signatur nach dem Signaturgesetz versehen ist und 2. das der Signatur zugrunde liegende qualifizierte Zertifikat oder ein zugehöriges qualifiziertes Attributszertifikat die Behörde oder die Eigenschaft als mit öffentlichem Glauben versehene Person erkennen lässt."

[682] Meikel/Hertel, § 29 Rn. 340.
[683] Demharter, § 29 Rn. 45.
[684] Meikel/Hertel, § 29 Rn. 340.
[685] Meikel/Hertel,. wie oben.
[686] So Eickmann, 5. Kap. I Pkt. 2.3 (S. 164).
[687] BGBl I 2009, S. 2713 ff.; vgl auch BT-Drs 16/12319, BR-Drs 66/09; BT-Drs 16/13437; BR-Drs 589/09.
[688] Rapp, Rechtliche Rahmenbedingungen und Formqualität elektronischer Signaturen, 2002, S. 146.
[689] Hügel/Wilsch, GBO, 2. A., § 137 Rn. 2.

235 Angesichts einer solchen, eng an § 29 GBO orientierten Vorschrift spricht der ERVGBG-Gesetzgeber zu Recht von einer wirkungsgleichen Übertragung des Regelungsgehaltes des § 29 GBO auf den elektronischen Rechtsverkehr[690]. Dies zeigt sich darin, dass – nach Maßgabe einer jeweils erst noch zu erlassenden landesrechtlichen Rechtsverordnung iSv § 135 Abs 1 Satz 2 GBO –, die öffentlichen oder öffentlich beglaubigten Urkunden auch als elektronische Dokumente übermittelt werden können. Gegen Ende des Jahres 2010 scheitert eine solche Verfahrensweise noch daran, dass die entsprechenden landesrechtlichen Rechtsverordnungen noch nicht ergangen sind und die notwendige elektronische Infrastruktur noch nicht implementiert ist. Die unterschiedlichen Ausgangssituationen in den einzelnen Bundesländern lässt es nicht zu, *„eine bundesweit einheitliche Führung des elektronischen Rechtsverkehrs in Grundbuchsachen sowie der elektronischen Grundakte“*[691] anzustreben.

VII. Voreintragungsgrundsatz , §§ 39, 40 GBO

236 Mit der tabellarischen Gestaltung des Grundbuchvordrucks ist zugleich die Möglichkeit angelegt, in linearer, chronologischer Art und Weise die einzelnen *„Entwicklungsstufen der dinglichen Rechtslage“*[692] dokumentieren zu können, was den Ansatzpunkt für die Regelung des **Voreintragungsgrundsatzes** in § 39 GBO bildet. Nach **§ 39 Abs 1 GBO** gilt:

Eine Eintragung soll nur erfolgen, wenn die Person, deren Recht durch sie betroffen wird, als der Berechtigte eingetragen ist.

237 Ursprünglich sogar innerhalb der GBO als materiell-rechtliches Erfordernis konzipiert[693], sieht die jetzige Ausgestaltung des Voreintragungsgrundsatzes innerhalb der GBO vor, dass es sich um eine reine Ordnungsvorschrift handelt (vgl Wortlaut: „...soll...“). Eine Minderung des verfahrensrechtlichen Einflusses ist damit jedoch nicht verbunden, weil das Grundbuchamt zum einen gehalten ist, auch alle Soll-Vorschriften zu beachten[694], zum anderen sich die Wirkung des Voreintragungsgrundsatzes nun auf alle dinglichen Rechte und Rechtsvorgänge erstreckt, seien sie rechtsgeschäftlicher oder zwangsvollstreckungsrechtlicher Natur, sei es die Begründung, die Übertragung oder grundsätzlich auch die Löschung eines Rechts[695]. Weil stets die Voreintragung des Betroffenen vorliegen

[690] BT-Drs 16/12319; vgl auch Hügel/Wilsch, § 137 Rn. 2.
[691] BT-Drs 16/12319.
[692] Staudinger/Gursky, BGB-Neubearbeitung 2007, Vorbem. zu §§ 873–902 BGB Rn. 35.
[693] Achilles/Strecker, §§ 40, 41 Pkt. 1 b (S. 269); im alten preußischen Recht war eine Hypothek nichtig, sofern der Besteller zum Zeitpunkt ihrer Eintragung noch nicht als Eigentümer eingetragen war.
[694] Vgl KG Rpfleger 1992, 430 sowie Demharter, § 39 Rn. 1.
[695] Zum erstreckten Wirkungsbereich gegenüber den ersten GBO-Entwürfen vgl Achilles/Strecker, (S. 269).

muss, kann der Voreintragungsgrundsatz in allen Grundbuchverfahren Geltung beanspruchen, gleichgültig, ob die Eintragung konstitutiv oder nur deklaratorisch wirkt[696]. Dennoch halten Teile der Literatur[697] den Normzweck für *„in sich zwiespältig"* bzw in seinem gänzlichen Umfang für ungeklärt[698]. Solchen Auffassungen kann jedoch nicht gefolgt werden, zumal sie sich nun auch im Widerspruch zur höchstrichterlichen Rspr befinden[699]. Was den Normzweck der Regelung des § 39 GBO anbelangt, kann Folgendes festgehalten werden:

- *Legitimationsprüfung des Grundbuchamtes wird erleichtert*[700] (*Beispiel*: wer die Eintragung eines Wohnungsrechtes zur Eintragung bewilligt, muss spätestens bei grundbuchamtlicher Prüfung bzw Eintragung des Wohnungsrechtes als Eigentümer voreingetragen sein)
- *Registrierungsschutz für den Eingetragenen wird generiert*[701] (*Beispiel*: wer als Eigentümer eingetragen ist, ist davor geschützt, dass eine andere Person als Eigentümer auftritt und über die Immobilie verfügt; zugleich etabliert die Eintragung die Vermutungswirkung des § 891 Abs 1 GBO, weshalb der Eigentümer zum Nachweis seines Eigentumsrechts auf das Grundbuch verweisen kann)
- *Entwicklungsschritte werden im Grundbuch abgebildet* (der BGH führte hierzu in einer neueren Entscheidung aus: *„…Voreintragungsgrundsatz … Er bezweckt nicht nur die klare und verständliche Wiedergabe des aktuellen Grundbuchstands, sondern auch die Möglichkeit, seine Entwicklung nachzuvollziehen. Das betroffene Recht muss so eingetragen sein, wie es der materiellen Rechtslage und der sich anschließenden neuen Eintragung entspricht."*[702])

Dabei trifft die Pflicht zur Voreintragung den Betroffenen, wie er auch in § 19 GBO Erwähnung gefunden hat als derjenige, dessen Rechtsstellung durch die vorzunehmende Eintragung rechtlich, nicht nur wirtschaftlich beeinträchtigt wird[703]. Falls es an seiner Voreintragung fehlt, ist ihm im Wege der Zwischenverfügung aufzugeben, diese durch entsprechende Antragstellung nachzuholen. Damit im Einklang steht der Grundbuchberichtigungszwang im Sinne von § 82 S 1 GBO. Danach kann dem Rechtsnachfolger im Eigentum die Antragstellung zur Pflicht gemacht werden, falls keine Gründe für eine abweichende Verfahrensweise vorliegen. Andererseits darf eine amtsbekannte Unrichtigkeit nicht unberücksichtigt bleiben, etwa nach Rechtsverlust außerhalb des Grundbuches. **238**

---

[696] BeckOK GBO Hügel/Zeiser, 9.Edition, Stand 1.6.2010, § 39 Rn. 2.

[697] KEHE/Herrmann, § 39 Rn. 2: „…in sich zwiespältig …".

[698] Schöner/Stöber, Rn. 136.

[699] BGH ZNotP 2010, 338, Löschung einer Buchgrundschuld durch nicht eingetragenen Zessionar.

[700] So bereits Achilles/Strecker, §§ 40, 41 Pkt. 1 b (S. 269); vgl auch BeckOK GBO Hügel/Zeiser, 9.Edition, Stand 1.6.2010, § 39 Rn. 1.

[701] BeckOK GBO Hügel/Zeiser, § 39 Rn. 1, Achilles/Strecker, S. 269.

[702] So BGH in ZNotP 2010, 338 ff. = RNotZ 2010, 534, Löschung einer Buchgrundschuld durch einen nicht eingetragenen Zessionar, der jedoch als ermächtigt gilt, § 185 Abs 1 BGB.

[703] Vgl hierzu Teil G II Pkt. 5, Betroffener iSv § 19 GBO.

In solchen Fällen kann der eingetragene Berechtigte nicht mehr das Voreintragungsprivileg für sich reklamieren, sofern er über das Recht verfügen möchte. In der Praxis betrifft dies vor allem die Fälle der Zwangshypotheken, die im Grundbuch noch auf den eingetragenen Gläubiger lauten, zwischenzeitlich aber bereits Eigentümergrundschulden geworden sind, indiziert durch löschungsfähige Quittungen, die sich bereits in der Grundakte befinden[704].

239   Der Voreintragungsgrundsatz kennt die folgenden **Ausnahmen:**

- *§ 39 Abs 2 GBO*: im Falle eines Briefgrundpfandrechts steht es der Voreintragung des Gläubigers gleich, sofern er sich im Besitz des Briefes befindet und sein Gläubigerrecht nach § 1155 BGB durch eine zusammenhängende, auf den eingetragenen Gläubiger zurückreichende Kette öffentlich-beglaubigter Abtretungserklärungen bzw. gerichtlicher Überweisungsbeschlüsse bzw öffentlich-beglaubigter Anerkenntnisse nachweisen kann. Die Voreintragung des Gläubigers ist somit nicht erforderlich[705].

- *§ 40 GBO*: die Voreintragung des Erben des eingetragenen Berechtigten ist nicht erforderlich, sofern die Übertragung oder die Aufhebung des Rechts eingetragen werden soll oder der Eintragungsantrag durch die Bewilligung des Erblassers oder eines Nachlasspflegers begründet wird, § 40 Abs 1 GBO. Gleiches gilt für die Eintragung aufgrund der Bewilligung eines Testamentsvollstreckers oder aufgrund eines gegen den Testamentsvollstreckers vollstreckbaren Titels, sofern diese auch gegen den Erben wirksam sind, § 40 Abs 2 GBO. Die Voreintragung des Erben ist somit nicht erforderlich[706].

- *§§ 17 Abs 1, 146 ZVG*: die Zwangsversteigerung bzw Zwangsverwaltung kann auch ohne Voreintragung des Erben bzw Erbeserben angeordnet werden. Die Voreintragung des Erben ist somit nicht erforderlich, um den Zwangsversteigerungs- bzw -verwaltungsvermerk im Grundbuch eintragen zu können[707].

- *§ 185 Abs 1 BGB*: dies betrifft die Fälle der sog Kettenauflassungen bzw Kettenabtretungen. Gemeint ist die Situation, dass ein Erwerber bzw Zessionar nicht im Grundbuch eingetragen werden soll, zumal die Immobilie bzw das Grundpfandrecht sogleich weiterübertragen wird. Die Rechtsprechung und Literatur lösen diese Fälle mit der ausdrücklichen bzw konkludenten Ermächtigung des Erwerbers bzw Zessionars zur Weiterveräußerung bzw zur weiteren Abtretung[708], vgl § 185 Abs 1 BGB. Das bedeutet, dass in den materiellrechtlichen Erklärungen die Einwilligung zur weiteren Verfügung enthalten ist, und zwar auch ohne Zwischeneintragung. Nach Ansicht des BGH[709] gilt dies nun auch für den Zwischenerwerber eines Buchgrundpfandrechts, der

---

[704] Vgl auch BeckOK GBO Hügel/Zeiser, 9.Edition, Stand 1.6.2010, § 39 Rn. 7.
[705] Vgl allgemein Meikel/Böttcher, § 39 Rn. 26 ff.
[706] Vgl Meikel/Böttcher, § 40 Rn. 1: der Erbe ist dann vom Zwang der Voreintragung befreit.
[707] So bereits Achilles/Strecker, §§ 40, 41 (S. 273).
[708] Siehe etwa Holzer/Kramer, 4. Teil Rn. 300, sowie BGH RNotZ 2010, 534.
[709] RNotZ 2010, 534.

somit nicht mehr gehalten ist, seine Zwischeneintragung herbeizuführen, um das Recht zur Löschung bringen zu können.

- *Richtigstellung statt Berichtigung*: falls nur eine im Grundbuch verlautbarte Tatsache fraglich ist, bewegt man sich im Bereich der sog. Richtigstellung. Da der Berechtigte bereits eingetragen ist, wenngleich unvollständig bzw unzulänglich[710], ist das Erfordernis der Voreintragung bereits erfüllt, eine weitere Richtigstellung somit entbehrlich (*Beispiele*: bloße Namens- bzw Firmenänderungen, Heirat, Wiederannahme des vorehelichen Namens, Umwandlung einer OHG in eine KG und umgekehrt[711]).

- *§§ 927 Abs 2, 928 Abs 2, 1170 Abs 2 BGB*: diese Vorschriften enthalten weitere, allerdings nicht sehr praxisrelevante Ausnahmen zum Voreintragungsgrundsatz[712].

VIII. Berechtigungsverhältnisse bei Eintragung gemeinschaftlicher Rechte, § 47 GBO

Ein Registerapparat, zu dessen Grundkonzeption es zählt, Rechtsverhältnisse **240** an unbeweglichen Rechtsobjekten[713] vollständig für den Rechtsverkehr abzubilden, bliebe unvollständig, würde er sich nicht auch zu den Binnenverhältnissen der dinglichen Rechte äußern. Hierzu zählen die **Berechtigungsverhältnisse,** die bei der Eintragung gemeinschaftlicher Rechte zu beachten sind. Es entspricht einem „*starken praktischen Bedürfnis*"[714], die Verfügungs- und Bewilligungsbefugnis exakt im Grundbuch abzubilden, weil sich hieraus weitreichende Ableitungen ergeben, und zwar nicht nur für die weitere grundbuchamtliche Prüfungspraxis, sondern unter anderem auch für die Zwangsvollstreckungs- und Besteuerungspraxis. Um dem Bestimmtheitsgrundsatz zu genügen[715], ordnet daher die Regelung in § 47 Abs 1 GBO Folgendes an:

> „*Soll ein Recht für mehrere gemeinschaftlich eingetragen werden, so soll die Eintragung in der Weise erfolgen, daß entweder die Anteile der Berechtigten in Bruchteilen angegeben werden oder das für die Gemeinschaft maßgebende Rechtsverhältnis bezeichnet wird.*"

Eine entsprechende Eintragungspraxis formt insofern die Basis für weitere **241** Transaktionen über das dingliche Recht, als nun jeder Beteiligte des Grundbuchverfahrens erkennen kann, inwieweit einem eingetragenen Mitberechtigten die

---

[710] Vgl hierzu Teil G III 3, Abgrenzung Berichtigung/Richtigstellung.
[711] Siehe die Zusammenstellung im BeckOK GBO Hügel/Zeiser, 9.Edition, Stand 1.6.2010, § 39 Rn.3.
[712] Vgl hierzu allgemein Meikel/Böttcher, § 39 Rn.37–38.
[713] Vgl auch Krafka, Rn.1.
[714] So bereits Achilles/Strecker, § 48 Anm.1 (S.286).
[715] Achilles/Strecker S.286, so auch Böttcher, Grundstücksrechte für mehrere Berechtigte (§ 47 Abs.1 GBO), RpflStud. 2010, 162.

Verfügung über das gemeinschaftliche Recht möglich ist. Daran schließen sich Erkenntnisse darüber an, ob die Mitberechtigung an einem gemeinschaftlichen dinglichen Recht der Zwangsvollstreckung zugänglich ist[716]. Grundvoraussetzung bleibt aber, dass das Recht mehreren Berechtigten gemeinschaftlich zusteht. Wie bereits kurz in Teil G II Pkt. 7 erwähnt, kommen grundsätzlich – also unter Vorbehalt dogmatischer Unverträglichkeiten einzelner Rechte mit diversen Berechtigungsverhältnissen –, die folgenden Berechtigungsverhältnisse in Betracht[717]:

- *Bruchteilsgemeinschaft, §§ 741 ff. BGB*
- *Gesamthandsgemeinschaft, §§ 2032 ff., 1415 ff. BGB*
- *Gesamtberechtigung nach § 428 BGB*
- *Mitgläubigerschaft nach § 432 BGB*
- *Sukzessivberechtigung*
- *sog. gestaffelte Berechtigungen.*

242 Für die Praxis bedeutet dies beispielsweise, dass bei Eintragung mehrerer Eigentümer das Berechtigungsverhältnis in Übereinstimmung mit der Einigung anzugeben ist.

Beispiel:

Amtsgericht München		**Grundbuch von** Max-Vorstadt		**Blatt** 811 **Erste Abteilung**
Laufende Nummer der Eintragungen	Eigentümer	Laufende Nummer der Grundstücke im Bestandsverzeichnis		Grundlage der Eintragung
1	2	3		4
1 a)	Tweedy Jeff, geb. 25.8.1967 – zu ½ –	1		Auflassung vom 12.7.2000; eingetragen am 7.9.2000.
b)	Dr. Viktor Sarah Marie, geb. 2.6.1972 – zu ½ –			Lausmann

243 Gleiches gilt auch für die Eintragung eines gemeinschaftlichen Rechts in der Zweiten oder Dritten Abteilung des Grundbuchs.

---

[716] Vgl bereits Achilles/Strecker, aao (S. 286).
[717] Vgl Böttcher, RpflStud. 2010, 162 ff.; Hügel/Reetz, § 47 Rn. 1.

Beispiel:

Amtsgericht München		Grundbuch von Max-Vorstadt Blatt 1235 Zweite Abteilung
Lfd. Nummer der Eintragungen	Lfd. Nummer der betroffenen Grundstücke im Bestandsverzeichnis	Lasten und Beschränkungen
1	2	3
1	1	Nießbrauch für Lausmann Margit, geb. Silbertal, geb. 7.7.1943, und Lausmann Max, geb. 8.11.1934, als Gesamtberechtigte gemäß § 428 BGB; löschbar mit Todesnachweis; gemäß Bewilligung vom 06.07.2002 – UR-Nr. 1222/Notar Dr. Vossius, München –; eingetragen am 23.7.2002.
		Konnetschke

Die erwähnten dogmatischen Unverträglichkeiten einzelner Rechte mit einzel-   **244**
nen Berechtigungsverhältnissen ergeben sich aus dem materiellen Recht. Es lohnt
sich deshalb, kurz einen Blick auf entsprechende **Kollisionsfälle** zu werfen[718]:

- *Eigentum und § 428 BGB oder § 432 BGB*: nicht zulässig, weil dies einer gleichzeitigen Verlautbarung zweier Alleineigentumsrechte gleich käme[719]
- *Erbbaurecht und § 428 BGB*: nicht zulässig, da das Erbbaurecht als Nutzungsrecht ausgestaltet ist, nicht aber als Leistungsrecht[720]
- *Nießbrauch und Mitgläubigerschaft nach § 432 BGB*: nicht zulässig, weil der Nießbrauch nicht als unteilbare Leistung gewertet werden kann[721]
- *subjektiv-dingliche Reallast für mehrere herrschende Grundstücke und Gesamthandsgemeinschaft*: nicht zulässig, da eine entsprechende Gemeinschaftsform für die Grundstücke nicht existiert[722]
- *Grunddienstbarkeit für mehrere herrschende Grundstücke und Gesamthandsgemeinschaft*: wie oben, eine entsprechende Gemeinschaftsform existiert nicht[723]
- *Vorkaufsrecht und Bruchteilsgemeinschaft*: nicht zulässig, da das Vorkaufsrecht keine teilbare Rechtsposition darstellt[724]
- *Vorkaufsrecht und § 428 BGB bzw § 432 BGB*: nicht zulässig, weil sich hier Konflikte mit der Konzeption des § 472 Satz 1 BGB ergeben, wonach das Vorkaufsrecht, das mehreren gemeinschaftlich zusteht, nur im Ganzen ausgeübt werden kann[725].

---

[718] Vgl die Darstellung bei Böttcher, Grundstücksrechte für mehrere Berechtigte (§ 47 Abs 1 GBO), RpflStud. 2010, 163–166.

[719] Meikel/Böhringer, § 47 Rn. 136; Böttcher, S. 163.

[720] Böttcher, S. 163.

[721] OLG München FGPrax 2009, 207; Böttcher, S. 165.

[722] Meikel/Böhringer, § 47 Rn. 111; Böttcher, S. 164.

[723] Böttcher, S. 164.

[724] Böttcher, S. 164.

[725] Strittig, wie hier Böttcher, S. 164.

245 Dabei rechtfertigt ein fehlerhaftes oder gänzlich fehlendes Berechtigungsverhältnis nur den Erlass einer Zwischenverfügung, nicht aber einer Zurückweisung, zumal nur ein inhaltlicher, leicht behebbarer Mangel der Eintragungsunterlagen gegeben ist[726]. Vor Erlass einer Zwischenverfügung besteht jedoch die Verpflichtung des Grundbuchamtes zur **Auslegung** der Eintragungsunterlagen. Dementsprechend ist eine baurechtliche Arbeitsgemeinschaft- *ARGE*- durch die Bezeichnung als solche bereits hinreichend als Gesellschaft bürgerlichen Rechts charakterisiert, so dass es keiner weiteren, expliziten GbR-Bezeichnung mehr bedarf[727]. Daneben gelten Besonderheiten für die Eintragung eines Leibgedings iSv § 49 GBO und für die Eintragung eines Vorkaufsrechts. Die Vereinfachungsvorschrift des § 49 GBO gestattet die Eintragung unter dem Sammelbegriff *„Leibgeding"*, also ohne weitere Nennung des Berechtigungsverhältnisses in der Eintragung, was aber nicht gleichzeitig bedeutet, dass das Berechtigungsverhältnis nicht auch in der Eintragungsbewilligung angegeben werden müsste[728]. Eine weitere Vereinfachung ergibt sich aus § 472 BGB, der bei einem gemeinschaftlichen Vorkaufsrecht bereits kraft Gesetzes ein zwingendes Berechtigungsverhältnis vorsieht[729].

246 Die Sonderregelung für BGB-Gesellschaften in § 47 Abs 2 GBO knüpft an die Vorschriften für die Eintragung gemeinschaftlicher Rechte an, obgleich ein gemeinschaftliches Recht für mehrere Berechtigte nicht vorliegt, sondern ein Recht für einen singulären Rechtsträger, nämlich die **GbR**[730]. Die durch das ERVGBG eingeführte Regelung in **§ 47 Abs 2 GBO** enthält folgende Bestimmung:

> *„Soll ein Recht für eine Gesellschaft bürgerlichen Rechts eingetragen werden, so sind auch deren Gesellschafter im Grundbuch einzutragen. Die für den Berechtigten geltenden Vorschriften gelten entsprechend für die Gesellschafter."*

247 Sofern eine **GbR** als Berechtigte im Grundbuch einzutragen ist, ist demnach nicht nur die GbR, der Rechtsträger, zu verlautbaren, sondern auch die Gemeinschaft aller BGB-Gesellschafter der GbR. Diese Regelung steht im Kontext mit dem ebenfalls neu begründeten § 899a BGB und übernimmt nach Ansicht des Gesetzgebers zwei Funktionen. Einerseits dient die zusätzliche Eintragung aller BGB-Gesellschafter dazu, die GbR näher zu identifizieren[731], andererseits generiert sie nun *„Grundbuchinhalt mit materiellrechtlichen und verfahrensrechtlichen Konsequenzen"*[732]. Denn auf der materiell- rechtlichen Ebene des § 899a BGB wird nun vermutet, dass die eingetragenen Gesellschafter auch die Gesellschafter der GbR sind (Richtigkeitsvermutung), und darüber hinaus auch keine weiteren

---

[726] Meikel/Böttcher, § 18 Rn. 88, sowie generell OLG München FGPrax 2009, 207.
[727] KG FGPrax 2010, 171.
[728] Schöner/Stöber, Rn. 1335: es reicht aus, das Berechtigungsverhältnis in der Bewilligung zu bezeichnen.
[729] Meikel/Böhringer, § 47 Rn. 48.
[730] Vgl auch Hügel/Reetz, GBO, 2. A., § 47 Rn. 93.
[731] BT-Drs 16/13437, S. 27.
[732] BT-Drs; Hügel/Reetz, GBO, 2. A., § 47 Rn. 94.

Gesellschafter existieren (Vollständigkeitsvermutung[733]). Zur Verdeutlichung der nun zwingenden Eintragungspraxis folgendes **Beispiel**[734]:

Amtsgericht München		Grundbuch von Milbertshofen	Blatt 898 Erste Abteilung
Laufende Nummer der Eintragungen	Eigentümer	Laufende Nummer der Grundstücke im Bestandsverzeichnis	Grundlage der Eintragung
1	2	3	4
1	*Gesellschaft bürgerlichen Rechts* Rathausplatz 8, *bestehend aus den Gesellschaftern a) Viktor Sarah, geb. 2.6.1980* *b) Viktor Tanja, geb. 20.5.1972* *c) Viktor Markus, geb. 19.1.1969*	1	Auflassung vom 2.6.2010; eingetragen am 12.7.2010. Konnetschke

IX. Vorlage von Grundpfandrechtsbriefen, §§ 41, 42 GBO

Gezielte grundpfandrechtliche Vorgaben für ein Regel-Ausnahme-Verhält- 248 nis finden sich in § 1116 BGB[735], wonach das Grundpfandrecht grundsätzlich Briefrecht ist, vgl § 1116 Abs 1 BGB, es sei denn, die Erteilung des Briefes ist ausdrücklich ausgeschlossen, vgl § 1116 Abs 2 BGB. Akzeptanz kann dieses Modell in der Kreditpraxis kaum mehr beanspruchen, zumal diese zwischenzeitlich dazu übergegangen ist, das Modell auf den Kopf zu stellen. Beurkundet und eingetragen werden daher regelmäßig Buchrechte, in seltenen Fällen auch Briefrechte[736]. Die eher geringe, sich aus speziellen Überlassungsverträgen rekrutierende oder auf speziellen Gläubigern basierende Anzahl von Briefgrundpfandrechten verdient jedoch unverändert besondere Aufmerksamkeit. Der Grund hierfür ist in den GBO-Sonderregelungen zu sehen, §§ 41, 42 GBO. Nach § 41 Abs 1 S 1 GBO soll *bei* einem Briefgrundpfandrecht[737] eine Eintragung nur erfolgen, sofern dem Grundbuchamt auch der **Grundpfandrechtsbrief** vorgelegt wird. Die Vorlagepflicht von Grundpfandrechtsbriefen, die häufig Gegenstand von grundbuchamtlichen Zwischenverfügungen iSv § 18 Abs 1 GBO ist, erklärt sich mit Hilfe des materiellen Rechts und mit Hilfe einer übergeordneten Registerkonzeption.

---

[733] Kuckein/Jenn NZG 2009, 848.
[734] Weitere Vorschläge s. Hügel/Reetz, GBO, 2. A., § 47 Rn. 96.
[735] Die Hypothekenregelung gilt auch für die Grundschuld, siehe § 1192 Abs 1 BGB.
[736] Vgl auch Würzburger Notarhandbuch, Bearbeiter Munzig, Teil 2 Kap. 10 Rn. 2599.
[737] Gilt für die Hypothek direkt und über § 42 S 1 GBO auch für die Grundschuld und Rentenschuld.

249   Die **Briefvorlagepflicht** des § 41 Abs 1 S 1 GBO hängt zum einen mit der Vorschrift des § 1154 Abs 1 BGB[738] zusammen, die für Briefgrundpfandrechte[739] einen einfachen Übertragungsweg vorsieht, nämlich schriftliche Abtretungserklärung und Übergabe des Grundpfandrechtsbriefs. Der Rechtsübergang vollzieht sich außerhalb des Grundbuchs, so dass, ohne verfahrensrechtliches Gegengewicht, die Gefahr bestünde, dass der im Grundbuch eingetragene und deshalb bewilligende Gläubiger gar nicht mehr Gläubiger des Rechts ist. Um eine inkonsistente Grundbuchbasis zu vermeiden, ordnet der Gesetzgeber daher die Briefvorlagepflicht an, sobald *bei* dem Grundpfandrecht eine Eintragung vorgenommen werden soll. Auf diese einfache Art und Weise ist ein verfahrensrechtliches Gegengewicht geschaffen, das Gewähr dafür bietet, dass der im Grundbuch eingetragene sowie durch Briefbesitz legitimierte Gläubiger auch weiterhin Gläubiger des Rechts und somit verfügungsbefugt ist[740]. Wegen des grundbuchrechtlichen Beibringungsgrundsatzes ist der Gläubiger gehalten, den Brief dem Grundbuchamt vorzulegen, sobald eine Eintragung bei dem Grundpfandrecht vorgenommen werden soll[741].

Beispiel:

250   G, im Grundbuch als Gläubiger eines Briefgrundpfandrechtes eingetragen, tritt das Recht an die XY-Bank ab. Um als Zessionarin im Grundbuch eingetragen zu werden, muss die XY-Bank nicht nur die Abtretungserklärung durch öffentliche oder öffentlich beglaubigte Urkunde nachweisen, vgl § 29 Abs 1 S 1 GBO, sondern auch den Grundpfandrechtsbrief vorlegen, § 41 Abs 1 S 1 GBO. Nach Vornahme der Grundbucheintragung wird die Abtretung auf dem Grundpfandrechtsbrief vermerkt, vgl. § 62 Abs 1 GBO.

Beispiel:

251   Eigentümer E möchte die im Grundbuch eingetragene Briefgrundschuld des Gläubigers G löschen lassen. Um die Löschung im Grundbuch vollziehen zu können, benötigt das Grundbuchamt neben einem schriftlichen Antrag zum einen die Löschungsbewilligung des Gläubigers G in öffentlicher Urkunde oder in öffentlich beglaubigter Form, §§ 19, 29 Abs 1 S 1 GBO. Zum anderen ist die Zustimmung des Eigentümers E in öffentlicher Urkunde oder in öffentlich beglaubigter Form vorzulegen, weil die Regelung in § 27 GBO die Löschung von der Mitbewilligung des Eigentümers abhängig macht, eines möglicherweise Betroffenen iSv § 19 GBO[742]. Schließlich ist noch der Grundpfandrechtsbrief vorzulegen, §§ 42 S 1 GBO, 41 Abs 1 S 1 GBO. Nach Vornahme der Löschung im Grundbuch wird die Löschung auch auf dem Grundpfandrechtsbrief vermerkt, gefolgt von der sog. „Unbrauchbarmachung" des Grundpfandrechtsbriefes, die in den §§ 69, 70 GBO ausdrücklich angeordnet und in § 53 GBV[743] näher geregelt ist.

---

[738] Achilles/Strecker, § 42 Pkt. 1 (= S. 274).

[739] Die Hypothekenbestimmung gilt auch für die Übertragung der Grundschuld, s. § 1192 BGB.

[740] Achilles/Strecker, § 42 Pkt. 1 (= S. 274); Bauer/v.Oefele/Weber, § 41 Rn. 2; OLG München NJW-RR 2010, 1173.

[741] Holzer/Kramer, Teil 6 Rn. 54.

[742] Vgl auch Demharter, § 27 Rn. 1.

[743] Briefbehandlung: rot durchstreichen und sodann mit Einschnitten zu versehen, § 53 Abs 1 GBV; der Grundpfandrechtsbrief wird daraufhin nicht an den Antragsteller

Die Briefvorlagepflicht erklärt sich zum anderen mit Hilfe der übergeord- 252
neten Registerkonzeption des Grundbuchs, das in völliger Übereinstimmung
mit dem Grundpfandrechtsbrief zu halten ist. Angestrebt wird eine vollständige
Kongruenz von Grundbuch- und Grundpfandrechtsinhalt, vermieden werden
soll eine Asymmetrie zwischen beiden Inhalten, weil dies eine Beeinträchtigung
der Verkehrssicherheit, zugleich aber auch eine verstärkte Einsichtnahme in das
Grundbuch zur Folge hätte[744]. In der Konsequenz trifft das Grundbuchamt die
Pflicht, Eintragungen, die *bei* dem Grundpfandrecht erfolgen, auch auf dem
Grundpfandrechtsbrief zu vermerken, § 62 Abs 1 GBO[745].

In welchen Fällen ausnahmsweise auf die Vorlegung des Grundpfandrechts- 253
briefes **verzichtet** werden kann, ergibt sich teilweise aus der GBO, teilweise aus
anderen bundes- und landesrechtlichen Regelungen[746]. Im Rahmen der Eintragung eines Widerspruchs[747] nach § 899 BGB bzw nach § 53 Abs 2 S 1 GBO ist
die Vorlegung des Hypothekenbriefes nicht erforderlich, sofern die Eintragung
durch eine einstweilige Verfügung angeordnet ist und sich der Widerspruch gegen
den Bestand bzw. gegen den Inhalt der Hypothek oder gegen den Bestand der
zugrunde liegenden Forderung richtet, § 41 Abs 1 S 2 GBO[748]. Daneben kann
auch eine Löschungsvormerkung nach § 1179 BGB ohne Briefvorlage eingetragen werden, § 41 Abs 1 S 3 GBO[749]. Eine weitere wichtige Ausnahme von der
Pflicht, den Grundpfandrechtsbrief vorzulegen, ist in § 131 ZVG festgehalten.
Danach ist in den Fällen, in denen das Vollstreckungsgericht um Löschung der
durch Zuschlag erloschenen Grundpfandrechte ersucht, die Vorlegung der entsprechenden Grundpfandrechtsbriefe nicht erforderlich, §§ 131, 130 Abs 1 ZVG.
Gleiches gilt, falls der Vorrang einer Sicherungshypothek nach § 128 ZVG vor
einem Briefgrundpfandrecht eingetragen werden soll, §§ 131, 128 ZVG. Schließlich kann auch das Landesrecht bestimmte Verfahrenskonstellationen von der
Briefvorlagepflicht befreien[750].

Unabhängig davon, kann in den Fällen der §§ 1162, 1170, 1171 BGB[751]die Vor- 254
lage des Briefes durch die Vorlage eines rechtskräftigen Ausschließungsbeschlusses
ersetzt werden, § 41 Abs 2 GBO iVm § 439 Abs 2 FamFG.

---

zurückgegeben und auch nicht in der betroffenen Grundakte verwahrt, sondern zu den
Sammelakten genommen, vgl § 53 Abs 2 GBV.

[744] Achilles/Strecker S. 274, Demharter, § 41 Rn. 1; Holzer/Kramer, Teil 6 Rn. 54.

[745] Die Hypothekenvorschrift des § 62 Abs 1 GBO gilt entsprechend für Grundschulden,
s. § 70 Abs 1 GBO.

[746] Achilles/Strecker, § 42 Pkt. 3 a ff. (= S. 275); Demharter, § 41 Rn. 14 ff.

[747] Hügel/Zeiser, § 41 Rn. 40; OLG Hamm FGPrax 2002, 193.

[748] Vgl zur Begründung Achilles/Strecker S. 275: „*die Rücksicht auf die Verkehrssicherheit
hinter dem Interesse des Widersprechenden zurücktreten müsse, weil es diesem sonst vielfach geradezu
unmöglich sei, zu einer Eintragung zu gelangen.*".

[749] Auch kein Vermerk auf dem Brief erforderlich, so explizit § 62 Abs 1 S 2 GBO.

[750] S. Art. 10 des bayerischen Unschädlichkeitszeugnisgesetzes, anwendbar im Falle der
lastenfreien Abschreibung aufgrund eines Unschädlichkeitszeugnisses, vgl Hügel/Zeiser,
§ 42 Rn. 51.

[751] Brief für kraftlos erklärt, *§ 1162 BGB*; unbekannte Gläubiger wegen Fristablaufs von

X. Verfügungsbeeinträchtigungen

1. Allgemeines

255 Zur wesentlichen Grundkonzeption des Grundbuchs zählt es, dem Rechtsverkehr nicht als bloße „*Sammlung von grundstücksbezogenen Daten*"[752] zu dienen,
sondern als „*öffentliches Buch über Rechtsverhältnisse am Grundbesitz*"[753]. Wer als
Berechtigter eingetragen ist, kann für sich die gesetzliche Vermutung des § 891
Abs 1 BGB reklamieren, dass ihm das Recht zusteht. Die Regelung in § 891 Abs 1
BGB enthält jedoch keine Aussage über die Verfügungsbefugnis des Berechtigten,
insbesondere erstreckt sie sich nicht darauf, dass der eingetragene Berechtigte
unbeschränkt über sein Recht verfügen kann[754]. Da der Legalitätsgrundsatz das
Grundbuchamt dazu verpflichtet, stets die Verfügungsbefugnis des Berechtigten
zu prüfen, sei es im Rahmen des formellen Konsensprinzips nach § 19 GBO, sei
es im Rahmen des materiellen Konsensprinzips nach § 20 GBO[755], und zwar
grundsätzlich bis zur Vollendung des Rechtserwerbs durch Eintragung[756], gilt es,
im Folgenden einen kursorischen Blick auf wichtige **Verfügungsbeeinträchtigungen** zu werfen. Dabei folgt die Darstellung der Kategorisierung Verfügungsentziehungen, Verfügungsbeschränkungen und Verfügungsverbote[757].

2. Insolvenz

256 Mit der Eröffnung des **Insolvenzverfahrens** geht die Verfügungsbefugnis
auf den Insolvenzverwalter über, § 80 Abs 1 InsO. Weil dem Rechtsinhaber,
dem Schuldner, die Verfügungsbefugnis vollständig entzogen und auf den Insolvenzverwalter transferiert wird, liegt eine Verfügungsentziehung vor[758].
Dementsprechend erweist sich eine nach Insolvenzveröffnung vorgenommene
Verfügung des Schuldners über einen Gegenstand der Insolvenzmasse als unwirksam, vgl § 81 Abs 1 S 1 InsO. Dennoch ist nicht die Zurückweisung des Antrags
indiziert, sondern der Erlass einer Zwischenverfügung nach § 18 Abs 1 GBO,

---

ihrem Recht ausgeschlossen, *§ 1170 BGB*; unbekannte Gläubiger wegen Hinterlegung von
ihrem Recht ausgeschlossen, *§ 1171 BGB*, vgl auch Hügel/Zeiser, § 41 Rn. 33.

[752] So unzutreffend Eckert in Jurgeleit (Hrsg.), Freiwillige Gerichtsbarkeit, § 23 Rn. 35.
[753] So zutreffend Schöner/Stöber, Rn. 1.
[754] LG Berlin RNotZ 2004, 36.
[755] Hügel/Hügel, Sonderbereich Verfügungsbeeinträchtigungen Rn. 5.
[756] Ausnahme siehe § 878 BGB.
[757] Grundlegend Böttcher Rpfleger 1985, 381.
[758] Vgl auch Hügel/Wilsch, GBO, 2. A., Sonderbereich Insolvenzrecht und Grundbuchverfahren, Rn. 63.

weil der Insolvenzverwalter die Verfügung des Nichtberechtigten genehmigen kann, § 185 Abs 2 BGB[759]. Der Schuldner ist darüber hinaus auch weiterhin in der Lage, neue Grundstücke und dingliche Rechte zu erwerben. Der Neuerwerb fällt automatisch in die Insolvenzmasse, § 35 InsO, was im Grundbuch durch die Anbringung eines Insolvenzvermerks zum Ausdruck gebracht werden muss. Unberührt bleiben die §§ 878, 892 BGB, vgl § 81 Abs 1 S 2 InsO, wobei in der Grundbuchpraxis häufig die Konstellation des § 878 BGB anzutreffen ist. Danach wird eine vom Berechtigten gem §§ 873, 875 und 877 BGB abgegebene Erklärung nicht dadurch unwirksam, dass der Berechtigte in der Verfügung beschränkt wird, nachdem die Erklärung für ihn bindend und der Antrag auf Eintragung bei dem Grundbuchamt gestellt ist. Da der Erwerb bereits sehr weit gediehen ist, erachtet der Gesetzgeber die Mitwirkung des Insolvenzverwalters als nicht mehr erforderlich[760]. Im Übrigen erhält der Insolvenzverwalter eine Urkunde über seine Bestellung, vgl § 56 Abs 2 S 1 InsO, die nach Ansicht des BGH[761] stets in Ausfertigung oder in beglaubigter Abschrift vorzulegen ist. Vollmachten, die noch vom Schuldner herrühren und sich auf die Insolvenzmasse beziehen, erlöschen automatisch mit Insolvenzeröffnung, vgl § 117 Abs 1 InsO, demnach auch die vom Schuldner im Rahmen eines Kaufvertrages erteilten Abwicklungs-, Auflassungs- und Finanzierungsvollmachten[762]. Umgekehrt gilt dies nicht, so dass eine dem Schuldner erteilte Vollmacht fortbesteht; eine solche Vollmacht unterliegt nicht der Regelung des § 117 InsO[763].

Die Eröffnung des Insolvenzverfahrens ist in das **Grundbuch** einzutragen, 257 vgl § 32 Abs 1 InsO, wobei die Eintragung entweder aufgrund eines Ersuchens des Insolvenzgericht erfolgen kann, vgl § 32 Abs 2 S 1 InsO iVm §§ 38, 29 Abs 3 GBO, oder aufgrund eines Antrages des Insolvenzverwalters, vgl § 32 Abs 2 S 2 InsO[764].

Nach § 89 Abs 1 InsO sind **Zwangsvollstreckungsmaßnahmen** für einzelne 258 Insolvenzgläubiger während der Dauer des Insolvenzverfahrens weder in die Insolvenzmasse, noch in das sonstige Vermögen des Schuldners zulässig. Umfasst sind Einzelzwangsvollstreckungen, Arreste, Vormerkungen aufgrund Einstweiliger Verfügungen und die Eintragung von Zwangssicherungshypotheken[765]. Falls ein Insolvenzgläubiger im letzten Monat vor dem Antrag auf Eröffnung des Insolvenzverfahrens oder nach diesem Antrag durch Zwangsvollstreckung eine Sicherung an dem zur Insolvenzmasse gehörenden Vermögen des Schuldners

---

[759] Bachmann RpflStud. 2001, 80; Hügel/Wilsch, wie oben.

[760] Siehe auch BGH NJW 2001, 359.

[761] BGH RNotZ 2006, 144; vgl auch DNotI-Report 13/2007, S. 98, sowie Wagner ZfIR 2009, 345, 348.

[762] Vgl Wudy MittBayNot 2000, 500.

[763] Vgl auch BayObLG Rpfleger 1978, 372.

[764] Dem Antrag des Insolvenzverwalters sind der Nachweis der *Antragsberechtigung* (Bestellungsurkunde des Insolvenzverwalters nach § 56 Abs 2 InsO in Ausfertigung oder beglaubigter Abschrift) und der Nachweis der *Grundbuchrichtigkeit* (Ablichtung des Eröffnungsbeschlusses) beizufügen, vgl BGH RNotZ 2006, 144.

[765] Vgl auch Hintzen Rpfleger 1999, 258.

erlangt hat, wird diese Sicherung mit Eröffnung des Verfahrens unwirksam (sog. **Rückschlagsperre** nach § 88 InsO). Die Regelung erstreckt sich explizit auf Zwangsvollstreckungsmaßnahmen, gilt demnach nicht für rechtsgeschäftlich bestellte Sicherungen[766], und ist auch nicht von Amts wegen zu beachten, etwa im Wege einer evtl. Amtslöschung[767]. Zu beschreiten ist vielmehr der Berichtigungsweg über § 22 GBO, also entweder Vorlage einer Berichtigungsbewilligung durch den eingetragenen Gläubiger, oder Vorlage eines Unrichtigkeitsnachweises[768].

3. Zwangsversteigerung, Zwangsverwaltung, §§ 19, 22, 23, 146 ZVG

259   Die Regelung in § 19 Abs 1 ZVG begründet die Verpflichtung des Vollstreckungsgerichts, das Grundbuchamt um Eintragung der Verfahrensanordnung zu ersuchen, und zwar gleichzeitig mit Erlass des Anordnungsbeschlusses. Der Eingang des Eintragungsersuchens beim Grundbuchamt führt zur Beschlagnahme der Immobilie, § 22 Abs 1 S 2 ZVG, sofern diese nicht bereits mit der früheren Zustellung des Beschlusses an den Schuldner eingetreten ist[769]. Welche Wirkungen die **Beschlagnahme** zeitigt, ist in § 23 Abs 1 S 1 ZVG festgehalten (gilt über § 146 Abs 1 ZVG auch für die Zwangsverwaltung):

„Die Beschlagnahme hat die Wirkung eines Veräußerungsverbotes."

260   In der Konsequenz kann die Beschlagnahme der Kategorie der Verfügungsverbote isv §§ 135, 136 BGB zugerechnet werden[770], die den eng umrissenen Bereich der betreibenden und beigetretenen Vollstreckungsgläubiger schützen, nicht aber zu einer „Grundbuchsperre" führen. Der Schutz der Vollstreckungsgläubiger zeigt sich darin, dass weitere rechtsgeschäftliche oder zwangsvollstreckungsrechtliche Verfügungen über die beschlagnahmte Immobilie möglich bleiben, diese Verfügungen jedoch den betreibenden und beigetretenen Vollstreckungsgläubigern gegenüber relativ unwirksam sind, §§ 135, 136 BGB[771]. Für das grundbuchamtliche Verfahren bedeutet dies, dass die Verfahrenserklärungen des Schuldners grundsätzlich ohne weitere Zustimmung der betreibenden oder beigetretenen Gläubiger vollzogen werden können, ebenso die Eintragung von Zwangssicherungs- oder Arresthypotheken gegen den Schuldner[772]. Eine Ausnahme gilt für die folgenden verfahrensrechtlichen Konstellationen:

---

[766] Hintzen Rpfleger 1999, 115.
[767] Wilsch JurBüro 2006, 398.
[768] Vgl Hügel/Wilsch, GBO, 2. A., Sonderbereich Insolvenzrecht und Grundbuchverfahren, Rn. 100; eine Eigentümergrundschuld ist nicht entstanden, vgl BGH NJW 2006, 1286.
[769] Entscheidend ist der frühere Zeitpunkt, vgl Stöber, ZVG, 18. A., 2006, § 22 Anm. 2.1.
[770] Vgl auch Stöber, ZVG-Handbuch, 9. A., 2010, Rn. 127.
[771] Stöber, Rn. 141.
[772] Stöber, Rn. 141.

- die *Löschung* des vom Verfügungsverbot betroffenen Rechts ist nur mit Zustimmung des Verbotsgeschützten in der Form des § 29 GBO möglich, weil eine Löschung des Rechts auch zur mittelbaren Löschung des Verfügungsverbots führt, was die Gefahr des Rechts- bzw. Rangverlustes impliziert[773]
- die *Bestellung eines Erbbaurechts* an dem mit Verfügungsverbot belegten Grundstücks ist nur mit Zustimmung des Verbotsgeschützten in der Form des § 29 GBO möglich, weil das Erbbaurecht kraft Gesetzes nicht durch eine auflösenden Bedingung beschränkt werden kann, vgl § 1 Abs 4 ErbbauRG
- die *Begründung* oder *Aufhebung von Wohnungs- und Teileigentum* an dem mit dem Verfügungsverbot belasteten Grundstück kann ebenfalls nur mit Zustimmung des Verbotsgeschützten in der Form des § 29 eingetragen werden, weil Sondereigentum nicht unter einer Bedingung eingeräumt oder aufgehoben werden kann, § 4 Abs 2 S 2 WEG[774].

4. Nachlassverwaltung, §§ 1975–1992 BGB

Das Gesetz definiert die **Nachlassverwaltung** als *„Nachlasspflegschaft zum Zweck der Befriedung der Nachlassgläubiger"*, vgl § 1975 BGB, allerdings mit deutlich insolvenzrechtlichen Bezügen. Mit der Anordnung der Nachlassverwaltung verliert der Erbe die Befugnis, den Nachlass zu verwalten und über ihn zu verfügen, § 1984 Abs 1 S 1 BGB. Die Inkorporierung des Insolvenzrechts geht sogar soweit, dass die Vorschriften der §§ 81, 82 InsO für entsprechend anwendbar erklärt werden, vgl § 1984 Abs 1 S 2 BGB, so dass die Nachlassverwaltung der Kategorie der Verfügungsentziehungen zugeordnet werden kann[775]. Demzufolge erweist sich eine nach Anordnung der Nachlassverwaltung vorgenommene Verfügung des Erben als unwirksam, § 1984 Abs 1 S 2 BGB iVm § 81 Abs 1 S 1 InsO, wobei auch hier keine Zurückweisung des Antrags veranlasst, sondern der Erlass einer Zwischenverfügung indiziert ist, zumal der Nachlassverwalter die Verfügung des nichtberechtigten Erben genehmigen kann, § 185 Abs 2 BGB[776]. Spezielle nachlassgerichtliche Genehmigungserfordernisse ergeben sich aus der Verweisung in § 1975 BGB auf die Bestimmungen in den §§ 1962, 1915 Abs 1, 1821 ff. BGB[777]. Um gutgläubigen Erwerb Dritter zu verhindern, ist die Anordnung der Nachlassverwaltung in das Grundbuch einzutragen, idR auf Antrag des Nachlassverwalters, da immer noch keine Klarheit darüber herrscht, ob das Nachlassgericht in der Lage ist, ein entsprechendes Ersuchen zu stellen[778]. 261

---

[773] Hügel/Hügel, GBO, 2. A., Sonderbereich Verfügungsbeeinträchtigungen Rn. 25.
[774] Stöber, ZVG-Handbuch., Rn. 141.
[775] Vgl Meikel/Böttcher, § 27 Rn. 105.
[776] Für die Insolvenz, hier entsprechend anwendbar: Bachmann RpflStud. 2001, 80.
[777] Schöner/Stöber, Rn. 3135.
[778] Schöner/Stöber, wie oben; Weirich, Rn. 743; im Berichtigungsverfahren nach § 22 GBO sind demnach ein schriftlicher Antrag des Nachlassverwalters und eine Ausfertigung des Anordnungsbeschlusses beizufügen.

5. Vorerbschaft und Testamentsvollstreckung

262   Vgl hierzu die Ausführungen in Teil L II. und Teil L III.

XI. Genehmigungserfordernisse

1. Vorkaufsrechtsbescheinigung, § 28 Abs 1 S 2 BauGB

263   Im Interesse staatlicher Bodenpolitik[779] ordnet die Regelung in § 28 Abs 1 Satz 2 BauGB an, dass das Grundbuchamt bei Kaufverträgen den Käufer erst dann als Eigentümer eintragen darf, sobald ihm die Nichtausübung oder das Nichtbestehen des **gesetzlichen Vorkaufsrechts** der Gemeinde nachgewiesen ist. Den Gemeinden steht damit ein im Grunde wirksames städtebauliches Planungsinstrumentarium zur Verfügung, das überdies die in Art. 14 Abs 2 GG verankerte Sozialpflichtigkeit des Eigentums adaptiert[780]. Allein die dominierende Praxis der Nichtausübung des Vorkaufsrechts zeigt, wie sehr das Instrumentarium von der finanziellen Ausstattung der Gemeinden abhängt. Falls sich bereits aus dem notariellen Vertrag ergibt, dass ein Vorkaufsfall nicht vorliegt, sondern eine Überlassung, ein Tausch, eine Schenkung oder eine Einbringung in eine Gesellschaft, darf das Grundbuchamt die Vorlage eines Vorkaufsrechtszeugnisses nicht verlangen[781], demzufolge auch nicht die Vorlage eines Negativattestes[782]. Gleiches gilt für die gesetzlich geregelten Fälle, die einen Ausschluss des gesetzlichen Vorkaufsrechtes vorsehen:

– beim Kauf von Rechten nach dem *Wohnungseigentumsgesetz*, vgl § 24 Abs 2 BauGB
– beim Kauf von *Erbbaurechten*, vgl § 24 Abs 2 BauGB
– oder beim Verkauf im Wege der *Zwangsvollstreckung* oder aus einer *Insolvenzmasse*, etwa durch den Insolvenzverwalter[783].

---

[779] Baur/Stürner, § 21 B IV Rn. 34 (S. 282).
[780] Vgl hierzu allgemein den Beschluss des Ersten Senats des BVerfG vom 15.1.1969, 1 BvL 3/66, abgedruckt bei Schwabe, Entscheidungen des Bundesverfassungsgerichts, 8. A., 2004, S. 405 ff.
[781] BGH Rpfleger 1979, 97; vgl auch Wilsch, Der Überlassungsvertrag in der grundbuchrechtlichen Praxis, RpflStud. 2010, 22.
[782] Schöner/Stöber, Rn. 4130.
[783] LG Lübeck Rpfleger 1990, 159, die Vorlage einer Vorkaufsrechtsbescheinigung ist dann nicht erforderlich.

2. Unbedenklichkeitsbescheinigung, § 22 GrEStG

Die Regelung in § 22 GrEStG dient hingegen der Sicherstellung der Grund- **264** erwerbsteuer. Danach gilt Folgendes:

> *„(1) ¹Der Erwerber eines Grundstücks darf in das Grundbuch erst dann eingetragen werden, wenn eine Bescheinigung des für die Besteuerung zuständigen Finanzamts vorgelegt wird (§ 17 Abs. 1 Satz 1) oder Bescheinigungen der für die Besteuerung zuständigen Finanzämter (§ 17 Abs. 1 Satz 2) vorgelegt werden, daß der Eintragung steuerliche Bedenken nicht entgegenstehen. ²Die obersten Finanzbehörden der Länder können im Einvernehmen mit den Landesjustizverwaltungen Ausnahmen hiervon vorsehen.*
>
> *(2) ¹Das Finanzamt hat die Bescheinigung zu erteilen, wenn die Grunderwerbsteuer entrichtet, sichergestellt oder gestundet worden ist oder wenn Steuerfreiheit gegeben ist. ²Es darf die Bescheinigung auch in anderen Fällen erteilen, wenn nach seinem Ermessen die Steuerforderung nicht gefährdet ist. ³Das Finanzamt hat die Bescheinigung schriftlich zu erteilen. ⁴Eine elektronische Übermittlung der Bescheinigung ist ausgeschlossen."*

Dabei kann das Grundbuchamt die Vorlage der finanzamtlichen **Unbedenk-** **265** **lichkeitsbescheinigung**[784] immer dann verlangen, sofern eine Eigentumsänderung im Grundbuch vollzogen werden soll, die potentiell unter das Grunderwerbsteuergesetz fallen könnte[785]. Die Prüfung der Frage, ob auch tatsächlich Grunderwerbsteuer anfällt oder eine Befreiung vorliegt, ist dagegen Aufgabe des Finanzamts, nicht aber Aufgabe des Grundbuchamtes[786]. Dies ergibt sich bereits aus § 22 Abs 2 S 1 GrEStG, der eine Pflicht zur Erteilung der Unbedenklichkeitsbescheinigung (UB) auch für den Fall der Steuerfreiheit anordnet. Entbehrlich ist die Vorlage der UB hingegen in den landesrechtlich geregelten Fällen, die auf der Öffnungsklausel in § 22 Abs 1 S 2 GrEStG basieren, in Bayern etwa Punkt 7 der BayGBGA. Dementsprechend können in Bayern Personen als Eigentümer oder Erbbauberechtigter auch ohne Vorlage der UB eingetragen werden, sofern u.a. folgende Konstellationen[787] gegeben sind:

– *Eintragung als Allein- oder Miterbe des eingetragenen Eigentümers oder Erbbauberechtigten, vgl Pkt. 7.1. lit. a) BayGBGA*
– *Eintragung als Allein- oder Miterbe eines verstorbenen Allein- oder Miterben, vgl Pkt. 7.1 lit. b) BayGBGA*
– *Erwerb eines geringwertigen Grundstücks oder Erbbaurechts, wobei die Gegenleistung nicht 2500 Euro übersteigt und sie ausschließlich in Geld oder in Übernahme bestehender Hypotheken oder Grundschulden entrichtet wird, vgl Pkt. 7.1 lit. c) BayGBGA*

---

[784] Zur Unbedenklichkeitsbescheinigung vgl auch die Zusammenstellung in NJW 2000, 1169 ff.
[785] Schöner/Stöber, Rn. 148.
[786] OLG Zweibrücken NJW-RR 2000, 1686; Schöner/Stöber, Rn. 149.
[787] Vollständiger Text der BayGBGA vgl Anhang 7 bei Demharter.

- *Erwerb durch den Ehegatten des Veräußerers, vgl. Pkt. 7.1 lit. d) BayGBGA*
- *Erwerbsvorgänge zwischen Personen, die in gerader Linie verwandt sind, incl. Stiefkinder und deren Ehegatten, vgl. Pkt. 7.1 lit. e) BayGBGA.*

3. Grundstücksverkehrsgesetz

266   Um nachteiligen Strukturen in **Land- und Forstwirtschaft** entgegenzuwirken, unterwirft die Regelung in § 2 Abs 1 GrdstVG die rechtsgeschäftliche Veräußerung eines land- bzw. forstwirtschaftlichen Grundstücks sowie von Moor- und Ödland der Genehmigungspflicht. Der Veräußerung gleich stehen die Einräumung und Veräußerung eines Miteigentumsanteils, die Veräußerung eines Erbanteils und die Bestellung eines Nießbrauchs am Grundstück, vgl § 2 Abs 2 GrdstVG. Als Genehmigungsbehörden fungieren die landesrechtlich bestimmten Landwirtschaftsämter, Kreisverwaltungsbehörden, Umweltbehörden bzw. sonstigen Behörden[788], vgl § 3 Abs 1 GrdstVG. Die Länder können zugleich bestimmen, dass die Veräußerung von Grundstücken bis zu einer bestimmten Größe keiner Genehmigung bedarf, vgl § 2 Abs 3 Nr. 2 GrdstVG, wovon die Länder durchwegs Gebrauch gemacht haben[789]. Die erhebliche Praxisrelevanz der Genehmigungspflicht ergibt sich aus **§ 7 Abs 1 GrdstVG**:

> *„Auf Grund einer genehmigungsbedürftigen Veräußerung darf eine Rechtsänderung in das Grundbuch erst eingetragen werden, wenn dem Grundbuchamt die Unanfechtbarkeit der Genehmigung nachgewiesen wird."*

4. Verwalterzustimmung, § 12 WEG

267   Nach § 12 Abs 1 WEG kann als Inhalt des Sondereigentums vereinbart werden, dass ein Wohnungseigentümer zur Veräußerung seines Wohnungseigentums der **Zustimmung** anderer Wohnungseigentümer oder eines Dritten bedarf. Der Regelungszweck besteht darin, das Eindringen unerwünschter Personen in die WEG-Gemeinschaft zu vermeiden[790], was jedoch nur unzureichend gelingt, da die Zustimmung nur aus wichtigem Grund versagt werden kann, vgl § 12 Abs 2 WEG. Dennoch enthalten Gemeinschaftsordnungen älteren[791] Typs häufig die

---

[788] Eine Übersicht der Genehmigungsbehörden findet sich in der Fußnote 1 zu § 3 GrdstVG, vgl etwa Textausgabe GBO, 18. A., 2008, S. 420.
[789] Vgl die Zusammenstellung bei Schöner/Stöber, Rn. 3962a-3967a, in Bayern etwa bei Veräußerung von Grundstücken bis zur Größe von 2 ha, vgl auch Wilsch, Der Überlassungsvertrag in der grundbuchrechtlichen Praxis, RpflStud. 2010, S. 22.
[790] OLG Frankfurt NZM 2006, 380; Hügel/Kral, GBO, 2. A., Sonderbereich WEG Rn. 52.
[791] Vgl dagegen das Muster neueren Typs, erstellt von Hügel, abgedruckt im Würzburger Notarhandbuch, 1. A., Teil 2 Kapitel 5: Wohnungseigentum, dort Pkt. 13 des Musters: *„Die Veräußerung eines Wohnungseigentums bedarf keiner Zustimmung des Verwalters. Im Falle der*

Bestimmung, dass ein Wohnungseigentümer zur Veräußerung der Zustimmung des Verwalters bedarf. Häufig anzutreffen sind aber auch immanente Ausnahmen, etwa für den Fall der Veräußerung an den Ehegatten, an Abkömmlinge oder andere, in der Gemeinschaftsordnung näher bezeichnete Verwandte[792]. Weil verschiedene Rechtssubjekte vorliegen, gilt eine für Abkömmlinge vorgesehene Zustimmungsfreiheit nicht auch für eine aus den Abkömmlingen geformte GbR[793]. Als zur Eintragung erforderliche Erklärung bedarf die Zustimmungserklärungserklärung des Verwalters der Form des § 29 GBO[794].

5. § 1365 BGB-Verfügung über Vermögen im Ganzen

Ehegatten, die im gesetzlichen Güterstand der **Zugewinngemeinschaft** le- 268
ben, verwalten ihr Vermögen selbständig, § 1364 BGB, können jedoch in der Verfügung ausnahmsweise beschränkt sein, falls ein Ehegatte über sein Vermögen im Ganzen verfügen möchte. Die Regelung des § 1365 Abs 1 BGB sieht dann vor, dass die Zustimmung des anderen Ehegatten erforderlich ist[795]. Dies gilt umso mehr, als auch eine Verfügung über einen einzelnen Gegenstand, etwa eine Immobilie, eine Verfügung über das Vermögen im Ganzen darstellen kann. Dennoch kann das Zustimmungserfordernis nach § 1365 Abs 1 BGB keine große Praxisrelevanz reklamieren, weil das Grundbuchamt nicht verpflichtet ist, Ermittlungen darüber anzustellen, ob der Veräußerer über sein Vermögen im Ganzen verfügt[796]. Vielmehr kann das Grundbuchamt regelmäßig davon ausgehen, dass eine Verfügung über das Vermögen im Ganzen nicht vorliegt (= Regel-Ausnahme-Verhältnis[797]).

XII. Grundbuchamtliche Prüfungsschemata im Überblick

Entsprechend der oben beschriebenen Verfahrensverzweigung in Verfahren, 269
die dem formellen Konsensprinzip nach § 19 GBO oder dem materiellen Konsensprinzip nach § 20 GBO folgen, lassen sich die Prüfungsschemata wie folgt darstellen[798].

Veräußerung ist der Verkäufer jedoch verpflichtet, den Verwalter durch Übersendung einer Abschrift des Veräußerungsvertrages zu informieren.".
[792] Wilsch, Der Überlassungsvertrag in der grundbuchrechtlichen Praxis, RpflStud. 2010, 22.
[793] OLG München Rpfleger 2007, 541.
[794] Meikel/Hertel, § 29 Rn. 73.
[795] Vgl auch Wilsch, RpflStud. 2010, 22, 23.
[796] OLG München MittBayNot 2008, 119.
[797] Schleswig-Holsteinisches OLG MittBayNot 2006, 38.
[798] Vgl hierzu die Darstellung in Meikel/Böttcher, Einl E Rn. 2 und Rn. 3.

1. Prüfungsschema im Falle des § 19 GBO (formelles Konsensprinzip)

270

1. Zuständigkeit, § 1 GBO
   Sachlich, § 1 Abs 1 GBO- örtlich, § 1 Abs 1 S 2 GBO- funktionell, § 3 Nr. 1 h RpflG (Rechtspfleger) oder § 12 c Abs II Nr. 2 bis 4 GBO (UdG)
2. Antrag, § 13 GBO
   Erklärung, Inhalt- Antragsberechtigung, § 13 Abs 1 S 2 GBO- Vertretung, § 15 GBO
3. Bewilligung, § 19 GBO
   Verfahrensrechtliche Erklärung – Bewilligungsberechtigung – Vertretung – Inhalt – eintragungsfähiges Recht – eintragungsfähiger Inhalt – Bestimmtheitsgrundsatz – Berechtigung – unbedingt und unbefristet – Bezeichnung gemäß § 28 GBO – Mitbewilligung weiterer Betroffener, § 27 GBO
4. Form, § 29 GBO
5. Voreintragung, § 39 GBO
6. Briefvorlage, § 41 GBO (bei Briefgrundpfandrechten)
7. Genehmigungen
8. Entscheidung (Eintragung oder Zwischenverfügung oder Zurückweisung)

2. Prüfungsschema im Falle des § 20 GBO (materielles Konsensprinzip)

271

1. Zuständigkeit, § 1 GBO
   Sachlich, § 1 Abs 1 GBO – örtlich, § 1 Abs 1 S 2 GBO- funktionell, § 3 Nr. 1 h RpflG (Rechtspfleger) oder § 12 c Abs II Nr. 2 bis 4 GBO (UdG)
2. Antrag, § 13 GBO
   Inhalt – Antragsberechtigung, § 13 Abs 1 S 2 GBO- Vertretung, § 15 GBO
3. Einigung, § 20 GBO
   Rechtsfähigkeit- Geschäftsfähigkeit – Verfügungsberechtigung – zwei korrespondierende Willenserklärungen – gleichzeitige Anwesenheit – Vertretung – evtl Ausschluss der Vertretungsmacht – unbedingt und unbefristet – Bezeichnung gemäß § 28 GBO – Bestimmtheitsgrundsatz – Verfügungsbeeinträchtigungen – zusätzliche Bewilligung des Veräußerers, § 19 GBO
4. Form, § 29 GBO
5. Voreintragung, § 39 GBO
6. Genehmigungen (UB des Finanzamtes-VRB der Gemeinde-Verwalterzustimmung bei WEG)
7. Entscheidung (Eintragung oder Zwischenverfügung oder Zurückweisung)

H. Zwischenverfügung und Zurückweisung im Grundbuchverfahren

I. Allgemeines

Das grundbuchamtliche Eintragungsverfahren beginnt, wie im Teil G dar- **272** gestellt, mit der Antragstellung durch einen antragsberechtigten Beteiligten und endet, falls alle Eintragungsvoraussetzungen gegeben sind, durch Vornahme der beantragten Eintragung. Bereits eine abstrakte und nicht nur rein praktische Betrachtung legt den Schluss nahe, dass diese idealtypische Konstellation nicht in allen Grundbuchverfahren realisiert sein wird. Für das Grundbuchamt bedeutet dies die Notwendigkeit von Verfahrensinstrumentarien, mit denen dysfunktionalen Verfahrenserklärungen oder Unterlagen begegnet werden kann. Welche Verfahrensinstrumentarien dem Grundbuchamt zur Verfügung stehen, ist in § 18 Abs 1 GBO geregelt:

> *„Steht einer beantragten Eintragung ein Hindernis entgegen, so hat das Grundbuchamt entweder den Antrag unter Angabe der Gründe zurückzuweisen oder dem Antragsteller eine angemessene Frist zur Behebung des Hindernisses zu bestimmen. Im letzteren Fall ist der Antrag nach dem Ablauf der Frist zurückzuweisen, wenn nicht inzwischen die Behebung des Hindernisses nachgewiesen ist.“*

II. Die Zwischenverfügung, § 18 Abs 1 GBO, als Regelfall

1. Die Funktionen der Zwischenverfügung

Soweit das Verfahrensinstrumentarium der **Zwischenverfügung** betroffen ist, **273** ist in Teilen der Literatur[799] eine unzureichende Funktionsbeschreibung festzustellen. Gemeint sind diejenigen Beschreibungen, in denen die Zwischenverfügung auf ihre rangwahrende Funktion beschränkt wird. Unerwähnt bleibt insoweit ein weiterer Primärzweck der Zwischenverfügung, mit der das Grundbuchamt seiner Hinweis- und Belehrungspflicht nachkommt[800]. Nicht außer Acht gelassen

---

[799] Knöringer, § 16 I; Eckert in Jurgeleit (Hrsg.), § 23 Rn. 300; Holzer/Kramer, 7. Teil Rn. 3.
[800] Eickmann, 7. Kap. Pkt. III 1 (S. 208).

werden darf, dass mit der Zwischenverfügung dem Antragsteller die Möglichkeit eröffnet werden soll, etwaige Fehler und Mängel zu beheben. Eine vollständige Funktionsbeschreibung darf daher nicht nur bloß auf die rangwahrende Wirkung der Zwischenverfügung abstellen, sondern muss auch auf die Ursache rekurrieren, nämlich fehlende Eintragungsvoraussetzungen. Mit der Zwischenverfügung steht dem Grundbuchamt die Möglichkeit eines *Verbesserungsverfahrens*[801] zur Verfügung, darauf abzielend, Fehler und Mängel zu beseitigen, womit auch dem Verhältnismäßigkeitsgrundsatz eher Rechnung getragen wird[802].

2. Inhalt der Zwischenverfügung

274 Um den Anforderungen eines *rangwahrenden Verbesserungsverfahrens* gerecht zu werden, muss die Zwischenverfügung als Beschluss die folgenden inhaltlichen Vorgaben[803] erfüllen:

- in der Zwischenverfügung müssen alle bestehenden Eintragungshindernisse aufgezeigt werden
- in der Zwischenverfügung müssen alle bestehenden Behebungsmöglichkeiten benannt werden
- in der Zwischenverfügung muss eine Frist gesetzt werden
- in der Zwischenverfügung muss eine Rechtsmittelbelehrung enthalten sein, und zwar noch vor der Unterschrift des Rechtspflegers.

275 Dass in der Zwischenverfügung *alle bestehenden Eintragungshindernisse* aufgezeigt werden müssen, leuchtet bereits aus verfahrensökonomischen Gründen ein. Eine sukzessive Beanstandung durch das Grundbuchamt bedeutete eine erhebliche Verzögerung des Verfahrens und stünde somit in Widerspruch zu den Interessen der Beteiligten[804]. Die Prüfungspflicht des Grundbuchamtes erstreckt sich daher auf den gesamten Inhalt der beantragten Eintragungen und nicht nur auf Teilaspekte[805]. Das Grundbuchamt ist auch nicht in der Lage, sich die Beanstandung weiterer Eintragungshindernisse vorzubehalten, weil eine solche Verfahrensweise unzulässig bzw amtspflichtwidrig wäre[806]. *Hic Rhodos, hic salta, Grundbuchamt!* Davon zu trennen sind die Fälle, in denen das Grundbuchamt erst nach dem Erlass der Zwischenverfügung weitere Eintragungshindernisse bemerkt oder in denen die Eintragungshindernisse erst nach Erlass der Zwischenverfügung aufgetreten

---

[801] Keidel/Heinemann, § 382 Rn. 20 für die registergerichtl. Zwischenverfügung, was auch für die grundbuchamtliche Zwischenverfügung gilt.

[802] Keidel/Heinemann, wie oben. OLG München DNotZ 2008, 934: sofortige Zurückweisung bringe *„empfindliche Härten"* mit sich; Achilles/Strecker, § 18 Pkt. 2 (S. 208): Zwischenverfügung als Regelfall.

[803] Vgl etwa KEHE/Herrmann, § 18 Rn. 52 ff., sowie Eickmann, 7. Kap. § 1 III 1 ff.

[804] KEHE/Herrmann, § 18 Rn. 53.

[805] BayObLG Rpfleger 1970, 345; Demharter, § 18 Rn. 30.

[806] Demharter, § 18 Rn. 30.

sind. Hier den Grundbuchämtern die Möglichkeit einer ergänzenden Zwischenverfügung zu verweigern, würde einen Verstoß gegen das Legalitätsprinzip bedeuten[807]. Die Verpflichtung des Grundbuchamtes, das Grundbuch nicht bewusst unrichtig zu machen, bleibt weiterhin bestehen, so dass der Antragsteller sich nicht auf ein verfahrensrechtliches *Freilos* berufen kann. Vielmehr bleibt in solchen Konstellationen der Erlass einer späteren, ergänzenden Zwischenverfügung zulässig[808].

Daneben müssen in der Zwischenverfügung *alle bestehenden Möglichkeiten* aufgezeigt werden, um die Eintragungshindernisse zu beheben. Zwar wird in der Grundbuchpraxis häufig nur eine Möglichkeit in Frage kommen, da beispielsweise das Fehlen einer finanzamtlichen Unbedenklichkeitsbescheinigung[809] oder einer gemeindlichen Vorkaufsrechtsbescheinigung nur durch Vorlage derselben behoben werden kann, es gibt jedoch auch Einzelfälle, in denen eine Spektralanalyse zu bieten ist. Beispielsweise ist bei miteinander verbundenen Anträgen iSv § 16 Abs 2 GBO, von denen ein Antrag unter einem Vollzugshindernis leidet, nicht nur die eigentliche Behebung des Mangels in der Zwischenverfügung darzustellen, sondern auch ein Hinweis darauf zu geben, dass alternativ die Auflösung des Vorbehaltes in Betracht kommen kann[810]. Die Zwischenverfügung liefert also nur eine *road map*, nicht aber auch eine zwingende Wegbeschreibung, weil dies in das Belieben der Beteiligten gestellt ist[811].

Als weiterer integralen Bestandteil der Zwischenverfügung sieht die Regelung in § 18 Abs 1 GBO die Setzung einer *angemessenen Frist* vor. Vorgesehen ist keine standardmäßige Frist, sondern die individuelle Setzung einer Frist, wobei Schwere und Vielzahl der Vollzugshindernisse eine Rolle spielen. Während eine zu lange Frist bereits die Merkmale einer unzulässigen Aussetzung des Verfahrens tragen kann[812], bedeutet eine zu kurze Frist eine erhebliche Einschränkung des Verfahrens, das als rangwahrendes Verbesserungsverfahren konzipiert ist. Die Angemessenheit orientiert sich danach, in welchem Zeitraum die Behebung der Vollzugshindernisse als möglich erscheint[813]. Zweckmäßigerweise wird mit der Fristsetzung der Hinweis verbunden, dass nach „fruchtlosem Fristablauf" der Antrag zurückgewiesen werden muss[814]. Falls die Frist nicht ausreichen sollte, kann Fristverlängerung gewährt werden.

Seit Inkrafttreten des FamFG zum 1.9.2009 muss jeder Beschluss eine *Rechtsmittelbelehrung* enthalten, § 39 FamFG. Der Gesetzgeber sieht hierin einen „Aus-

276

277

278

---

807 Zum Legalitätsprinzip vgl Schöner/Stöber, Rn. 209.

808 BayObLG FGPrax 1995, 95; KEHE/Herrmann, § 18 Rn. 53; Demharter, § 18 Rn. 30.

809 Vgl auch OLG Zweibrücken FGPrax 2010, 169.

810 Demharter, § 16 Rn. 12.

811 KEHE/Herrmann, § 18 Rn. 54.

812 Eckert, Fußnote 129 zu § 23 Rn. 314; zur Unzulässigkeit der Aussetzung im Grundbuchverfahren s.a. Wilsch, FGPrax 2009, 243, 244; Schöner/Stöber, Rn. 446; OLG des Landes Sachsen-Anhalt, 11 Wx 3/01.

813 KEHE/Herrmann, § 18 Rn. 57.

814 Androhung, vgl KEHE/Herrmann, § 18 Rn. 58; *aA* OLG Frankfurt JurBüro 1980, 1565 (zwingend).

druck des rechtsfürsorgerischen Charakters"[815] der Verfahren der freiwilligen Gerichtsbarkeit, womit zugleich der verfassungsrechtlich garantierte Anspruch auf effektiven Rechtsschutz realisiert werden soll. Weil die Zwischenverfügung als Summe des grundbuchamtlichen Prüfungsverfahrens auch den Status einer Entscheidung iSv § 38 FamFG für sich reklamieren kann und überdies mit der Beschwerde anfechtbar ist, ist auch die Zwischenverfügung als Beschluss mit einer entsprechenden Rechtsmittelbelehrung zu versehen[816], und zwar vor der Unterschrift[817] des Rechtspflegers.

3. Wirkungen der Zwischenverfügung

279   Die Wirkungsabsicht der Zwischenverfügung besteht darin, ein Verfahren in Gang zu setzen, an dessen Ende die Vollzugsfähigkeit des Antrages steht. Dass dieses Ziel erreicht werden kann, ist Grundannahme jeder Zwischenverfügung, anderenfalls müsste der Antrag zurückgewiesen werden. Nicht nur bloße Wirkungsabsicht, sondern unmittelbare Realwirkung jeder Zwischenverfügung ist dagegen, dass alle materiell- und formellrechtlichen **Wirkungen** des Antrages erhalten bleiben[818]. In materieller Hinsicht sind dies die Wirkungen der §§ 878, 892 Abs 2 BGB[819], in formeller Hinsicht die Wirkungen des in § 17 GBO verankerten Prioritätsprinzips[820], was gemeinhin mit der rangwahrenden Wirkung der Zwischenverfügung umschrieben wird. Materiellrechtlich verliert der Antrag nicht den Schutz der §§ 878, 892 Abs 2 BGB dadurch, dass eine Zwischenverfügung nach § 18 Abs 1 GBO ergeht. Da die Vollzugshindernisse idR schnell und rückwirkend zu beheben sind, wäre der Verlust der materiellrechtlichen Wirkungen nicht verhältnismäßig. Konsequenterweise muss dies auch auf den Bereich des formellen Rechts ausstrahlen, so dass die später beantragte Eintragung nicht vor Erledigung des früher gestellten, jedoch nicht vollzugsfähigen Antrages erfolgen kann, § 17 GBO. Abhilfe kann hier die **Amtsvormerkung** nach § 18 Abs 2 GBO schaffen. In der Praxis zeigen sich auch Konstellationen, in denen es nicht verhältnismäßig wäre, zum Instrumentarium der Zwischenverfügung zu greifen. Das sind die Fälle, in denen ausnahmsweise[821] eine Zurückweisung ergehen muss.

---

[815] BT-Drs. 16/6308, S 196.

[816] Wilsch FGPrax 2009, 245; so auch, soweit ersichtlich, die grundbuchamtliche Praxis; vgl auch Keidel/Meyer-Holz, § 39 Rn. 3, dem bereits das Kriterium der Anfechtbarkeit ausreicht.

[817] Siehe hierzu auch OLG Zweibrücken FGPrax 2003, 249: eine nicht unterschriebene Zwischenverfügung stellt keine wirksame gerichtliche Entscheidung dar; der Mangel kann jedoch durch eine unterschriebene Nichtabhilfeentscheidung behoben werden.

[818] Schöner/Stöber, Rn. 456; Demharter, § 18 Rn. 36.

[819] KEHE/Herrmann, § 13 Rn. 9–16.

[820] Vgl hierzu Teil C Pkt. V, Prioritätsgrundsatz, sowie Eickmann, 7. Kap. § 1 III 2.

[821] Zum Regel-Ausnahme-Verhältnis zwischen Zwischenverfügung und Zurückweisung vgl auch OLG München in DNotZ 2008, 934–936.

III. Die Zurückweisung, § 18 Abs 1 GBO, als Ausnahme

1. Zwingende Zurückweisung

Die **Zurückweisung** eines Antrags bzw. Ersuchens ist als *ultimo ratio* immer **280** dann veranlasst, sobald schwerwiegende Vollzugshindernisse vorliegen, die entweder überhaupt nicht, oder, so die hM, nicht mit rückwirkender Kraft behoben werden können. Literatur[822] und Praxis kennen insoweit fünf verschiedene Fallgruppen:

- Zurückweisung im Falle *fehlender Antragsberechtigung*
- Zurückweisung im Falle *fehlender Eintragungsfähigkeit*
- Zurückweisung im Falle *fehlender Rückwirkungsmöglichkeit*
- Zurückweisung im Falle *fehlender Mängelbehebung binnen Zwischenverfügungsfrist*
- Zurückweisung im Falle *fehlender Aussichten auf Mängelbehebung in angemessener Zeit.*

Falls der Antragsteller nicht zum Kreise der *Antragsberechtigten* iSv § 13 Abs 1 **281** Satz 2 GBO[823] zählt, leidet der Antrag unter einem eklatanten Mangel, so dass Zurückweisung veranlasst ist. Dies findet seine Berechtigung darin, dass der Antragsteller in keinerlei rechtlicher Beziehung zum Verfahrensgegenstand steht, insbesondere weder betroffen, noch begünstigt ist[824]. Weil die Verfahrensinitiierung zu Unrecht erfolgt ist, kann die Grundbuchpraxis hier nur zur Zurückweisung greifen, und zwar nach vorheriger Gewährung rechtlichen Gehörs[825].

Gleiches gilt für den Fall *fehlender Eintragungsfähigkeit*, eine Verfahrenssituation, **282** in der ebenfalls eine wesentliche Grundvoraussetzung für die Vornahme einer Eintragung fehlt. Diese Überlegungen gehen auf übergeordnete Prinzipien des deutschen Sachenrechts zurück, insbesondere den *numerus clausus* des Sachenrechts und den inhaltlichen Typenzwang[826]. Die Rechtspraxis kann sich nur eines geschlossenen Pools dinglicher Rechte bedienen, überdies nicht innerhalb eines offenen Modifikationsspektrums, sondern nur im engen Rahmen inhaltlicher Typenfixierung. Es ergäbe keinerlei Sinn, dem Antragsteller per Zwischenverfügung die Behebung aufzugeben, da ein solches Hindernis niemals behoben werden kann. Ein Mietverhältnis oder eine Dienstbarkeit, bestellt nur an einem Miteigentumsanteil, können zu keinem Zeitpunkt des Verfahrens eingetragen werden, ebenso wenig die Abtretung einer Grunddienstbarkeit oder die Löschung

---

[822] Hügel/Zeiser, § 18 Rn. 12–17; Demharter, § 18 Rn. 5–8.
[823] Vgl hierzu Teil G I 4, Antragsberechtigung iSv § 13 Abs 1 S 2 GBO.
[824] Teil G I 4.
[825] Vgl zuletzt Schleswig-Holsteinisches OLG, Beschluss v. 9.7.2010, 2 W 94/10.
[826] Vgl hierzu Teil C Pkt. II.

eines nicht mehr eingetragenen Rechts[827]. Die Rechtsprechung des OLG München[828] sieht in einer solch unzulässigen Zwischenverfügung sogar zu Recht *„eine Irreführung des Antragstellers , weil sie ihm die Vornahme der Eintragung nach Behebung des Hindernisses in Aussicht stellt und ihn zu bestimmten Vorkehrungen veranlasst, obwohl die beantragte Eintragung gar nicht vorgenommen werden kann"*[829]. Die Wertung des Gesetzgebers, entsprechende Verstöße mit dem Amtslöschungsverfahren nach § 53 Abs 1 Satz 2 GBO zu sanktionieren, legt es ebenfalls nahe, im Antragsstadium zur Zurückweisung zu greifen[830], wiederum nach Gewährung rechtlichen Gehörs.

283   Umstritten ist hingegen, ob dies auch dann geltend muss, sofern das Vollzugshindernis nicht mit *rückwirkender Kraft* behoben werden kann[831]. Hier stellt sich die Frage nach der Zuordnung entsprechender Anträge zur *Schutzzone* der Zwischenverfügung oder zum *Höllenkreis* der Zurückweisung. Die hM verweigert Anträgen, die nicht mit rückwirkender Kraft behoben werden können, den Schutzbereich der Zwischenverfügung, um solchen Anträgen nicht einen Rang zuzusprechen, der ihnen nicht gebührt[832]. In die Begründung fließen auch Aspekte der Gleichbehandlung mit ein, insbesondere wird in der historischen Kommentarliteratur[833] der *„redliche"*, schutzwürdige Antragsteller mit dem *„unredlichen"*, nicht schutzwürdigen Antragsteller verglichen, der einen offensichtlich mangelhaften Antrag stellt. Demgegenüber sieht die abweichende Meinung in § 18 GBO lediglich eine *„Bestimmung des Verfahrensrechts, die sachgerechte Erledigung des Eintragungsantrags regelt"*[834]. Nicht zulässig sei es hingegen, die materiellen Auswirkungen und den Erwerbsvorgang zu beurteilen. Soweit ersichtlich, folgt die Grundbuchpraxis weitgehend der hM, die sich überdies auf den in § 17 GBO verankerten Prioritätsgrundsatz stützen kann.

284   Einigkeit herrscht jedoch für den Fall der *fehlenden Mängelbehebung* binnen Zwischenverfügungsfrist. Die notwendige Zurückweisung folgt insofern lediglich der Ankündigung in der Zwischenverfügung, wonach der Antrag nach „fruchtlosem Fristablauf"[835] zurückgewiesen werden muss.

285   Die fünfte und letzte Fallgruppe der Zurückweisung ergibt sich aus einer Verfahrenskonstellation, die *keine Aussicht auf Mängelbehebung binnen angemessener Zeit* bietet. Falls der Rechtspfleger im Rahmen seines pflichtgemäßen Ermessens zu der Überzeugung gelangt, dass eine Mängelbehebung in angemessener Zeit

---

[827] Schöner/Stöber, Rn. 438.

[828] OLG München FGPrax 2010, 16= NJW 2010, 450.

[829] OLG München, wie oben.

[830] Vgl auch Hügel/Zeiser, § 18 Rn. 16.

[831] Dies *verneinen* Schöner/Stöber, Rn. 434; die *hM bejaht* dies hingegen, vgl. Hügel/Zeiser, § 18 Rn. 17; BayObLG NJW-RR 2004, 1533; Demharter, § 18 Rn. 8; OLG Düsseldorf, RNotZ 2009, 238; Schleswig- Holsteinisches OLG, Beschluss v. 9.7.2010, 2 W 94/10.

[832] BayObLG NJW-RR 2004, 1533; OLG München FGPrax 2010, 16; OLG Düsseldorf, RNotZ 2009, 238; Demharter, § 18 Rn. 8.

[833] Achilles/Strecker, § 18 Pkt. 2 (S. 208).

[834] Schöner/Stöber, Rn. 434.

[835] Androhung, vgl KEHE/Herrmann, § 18 Rn. 58; *aA* OLG Frankfurt JurBüro 1980, 1565 (zwingend).

nicht wahrscheinlich ist, muss der Antrag zurückgewiesen werden, wiederum nach Gewährung rechtlichen Gehörs. Damit ist aber auch bereits das Dilemma aufgezeigt, nämlich die prognostische Beurteilung und Bewertung des Antrags, die sich auf bloße Vermutungen, bestenfalls auf Verfahrensempirie stützen kann. Hinzu kommen unterschiedliche Ansichten über den zu zulässigen Zeitrahmen[836] und das Störgeräusch der grundsätzlich unzulässigen Verfahrensaussetzung, das im Verfahrenshintergrund zu hören ist. In der Konsequenz greift die Grundbuchpraxis insoweit äußerst selten zur Zurückweisung[837].

2. Inhalt der Zurückweisung

Die Zurückweisung muss als Beschluss die folgenden strukturellen Vorgaben[838] erfüllen: **286**

- in der Zurückweisung muss der *Sachverhalt* dargestellt sein
- im Anschluss hieran muss die Zurückweisung *Rechtsausführungen* enthalten
- anzugeben ist auch, *warum eine rangwahrende Zwischenverfügung nicht in Betracht gekommen ist*
- in der Zurückweisung muss schließlich noch eine *Rechtsmittelbelehrung* enthalten sein.

Die *Sachverhaltsdarstellung* enthält einen kurzen und summarischen Rückblick **287** über die Verfahrenskonstellation und alle entscheidungserheblichen Tatsachen[839]. Ein solcher Rückblick zwingt nicht nur das Grundbuchamt zur routinemäßigen Selbstüberprüfung, sondern dient auch dem Antragsteller als Anhaltspunkt dafür, ob alle Anträge und Eintragungsunterlagen berücksichtigt wurden. Die Sachverhaltsdarstellung bildet einen Teil der Entscheidunsgründe.

Hieran schließen sich die *Rechtsausführungen* an, mit denen die Verfahrenskon- **288** stellation in den richtigen materiell- bzw. formell-rechtlichen Kontext gebracht wird, allerdings nicht im sog. Gutachtensstil, sondern im Entscheidungsstil[840]. Es ist nicht Aufgabe des Grundbuchamtes, als Gutachter zu fungieren, sondern als Entscheidungsträger eine Rechtsprüfung vorzunehmen und eine entsprechende Entscheidung zu fällen. Dass die Unschärfe des Gutachtens die eigentliche Entscheidung konterkarieren würde, kommt als weiterer Grund hinzu.

Da die Zurückweisung im Arsenal der verfahrensrechtlichen Instrumentarien **289** die *ultimo ratio* darstellt, ist im Zurückweisungsbeschluss auch darauf einzugehen,

---

[836] Vgl etwa BeckOK GBO Hügel/Zeiser, 9.Edition, Stand 1.6.2010: „*etwa bis höchstens zwei Monate*"; Muster bei Schöner/Stöber, Rn. 452: *drei Wochen*; die Grundbuchpraxis agiert dagegen eher fallbezogen.

[837] So auch Hügel/Zeiser, § 18 Rn. 15; statt dessen ergeht Zwischenverfügung.

[838] Vgl Meikel/Böttcher, § 18 Rn.54, Muster, das jedoch nun um die Rechtsmittelbelehrung zu ergänzen ist, vgl Wilsch, FGPrax 2009, 245.

[839] Meikel/Böttcher, § 18 Rn.53.

[840] Meikel/Böttcher, wie oben.

warum eine Zwischenverfügung nicht erlassen werden konnte[841] bzw der Antrag nun zurückzuweisen war, falls eine Zwischenverfügung vorgeschaltet war (vgl die oben dargstellten fünf Zurückweisungsgruppen).

290 Seit Inkrafttreten des FamFG zum 1.9.2009 muss nun auch die Zurückweisung als Beschluss und grundbuchamtliche Entscheidung eine *Rechtsmittelbelehrung* enthalten, § 39 FamFG[842]. Die §§ 39, 38 FamFG sind anzuwenden, weil eine rechtsmittelfähige Endentscheidung vorliegt, mit der der Verfahrengegenstand erledigt ist.

3. Wirkungen der Zurückweisung

291 Eine allgemeine **Wirkung** der Zurückweisung besteht darin, dass der Antrag erledigt ist iSv § 17 GBO[843], so dass nachfolgende Anträge sofort bearbeitet werden können. Mit der Zurückweisung verliert der Antrag die Anwartschaft auf den Rang[844], nicht aber auch die materiellen Wirkungen, die sich aus den §§ 873 Abs 2, 875 Abs 2 BGB ergeben[845]. Falls bereits Bindung an die Einigung iSv § 873 Abs 2 BGB bzw bereits Bindung an die Aufgabeerklärung iSv § 875 Abs 2 BGB eingetreten ist, kann die Zurückweisung nicht dazu führen, dass die Bindungswirkung wieder aufgehoben wird. Schließlich ist im Gesetz nur der Eintritt der Bindungswirkung geregelt, nicht auch die Auflösung dieser Wirkung.

4. Exkurs: die Aufklärungsverfügung in grundbuchamtlichen Zwangsvollstreckungssachen, § 139 ZPO

292 Eine Besonderheit gilt für diejenigen Fälle, in denen das Grundbuchamt zugleich als Vollstreckungsgericht agiert und neben grundbuchrechtlichen auch vollstreckungsrechtliche Eintragungsvoraussetzungen prüfen muss. Zu erwähnen sind in diesem Zusammenhang beispielsweise Anträge auf Eintragung einer Zwangssicherungshypothek, Arresthypothek oder alle Anträge, die sich auf die Eintragung der Pfändung dinglicher Rechte richten[846]. Falls ein entsprechender Antrag unter einem *vollstreckungsrechtlichen* Mangel leidet, hätte die Zwangsvollstreckung noch gar nicht beginnen dürfen. Der Schluss, hier keine Zwischenverfügung zu erlassen, liegt nahe, um dem fehlerhaften Antrag nicht die rangwahren-

---

[841] Vgl Meikel/Böttcher, § 18 Rn. 53, sowie Holzer/Kramer, 13. Teil Rn. 6.

[842] Wilsch FGPrax 2009, 245.

[843] Demharter, § 18 Rn. 17; Hügel/Zeiser, § 18 Rn. 26.

[844] BGH Rpfleger 1975, 432; Ausnahme: Aufhebung der Zurückweisung durch das Grundbuchamt oder das Beschwerdegericht, dann leben die Wirkungen wieder auf, vgl Demharter, Hügel/Zeiser, § 18 Rn. 28.

[845] So bereits Achilles/Strecker, § 18 Anm. 3 (S. 208); identisch Demharter, § 18 Rn. 16.

[846] Vgl Hügel/Wilsch, Sonderbereiche Pfändung im Grundbuchverfahren und Zwangssicherungshypothek.

den Wirkungen der Zwischenverfügung zu verschaffen[847]. Der Schluss, hier zur Zurückweisung zu greifen, liegt zwar ebenfalls nahe, ist jedoch nicht erforderlich und auch nicht verhältnismäßig, da insoweit das ZPO-Instrumentarium der nicht rangwahrenden **Aufklärungsverfügung** iSv § 139 ZPO zur Verfügung steht[848]. Der Erlass einer Aufklärungsverfügung iSv § 139 ZPO ist insofern verhältnismäßig, als sich die Vollstreckungsmängel erfahrungsgemäß leicht und schnell beheben lassen können. Eine rangwahrende Wirkung kommt der Aufklärungsverfügung allerdings nicht zu, so dass zwischenzeitlich eingegangene und vollzugsreife Anträge vollzogen werden können.

IV. Überblick über Fälle der Zwischenverfügung/ Zurückweisung/Aufklärungsverfügung

Der folgende Überblick möge der besseren Orientierung darüber dienen, ob   **293** eine Zwischenverfügung, eine Zurückweisung oder eine Aufklärungsverfügung veranlasst ist:

- Unbedenklichkeitsbescheinigung des Finanzamtes nach § 22 GrEStG fehlt: *Zwischenverfügung*[849]
- Voreintragung nach § 39 GBO ist noch nicht gegeben: *Zwischenverfügung*[850]
- Auflassungserklärung fehlt: strittig, nach der Rspr ist *Zurückweisung* veranlasst[851], die Literatur[852] dagegen hält auch eine *Zwischenverfügung* für zulässig, weil auch ein solcher Antrag schutzwürdig sei
- Grundpfandrechtsbrief nicht eingereicht: *Zwischenverfügung*[853]
- Zwangshypothek für einen geringeren Betrag als 750 Euro beantragt, § 866 Abs 3 ZPO: *Zurückweisung*[854]
- Nachweis der Vertretungsmacht ist noch nicht geführt: *Zwischenverfügung*[855]
- Zwangshypothek soll auf mehreren Immobilien eingetragen werden, eine Verteilung iSv § 867 Abs 2 ZPO ist jedoch nicht erfolgt: *Aufklärungsverfügung* nach § 139 ZPO[856]

---

[847] Vgl Eickmann, 7. Kap. § 1 II 1.4.
[848] Stöber, ZVG-Handbuch, Rn. 18 b; Meikel/Böttcher, § 18 Rn. 46.
[849] Siehe nun auch OLG Zweibrücken FGPrax 2010, 128.
[850] Schöner/Stöber, Rn. 444.
[851] BayObLG DNotZ 1986, 237.
[852] Schöner/Stöber, Rn. 442 a.
[853] Schöner/Stöber, Rn. 444.
[854] Hügel/Zeiser, § 18 Rn. 16.
[855] Holzer/Kramer, 7. Teil Rn. 53; Schöner/Stöber, Rn. 444.
[856] Hügel/Wilsch, Sonderbereich Zwangssicherungshypothek Rn. 81.

- Eintragungsunterlagen entsprechen noch nicht der Form des § 29 GBO: *Zwischenverfügung*[857]
- Mängel in der Verfügungsbefugnis:
  mit *Zwischenverfügung* kann die Zustimmung des Insolvenzverwalters bzw vorläufigen Insolvenzverwalters bzw Nachlassverwalters bzw Testamentsvollstreckers angefordert werden[858]
- Fehlende Verwalterzustimmung nach § 12 WEG:
  Zwischenverfügung[859]
- Eigentümer stellt Antrag auf Eintragung einer Zwangshypothek am eigenen Grundstück: *Zurückweisung*, § 867 Abs 1 ZPO[860]
- Behördliche Genehmigungen fehlen, etwa die Vorkaufsrechtsbescheinigung der Gemeinde oder familiengerichtliche bzw. betreuungsgerichtliche bzw nachlassgerichtliche Genehmigungen nach §§ 1821, 1812, 1643 BGB:
  Zwischenverfügung[861]
- Antrag ist unklar gefasst bzw widersprüchlich:
  Zwischenverfügung[862]
- Löschung eines Grundpfandrechts ist beantragt, die Bewilligung des Gläubigers liegt auch vor, nicht aber auch die Mitbewilligung des Eigentümers nach § 27 GBO: *Zwischenverfügung*[863]
- Löschung einer Auflassungsvormerkung ist beantragt, die Löschungsbewilligung des Berechtigten liegt jedoch noch nicht vor:
  Zurückweisung[864]
- eine Wohnungseigentümergemeinschaft stellt den Antrag auf Eintragung eines Beschlusses, der aufgrund einer in der Gemeinschaftsordnung enthaltenen Öffnungsklausel gefasst wurde:
  Zurückweisung[865]
- Berechtigungsverhältnis ist in der Urkunde unvollständig oder fehlerhaft:
  Zwischenverfügung[866].

---

[857] Schöner/Stöber, Rn. 444; Holzer/Kramer, 7. Teil Rn. 57.

[858] Holzer/Kramer, 7. Teil Rn. 65; Bachmann RpflStudH 2001, 80.

[859] Vgl auch Hügel/Kral, Sonderbereich WEG, Rn. 89.

[860] Nur Antrag des Gläubigers zulässig, vgl § 867 Abs 1 ZPO; vgl auch Stöber, ZVG-Handbuch, Rn. 15, sowie Hintzen, Pfändung und Vollstreckung im Grundbuch, 3. A., Rn. 522, wonach die Antragsberechtigung nur beim Gläubiger liegt.

[861] Holzer/Kramer, 7. Teil Rn. 58; zum neuen FamFG-Verfahren hierzu vgl Heinemann, Teil 1 Rn. 156 ff.

[862] Schöner/Stöber, Rn. 444.

[863] BayObLG DNotZ 1997, 324.

[864] BayObLG NJW-RR 2004, 1533, eine erst später erklärte Löschungsbewilligung kann nicht zurückwirken; vgl auch Schleswig-Holsteinisches OLG, Beschluss v. 9.7.2010, 2 W 94/10, Zurückweisung für den Fall, dass die zur Eintragung erforderliche Bewilligung des Betroffenen noch nicht erklärt ist.

[865] OLG München FGPrax 2010, 16= NJW 2010, 450, danach sind solche Beschlüsse nicht eintragungsbedürftig und damit auch nicht eintragungsfähig; der Erlass einer Zwischenverfügung käme dann einer Irreführung des Antragstellers gleich.

[866] Siehe auch OLG München FGPrax 2009, 207.

V. Muster: Zwischenverfügung bzw. Zurückweisung nach § 18 GBO (samt FamFG)

Eine **Muster-Zwischenverfügung**[867] könnte folgendermaßen lauten: **294**

Amtsgericht München (Grundbuchamt)   München, 1.9.2010

An Herrn Notar Walter Schwarzriese

Gänsemarkt 16

München

Ihr Aktenzeichen: xy

URNr. 123/10

Unser Geschäftszeichen: Milbertshofen Blatt 1969

Beschluss

In der Grundbuchsache betreffend den Vollzug der URNr. 123/10,

Beteiligter: Franz Huber, München,

Verfahrensbevollmächtigter: Herr Notar Walter Schwarzriese,

ergeht durch das Amtsgericht München (Grundbuchamt), Rechtspflegerin Weißrössl, folgende

Zwischenverfügung nach § 18 Abs 1 GBO:

Der beantragten Löschung des Grundpfandrechtes steht als Hindernis die fehlende Vorlage des Grundpfandrechtsbriefes Abt. III Nr. 3 entgegen.

Zur Behebung des Eintragungshindernisses wird eine Frist bis zum 15.10.2010 gesetzt. Falls das Vollzugshindernis nach Fristablauf nicht behoben sein sollte, muss der Antrag zurückgewiesen werden.

Begründung:[868]

Bewilligt und beantragt ist die Löschung des Grundpfandrechtes Abt. III Nr. 3. Die Vorlage des Grundpfandrechts ist zum einen erforderlich, um den Nachweis der Verfügungsbefugnis zu erbringen. Zum anderen schreibt § 41 Abs 1 S 1 GBO vor, dass eine Eintragung nur erfolgen darf, sofern der Brief vorgelegt wird. Darüber hinaus sehen §§ 70, 69 GBO die Unbrauchbarmachung des Briefes vor, sofern das Grundpfandrecht gelöscht werden soll.

---

[867] Überholt dagegen Meikel/Böttcher, § 18 Rn. 112 (ohne FamFG und ohne § 174 ZPO).

[868] Vgl § 38 Abs 3 FamFG.

Rechtsmittelbelehrung:[869]

Gegen diesen Beschluss ist das Rechtsmittel der einfachen und unbefristeten Beschwerde zulässig. Die Beschwerde kann entweder bei dem Grundbuchamt München (Infanteriestraße 5, 80325 München) oder[870] bei dem Oberlandesgericht München (Prielmayerstraße 5, 80335 München) als Beschwerdegericht eingelegt werden. Die Einlegung erfolgt durch Einreichung einer Beschwerdeschrift oder zur Niederschrift der Geschäftsstelle eines der oben genannten Gerichte. Im Einzelfall können weitere Zulässigkeitsvoraussetzungen die Beschwerde ausschließen. Die Beschwerde muss die Bezeichnung des angefochtenen Beschlusses sowie die Erklärung enthalten, dass Beschwerde gegen diesen Beschluss eingelegt wird. Die Beschwerde ist von dem Beschwerdeführer oder seinem Bevollmächtigten zu unterzeichnen. Die Beschwerde soll begründet werden.

Rechtspflegerin Weißrössl

---

295 Eine **Muster-Zurückweisung**[871] könnte folgendermaßen lauten:

Amtsgericht München (Grundbuchamt) München, 1.9.2010

An Herrn Notar Peter Titanrot

Theatinerstraße 1

München

Ihr Aktenzeichen: mk77

URNr. 789/10

Unser Geschäftszeichen: Max-Vorstadt Blatt 19.945

Beschluss

In der Grundbuchsache betreffend den Vollzug der URNr. 789/10,

Beteiligter: Jeff Tweedy, München,

Verfahrensbevollmächtigter: Herr Notar Peter Titanrot,

ergeht durch das Amtsgericht München (Grundbuchamt), Rechtspfleger Frantzen, folgende

---

[869] Vgl § 39 FamFG; Wilsch FGPrax 2009, 245.
[870] Siehe § 73 Abs 1 GBO: Grundbuchamt oder Beschwerdegericht.
[871] Muster vor Inkrafttreten des FamFG s.a. Meikel/Böttcher, § 18 Rn. 54.

Zurückweisung nach § 18 Abs 1 GBO:

Der Antrag auf Vollzug der Löschung des Rechtes III Nr. 3 wird zurückgewiesen.

Begründung:[872]

Mit Schreiben vom 15.5.2010 beantragte der Notar die Löschung des Rechtes Abt. III Nr. 3, allerdings ohne Vorlage des Grundpfandrechtsbriefes. Dies wurde seitens des Grundbuchamtes München mit Zwischenverfügung vom 2.6.2010 beanstandet. Dem Antragsteller wurde aufgegeben, das Vollzugshindernis bis zum 15.7.2010 zu beheben. Trotz Fristverlängerung bis zum 25.8.2010 konnte das Vollzugshindernis nicht behoben werden.

Bewilligt und beantragt ist die Löschung des Grundpfandrechtes Abt. III Nr. 3. Die Vorlage des Grundpfandrechts ist zum einen erforderlich, um den Nachweis der Verfügungsbefugnis zu erbringen. Zum anderen schreibt § 41 Abs 1 S 1 GBO vor, dass eine Eintragung nur erfolgen darf, sofern der Brief vorgelegt wird. Darüber hinaus sehen §§ 70, 69 GBO die Unbrauchmachung des Briefes vor, sofern das Grundpfandrecht gelöscht werden soll.

Da das Vollzugshindernis nicht fristgerecht behoben werden konnte, musste der Antrag zurückgewiesen werden.

Rechtsmittelbelehrung:[873]

Gegen diesen Beschluss ist das Rechtsmittel der einfachen und unbefristeten Beschwerde zulässig. Die Beschwerde kann entweder bei dem Grundbuchamt München (Infanteriestraße 5, 80325 München) oder[874] bei dem Oberlandesgericht München (Prielmayerstraße 5, 80335 München) als Beschwerdegericht eingelegt werden. Die Einlegung erfolgt durch Einreichung einer Beschwerdeschrift oder zur Niederschrift der Geschäftsstelle eines der oben genannten Gerichte. Im Einzelfall können weitere Zulässigkeitsvoraussetzungen die Beschwerde ausschließen. Die Beschwerde muss die Bezeichnung des angefochtenen Beschlusses sowie die Erklärung enthalten, dass Beschwerde gegen diesen Beschluss eingelegt wird. Die Beschwerde ist von dem Beschwerdeführer oder seinem Bevollmächtigten zu unterzeichnen. Die Beschwerde soll begründet werden.

Rechtspfleger Frantzen

---

[872] Vgl § 38 Abs 3 FamFG.

[873] Vgl § 39 FamFG; Wilsch, FGPrax 2009, 245.

[874] Siehe § 73 Abs 1 GBO: Grundbuchamt oder Beschwerdegericht.

I. Eintragung und Bekanntmachung im Grundbuchverfahren

I. Die Eintragung als Entscheidung des Grundbuchamtes

296   Das BGB konzipierte die Eintragung als „*Perfektionsakt*", mit dem mehrere Funktionalitäten verknüpft sind, nämlich eine Konstitutiv-, eine Vermutungs-, eine Schutz- und eine Rangwirkung[875]. In der Folge ist es erklärtes Ziel eines jeden Antrages oder Ersuchens, eine Eintragung im Grundbuch zu erlangen. Weil jedoch die Eintragung nicht nur den Beginn der grundbuchlichen Publizität bedeutet, sondern darüber hinaus den Abschluss des grundbuchamtlichen Prüfungsverfahrens markiert, ist es gerechtfertigt, in der Eintragung auch eine Entscheidung des Grundbuchamtes zu erkennen[876]. In Abwandlung der Aussage des § 382 Abs 1 S 1 FamFG könnte man insofern konstatieren:

> *Das Grundbuchamt gibt einem Eintragungsantrag oder -ersuchen durch die Eintragung in das Grundbuch statt.*

297   Synchron mit dem registergerichtlichen Verfahren[877], ergeht die stattgebende **Eintragungsentscheidung** nicht in Form eines Beschlusses, sondern durch unmittelbare Eintragung, wenngleich idR sekundiert durch eine Eintragungsverfügung. Die nähere rechtliche Natur dieser Eintragungsentscheidung lässt sich als „*Rechtspflegeakt*"[878] beschreiben, als gerichtlicher Hoheitsakt bzw gerichtliche Verfahrenshandlung[879], die zur „*Rechtsprechung im weiten Sinn*"[880] gehört. Dagegen werden die Versuche der historischen Kommentarliteratur, in der Eintragungsentscheidung einen „*Gerichtsverwaltungsakt*"[881] zu erkennen, der Zuordnung des Grundbuchverfahrens zu den gerichtlichen Verfahren der Freiwilligen Gerichtsbarkeit nicht gerecht. Wer die Eintragung im Grundbuch stattgibt, spricht Recht über den Antrag bzw das Ersuchen und die damit verbundene Prüfungstätigkeit des Grundbuchamtes[882].

---

[875] Vgl hierzu die Ausführungen in Teil B.
[876] Vgl KEHE/Eickmann, § 1 Rn. 35; Holzer/Kramer, 7. Teil, Rn. 1; Meikel/Böttcher, Einl B Rn. 34.
[877] Vgl Bork/Jacoby/Schwab, Bearbeiter Müther, § 382 Rn. 2.
[878] Ertl Rpfleger 1980, 1,6.
[879] Staudinger/Gursky, BGB- Neubearbeitung 2007, Vorbem. zu §§ 873–902 Rn. 25.
[880] Meikel/Böttcher, Einl B Rn. 36.
[881] Siehe die Darstellung der antiquierten Auffassungen bei Staudinger/Gursky, wie oben.
[882] KEHE/Dümig, Einl A 56.

II. Die Grundbuchverfügung – Fassung und Ort der Eintragung

Die Regelung in § 1 Abs 4 S 1 GBO ermächtigt das Bundesministerium der **298**
Justiz, *„durch Rechtsverordnung, die der Zustimmung des Bundesrates bedarf, die näheren Vorschriften über die Einrichtung und die Führung der Grundbücher, die Hypotheken-, Grundschuld- und Rentenschuldbriefe und die Abschriften aus dem Grundbuch und den Grundakten sowie die Einsicht hierin zu erlassen sowie das Verfahren zur Beseitigung einer Doppelbuchung zu bestimmen".* Eine grundlegende Aktivierung erfuhr diese Regelung bereits 60 Jahre vor dem Inkrafttreten des RegVBG, und zwar durch die *„Allgemeine Verfügung über die Einrichtung und Führung des Grundbuchs (Grundbuchverfügung)"*[883], die aber im Zuge des RegVBG in *„Verordnung zur Durchführung der Grundbuchordnung (Grundbuchverfügung- GBV)"* umbenannt wurde[884]. Anders als die Handelsregisterverordnung, die häufig als unübersichtlich, unvollständig und irreführend bezeichnet wird[885], kann die Grundbuchverfügung für sich in Anspruch nehmen, in strukturierter und erschöpfender Art und Weise zur Durchführung der Bestimmungen der GBO beizutragen. Die Grundbuchverfügung (GBV) kennt die folgenden **Abschnitte:**

- Abschnitt I: das Grundbuch (§§ 1–3 GBV)
- Abschnitt II: das Grundbuchblatt (§§ 4–12 GBV)
- Abschnitt III: die Eintragungen (§§ 13–23 GBV)
- Abschnitt IV: die Grundakten (§§ 24–24a GBV)
- Abschnitt V: der Zuständigkeitswechsel (§§ 25–27 GBV)
- Abschnitt VI: die Umschreibung von Grundbüchern (§§ 28–33 GBV)
- Abschnitt VII: die Schließung des Grundbuchblatts (§§ 34–37 GBV)
- Abschnitt VIII: die Beseitigung einer Doppelbuchung (§ 38 GBV)
- Abschnitt IX: die Bekanntmachung der Eintragungen (§§ 39–42 GBV)
- Abschnitt X: Grundbucheinsicht und -abschriften (§§ 43–46 GBV)
- Abschnitt XI: Hypotheken-, Grundschuld- und Rentenschuldbriefe (§§ 47–53 GBV)
- Abschnitt XII: das Erbbaugrundbuch (§§ 54–60 GBV)
- Abschnitt XIII: Vorschriften über das maschinell geführte Grundbuch (§§ 61–93 GBV)
- Abschnitt XIV: Vermerke über öffentliche Lasten (§§ 93a-93b GBV)
- Abschnitt XV: Vorschriften über den elektronischen Rechtsverkehr und die elektronische Grundakte (§§ 94–101 GBV)
- Abschnitt XVI: Übergangs- und Schlussvorschriften (§§ 102–114 GBV).

---

[883] Grundbuchverfügung vom 8.8.1935, RMBl. S. 637; vgl auch Hammer, S. 149 ff.

[884] Abdruck der GBV siehe Demharter, Anhang 1.

[885] Vgl zuletzt Leutner in Schmidt-Kessel/Leutner/Müther, HRegR, 2010, HGB § 8a Rn. 12.

299   Was die Normqualität[886] der Bestimmungen der GBV anbelangt, ist auf ihre Ausgestaltung als **Soll-Vorschriften** zu verweisen, weshalb ein Verstoß keinerlei Einfluss auf die Wirksamkeit der Eintragung nehmen kann[887]. Gleiches gilt auch, falls das Grundbuchamt einen Eintragungswortlaut wählt, der von den amtlichen Mustern (vgl Anlagen zur GBV) abweicht. Die Begründung hierfür ist darin zu sehen, dass die sog. *„Probeeintragungen"* der Anlagen zur GBV nur als Beispiele dienen sollen, als Vorschläge, die überdies aus dem Wirkungsbereich der GBV herausgenommen sind. Deshalb bestimmt § 22 S 2 GBV:

„Die darin befindlichen Probeeintragungen sind als Beispiele nicht Teil dieser Verfügung."

300   Dennoch kommt den Bestimmungen der GBV erhebliche praktische Bedeutung zu, weil ihre Einhaltung auch im Wege der Beschwerde erzwungen werden kann[888]. Der Raum für solche Rechtsmittel dürfte allerdings gering sein, weil Vollautomatisation, maschinelle Grundbuchführung und die Generierung von Eintragungsvorschlägen erheblich zur gesetzeskonformen Realisierung der GBV beitragen. Daher ist es bereits technisch ausgeschlossen, die Einteilung eines Grundbuchblattes in Aufschrift, Bestandsverzeichnis und die Abteilungen I, II und III ändern zu wollen. Welche Bestimmungen der GBV die Basis für den Aufbau des Grundbuchs bilden, ist zwar Gegenstand der Darstellung im Teil F. Es lohnt sich jedoch, an dieser Stelle einen weiteren Blick auf wichtige Bestimmungen der GBV zu werfen. Große Bedeutung kommt den folgenden Bestimmungen zu:

301 • **§ 15 GBV, Bezeichnung des Berechtigten:**
Natürliche Personen sind grundsätzlich mit Vor- und Familiennamen sowie Beruf und Wohnort anzugeben. Falls aus den Eintragungsunterlagen jedoch das Geburtsdatum hervorgeht, ist dieses einzutragen, vgl § 15 Abs 1 lit. a GBV, womit sich auch die Eintragung des Berufes und des Wohnortes erübrigt. Letzteren kommt ohnehin nicht mehr die Eigenschaft einer unverrückbaren Kennzeichnung des Berechtigten zu, was der Grund dafür ist, warum in der Grundbuchpraxis die Berechtigten nur noch mit Vornamen, Familiennamen und Geburtsdatum eingetragen werden[889] (*„Sepp Maier, geb. 28.2.1944"*). Die praktische Relevanz dieser Vorschrift zeigt sich immer dann, sofern eine Zwangssicherungshypothek zugunsten einer natürlichen Person eingetragen werden soll, der Vollstreckungstitel jedoch kein Geburtsdatum ausweist. Dies berechtigt das Grundbuchamt zwar nicht zum Erlass einer Zwischenverfügung[890], aber zur Rückfrage beim antragstellenden Rechtsanwalt. Um solche unnötigen Verfahrensverzögerungen zu vermeiden, sollte im Antrag auf Ein-

---

[886] Vgl Hügel/Holzer, GBO, 2. A., 2010, § 1 Rn. 89.
[887] Hügel/Holzer § 1 Rn. 89, sowie KEHE/Eickmann, Vorbemerkung zur GBV, Rn. 3.
[888] Hügel/Holzer § 1 Rn. 89, Demharter, § 1 Rn. 71; BayObLG Rpfleger 1982, 97.
[889] Vgl auch generell Meikel/Böttcher, § 15 Rn. 12 ff. GBV.
[890] Meikel/Böttcher, wie oben.

tragung einer Zwangssicherungshypothek zugunsten einer natürlichen Person stets das Geburtsdatum des einzutragenden Berechtigten angegeben werden.

- **§ 16 GBV, Rötungen bei Eigentumswechsel:** 302
  Falls ein neuer Eigentümer eingetragen wird, sind die Spalten 1–4 der Ersten Abteilung, die sich auf den bisherigen Eigentümer beziehen, rot zu unterstreichen. Gleichlautende Regelungen sind auch für die anderen Bestandteile des Grundbuchs vorgesehen, vgl § 17 Abs 2 GBV (Rötungen in der Zweiten und Dritten Abteilung) bzw § 13 Abs 4 GBV (Rötungen im Bestandsverzeichnis). Der Sinn und Zweck einer Rötung besteht darin, eine Löschung oder Veränderung zu illustrieren.

- **§ 17 GBV, Geldbeträge:** 303
  Danach sind bei Reallasten, Hypotheken, Grundschulden und Rentenschulden die einzutragenden Geldbeträge in den Eintragungsvermerken auch mit Buchstaben zu schreiben, und zwar in der Zweiten Abteilung, Spalte 3, bzw Dritte Abteilung, Spalte 4. Deshalb heißt es auch im folgenden **Eintragungsbeispiel** in der Spalte 4 *„Grundschuld ohne Brief zu zwei Millionen fünfhunderttausend Euro"*:

Amtsgericht München		Grundbuch von Max-Vorstadt	Blatt 811 Dritte Abteilung
Lfd. Nummer der Eintragungen	Lfd. Nr. der belasteten Grundstücke im Bestandsverzeichnis	Betrag	Hypotheken, Grundschulden, Rentenschulden
1	2	3	4
1	1	2.500.000 EUR	Grundschuld ohne Brief zu zwei Millionen fünfhunderttausend Euro; für Sparkasse Silbertal, Silbertal; 18 Prozent jährlich; vollstreckbar nach § 800 ZPO; gemäß Bewilligung vom 20.07.2008 – URNr. 1012/Notar Dr. Maier, München –; Rang vor Abt. II/5; eingetragen am 05.08.2008. Lausmann

- **§ 18 GBV, Rangvermerke:** 304
  Die Regelung sieht vor, dass Angaben über den Rang eines eingetragenen Rechts bei allen beteiligten Rechten zu vermerken sind. Falls beispielsweise eine Auflassungsvormerkung, die bereits in der Zweiten Abteilung unter der laufenden Nummer 1 eingetragen ist, hinter ein neu bestelltes Grundpfandrecht, das die laufende Nummer 9 in der Dritten Abteilung erhält, im Rang zurücktritt, sind die folgenden, wechselseitigen Rangvermerke angebracht:

Amtsgericht München	Grundbuch von Max-Vorstadt		Blatt 1235	Zweite Abteilung
Veränderungen			Löschungen	
Laufende. Nummer d. Spalte 1			Laufende Nummer d. Spalte 1	
4	5		6	7
1	Rang nach Abt. III Nr. 9; eingetragen am 2.6.2010. Lausmann			

Amtsgericht München	Grundbuch von Max-Vorstadt	Blatt 1235	Dritte Abteilung
Lfd. Nummer der Eintragungen	Lfd. Nr. der belasteten Grundstücke im Bestandsverzeichnis	Betrag	Hypotheken, Grundschulden, Rentenschulden
1	2	3	4
9	1	2.500.000 EUR	Grundschuld ohne Brief zu zwei Millionen fünfhunderttausend Euro; für Sparkasse Silbertal, Silbertal; 18 Prozent jährlich; vollstreckbar nach § 800 ZPO; gemäß Bewilligung vom 1.6.2010 – URNr. 802/Notar Volmer, Obernburg –; Rang vor Abt. II/1; eingetragen am 2.6.2010. Lausmann

305 • § 22 GBV, Eintragungsmuster:

Die lakonische Aussage in § 22 S 1 GBV, wonach sich die nähere Einrichtung und Ausfüllung des Grundbuchblattes aus dem Muster ergibt, das als Anlage 1 der GBV beigefügt ist, steht im Kontrast zur immensen Bedeutung der Vorschrift, die sich nur historisch erschließt. Gemeint ist die Einführung eines einheitlichen, tabellarischen Grundbuchvordrucks, der immer noch die Matrix für die Führung und Gestaltung des Grundbuchs liefert, angelehnt an das alte preußische Muster[891] und bestehend aus Aufschrift, Bestandsverzeichnis und drei Abteilungen. Damit fand eine *„außerordentliche Buntscheckigkeit"*[892] der Grundbücher ein Ende und nahm die monolithisch-tabellarische Gliederung des Grundbuchs ihren Anfang. Ausgeschlossen ist damit aber auch, dass sich das Grundbuchwesen erneut zum *„Tummelplatz für das Landrecht"*[893] entwickelt, was einen großen wirtschaftlichen Vorteil bedeutet, auch vor dem Hintergrund transnationaler Transaktionen. Davon unberührt bleiben u.a. die Ermächtigungen der Landesregierungen, Zeitpunkt und Umfang der Einführung des

---

[891] Meikel/Böttcher, Vorbem. zu §§ 4–12 GBV Rn. 2, 3.
[892] Hammer, S. 149.
[893] Hammer, S. 149.

elektronischen Rechtsverkehrs in Grundbuchsachen festzulegen, vgl § 135 Abs 1 S 2 GBO.

- **§§ 24, 96 GBV, Grundakten:**   306
  Diese Bestimmung ist im Kontext mit der Aufbewahrungspflicht des § 10 Abs 1 GBO zu sehen, die sich auf Urkunden bezieht, auf die eine Eintragung sich gründet oder Bezug nimmt. Dazu zählen alle *Erklärungsurkunden* (Anträge, Bewilligungen, Einigungen, Abtretungen, Löschungen), *Legitimationsurkunden* (Vollmachten, Bestallungen), *Amtsurkunden* (Fortführungsnachweise) und alle sonstigen, eintragungsrelevanten Urkunden[894]. Die Grundakten, wie sie in § 24 Abs 1 GBV erwähnt werden, bilden nun den physischen Aufbewahrungsort für all diejenigen Urkunden, die in § 10 GBO erwähnt werden. Darüber hinaus tragen die Grundakten auch zur Vervollständigung und Entlastung des Registerapparates bei, indem sie indirekt die Kontinuität der Eintragungen gewährleisten. Dieser Effekt zeigt sich besonders deutlich im Rechtsvergleich mit dem spanischen Grundbuchrecht, das keine Grundaktenführung kennt, weshalb der letzte Rechtstitel jeweils besonders ausführlich in der Eintragung zu erwähnen ist, was Eintragungen epischer Breite zur Folge hat[895]. Die Grundakten können nun auch vollständig oder teilweise elektronisch geführt werden, § 96 Abs 1 GBV.

- **§ 52 GBV, Muster und Vordrucke für Grundpfandrechtsbriefe:**   307
  Hier erfolgt eine Verweisung auf die Muster in den Anlagen 3 bis 8 GBV, die der beispielhaften Darstellung des wesentlichen und des nicht wesentlichen Inhalt eines Grundpfandrechtsbriefes (vgl §§ 56, 57 ff. GBO) dienen. Angelehnt an die Anlage 7 zu § 52 Abs 1 GBV, könnte ein Grundschuldbrief wie folgt lauten[896]:

```
Gruppe 02 Nr.

                    Deutscher
              Grundschuldbrief
                    über
         ------------270.000 Euro------------
         _____

eingetragen im Grundbuch von
Max-Vorstadt (Amtsgericht München)
Blatt 5034 Abteilung III Nr. 9 (neun)
```

---

[894] Vgl hierzu Hügel/Kral, § 10 Rn. 8–12.
[895] Zum spanischen System vgl Löber, Grundeigentum in Spanien, 6. A., 2000, S. 77.
[896] Zum Vordruckwesen in der Justizverwaltung vgl auch die div. Bekanntmachungen, in Bayern etwa die Vordruckbekanntmachung vom 1.12.1999, 1414-VI-800/99, Pkt. 1.7.2 (Sonderregelungen für Grundpfandrechtsbriefe).

Inhalt der Eintragung:

Grundschuld zu zweihundertsiebzigtausend Euro für Stadtsparkasse Eggenfelden, Eggenfelden; 18 Prozent Zinsen jährlich; vollstreckbar nach § 800 ZPO; gemäß Bewilligung vom 07.07.2010- URNr. 907/Notar Prof. Dr. Volmer, Obernburg; eingetragen am 20.07.2010.

Belastetes Grundstück:

das im Bestandsverzeichnis unter Nr. 1 eingetragene Grundstück.

München, den 22.07.2010

Amtsgericht München, Abteilung Grundbuchamt

(Siegel Amtsgericht München)   Rohrhoferin, Urkundsbeamtin
Konnetschke, Rechtspfleger

308 • **§ 62 GBV, Begriff des maschinell geführten Grundbuchs:**
Hier ist eine Definition des Registers in den Tagen des EDV-Grundbuches[897] zu finden: *„Bei dem maschinell geführten Grundbuch ist der in den dafür bestimmten Datenspeicher aufgenommene und auf Dauer unverändert in lesbarer Form wiedergabefähige Inhalt des Grundbuchblatts (§ 3 Abs 1 S 1 der Grundbuchordnung) das Grundbuch.“*

309 • **§§ 74, 75 GBV, Eintragungen in das maschinell geführte Grundbuch:**
Die Regelung in § 74 GBV knüpft an die Bestimmungen zum maschinell geführten Grundbuch an und enthält Ergänzungen darüber, wie die Eintragungen vorzunehmen sind. Der wesentliche Unterschied zur Führung des Papiergrundbuchs besteht darin, dass die Eintragungen nunmehr einzig und allein durch den Grundbuchrechtspfleger veranlasst werden, vgl. § 74 Abs 1 S 1 GBV. In der Folge meint § 74 Abs 1 S 2 GBV zwar, dass dann auch eine gesonderte Eintragungsverfügung nicht mehr erforderlich sei, die Praxis verfährt jedoch anders, weil sehr wohl das Bedürfnis besteht, die Eintragung auch in der Grundakte zu dokumentieren[898]. Die Eintragung erfolgt in der Art und Weise, dass der Grundbuchrechtspfleger der Eintragung seinen Namen hinzusetzt und beides elektronisch unterschreibt, § 75 S 1 GBV.

---

[897] Vgl auch Schmidt-Räntsch, S. 12.
[898] Vgl auch Meikel/Engel, § 74 Rn. 3 GBV.

III. Das in maschineller Form geführte Grundbuch, §§ 126–134 GBO

In den jungen Tagen des Registerverfahrensbeschleunigungsgesetzes **310** (RegVBG[899]) löste die Überschrift des Siebenten Abschnittes der GBO, tituliert mit *„Das maschinell geführte Grundbuch"*, noch teilweise die Befürchtung aus, die Führung des Grundbuchs werde fortan den Menschen entrissen und den Maschinen überantwortet, vergleichbar etwa der aktuellen Praxis im mazedonischen Grundbuchrecht, das sich im Upload notarieller Urkunden erschöpft. Präzisere Auskunft darüber, was sich hinter dem **„maschinell geführten" Grundbuch** verbirgt, gibt die Regelung in **§ 126 Abs 1 S 1 GBO**:

> *„Die Landesregierungen können durch Rechtsverordnung bestimmen, dass und in welchem Umfang das Grundbuch in maschineller Form als automatisierte Datei geführt wird."*

Hieran knüpfen die diversen landesrechtlichen Verordnungen an, etwa die **311** bayerische E-Rechtsverkehrsverordnung (ERVV[900]), in dessen § 11 Abs 1 S 1 ebenfalls davon die Rede ist, dass bei allen Amtsgerichten das *Grundbuch in maschineller Form als automatisierte Datei* geführt wird. Die wesentliche Änderung bezieht sich demnach auf die Form, auf den Wechsel im Medium: weg vom Grundbuch, das in Papierform geführt wird, hin zum vollautomatisierten, in elektronischer Form geführten Register, das in spezieller Datenspeicherungsform hinterlegt ist[901]. Dies impliziert, dass eine physische Verkörperung des Grundbuchs in maschineller Form als automatisierte Datei nur noch als Ausdruck bzw amtlicher Ausdruck gegeben ist, § 131 GBO. Die Regelung in § 126 Abs 1 S 2 Nr. 2 GBO zielt darauf ab, dass *„die vorzunehmenden Eintragungen alsbald in einen Datenspeicher aufgenommen und auf Dauer inhaltlich unverändert in lesbarer Form wiedergegeben werden können"*. Worin der Inhalt des *Grundbuches ohne Buch* nunmehr besteht, kommt noch deutlicher in der Regelung des **§ 62 S 1 GBV** zum Ausdruck:

> *„Bei dem maschinell geführten Grundbuch ist der in den dafür bestimmten Datenspeicher aufgenommene und auf Dauer unverändert in lesbarer Form wiedergabefähige Inhalt des Grundbuchblattes (§ 3 Abs 1 S 1 GBO) das Grundbuch."*

Dabei volllzog sich die Transformation Papiergrundbuch/maschinell geführtes **312** Grundbuch erst durch die Schließung des alten Papiergrundbuchs und die Freigabe des maschinell geführten Grundbuchs, vgl § 128 Abs 1 GBO, das mit der Freigabe

---

[899] Gesetz zur Vereinfachung und Beschleunigung registerrechtlicher und anderer Verfahren (Registerverfahrensbeschleunigungsgesetz) v 20.12.1993, BGBl. I 2182.

[900] ERVV vom 15.12.2006, GVBl S. 1084, BayRS 315-5-J.

[901] Vgl zur Einführung auch Schmidt-Räntsch, Das EDV-Grundbuch, VIZ 1997, S. 83, 84.

an die Stelle des bisherigen Grundbuchblattes getreten ist, vgl § 71 S 1 GBV[902].
Das Muster eines **Freigabevermerks** auf der Aufschrift eines Grundbuchblattes
könnte wie folgt lauten:

Amtsgericht München

Grundbuch

von

Milbertshofen

Blatt 1969

*Dieses Blatt ist zur Fortführung auf EDV umgestellt worden und dabei an die
Stelle des bisherigen Blattes getreten. In dem Blatt enthaltene Rötungen sind
schwarz sichtbar. Freigegeben am 19.1.1996*[903].

Frantzen

313　Die äußere **Gestalt des Grundbuchs** blieb unverändert, weil der Gesetzgeber
des RegVBG von einer *Zwangskollektivierung dinglicher Rechte* bewusst Abstand
nehmen wollte[904], § 63 GBV. Dagegen wird eine Eintragung im maschinell geführten Grundbuch erst wirksam, *„sobald sie in den für die Grundbucheintragungen
bestimmten Datenspeicher aufgenommen ist und auf Dauer inhaltlich unverändert in lesbarer
Form wiedergegeben werden kann"*, § 129 Abs 1 S 1 GBO. Folge ist, dass nur noch
der Rechtspfleger mit der Führung des Grundbuchs betraut ist, weil der Rechtspfleger die Eintragung unmittelbar selbst vornehmen kann, § 130 S 1 GBO iVm
§ 74 Abs 1 S 1 GBV[905].

314　Ein weiterer, wesentlicher Effizienzvorteil liegt im nun möglichen **Online-
Abruf** der Grundbuchdaten, wobei es wiederum galt, das System des computergebundenen Registers zu implementieren, ohne Grundsätze des Grundbuchrechts zu
eliminieren[906]. Deshalb ist die Einsicht in das maschinell geführte Grundbuch nur
demjenigen gestattet, der ein berechtigtes Interesse darlegen kann, § 12 Abs 1 S 1
GBO. Die Einsicht kann auch bei einem anderen als dem Grundbuchamt erfolgen,
bei dem das Grundbuch geführt wird, § 132 S 1 GBO. Grundbuchführendes und
einsichtsgewährendes Grundbuchamt können in der Folge divergieren, was sich in
der Praxis als vorteilhaft erwiesen hat, insbesondere für den grundbuchsuchenden

---

[902] Vgl auch Schmidt-Räntsch, S. 86.
[903] Zum Wortlaut des Umstellungsvermerks vgl. § 71 GBV.
[904] Vgl hierzu auch Teil F IV; zum Muster eines maschinell geführten Grundbuchs siehe
auch das Muster 10b zu § 69 Abs 4 GBV.
[905] Vgl BeckOK GBO, 9.Edition, Stand 1.6.2010, Hügel/Kral, § 130 Rn. 2.
[906] BeckOK GBO Hügel/Wilsch, § 132 Rn. 1.

Bürger. Ein aktueller Gesetzesentwurf[907] sieht sogar vor, den Notaren die Möglichkeit der Einsichtsgewährung im Notariat zu gestatten.

IV. Bekanntmachung der Eintragungen, § 55 GBO

Ein öffentliches Register, das verlässlich und vollständig Auskunft über **315** Rechtsverhältnisse an Immobilien und dinglichen Rechten geben soll, zieht bereits konzeptionell die grundbuchamtliche Verpflichtung nach sich, den Antragsteller nach Abschluss des Verfahrens über die antragsgemäße Eintragung zu informieren. Die nähere gesetzliche Ausgestaltung dieser Verpflichtung ist in § 55 GBO zu finden, der mit *„Bekanntmachung der Eintragungen"* überschrieben ist. Die entsprechenden Mitteilungspflichten berücksichtigen nicht nur die wirtschaftlichen Interessen der Beteiligten, die an einer unmittelbaren Benachrichtigung interessiert sind, sondern auch rechtsstaatliche Aspekte des fairen und greifbaren Verfahrens. Dies mag einer der Gründe dafür gewesen sein, warum Kafka seinem wichtigsten Roman den Titel *„ Der Process"* geben musste, nicht aber *„Das Grundbuchverfahren"*[908]. Nach § 55 Abs 1 GBO gilt:

„Jede Eintragung soll dem den Antrag einreichenden Notar, dem Antragsteller und dem eingetragenen Eigentümer sowie allen aus dem Grundbuch ersichtlichen Personen bekanntgemacht werden, zu deren Gunsten die Eintragung erfolgt ist oder deren Recht durch sie betroffen wird, die Eintragung eines Eigentümers auch denen, für die eine Hypothek, Grundschuld, Rentenschuld, Reallast oder ein Recht an einem solchen Recht im Grundbuch eingetragen ist."

Der systematischen Stellung des § 55 GBO lässt sich entnehmen, dass sich die **316** **Benachrichtigungspflicht** auf die Eintragung von Rechtsverhältnissen bezieht, nicht aber auch auf Eintragungen, die nur tatsächliche Angaben wiedergeben oder lediglich eine Hinweisfunktion aufweisen[909]. Dabei werden in § 55 GBO die folgenden Adressaten als Bekanntmachungsempfänger benannt:

- der *Notar* (unabhängig von einer etwaigen Vertreterposition iSv § 15 GBO oder einer bloßen Botenfunktion[910]; sofern der Notar den Antrag nach § 15 GBO stellt, erhält nur der Notar die Mitteilung, nicht auch noch der von ihm vertretene Antragsteller)
- der *Antragsteller* (sofern nicht durch den Notar iSv § 15 GBO vertreten[911]) bzw die ersuchende Behörde iSv § 38 GBO

---

[907] BR-Drs 45/10 sowie BR-Drs 67/10, s.a. BeckOK GBO Hügel/Wilsch, § 132 Rn. 9.

[908] Josef K. bliebe die Entscheidung nicht verborgen, und der Zugang zum Grundbuchamt wäre gewährleistet, (wobei der „access to justice" aber immer noch ein bestimmendes Thema Brüsseler Rechtspolitik ist).

[909] BeckOK GBO Hügel/Wilsch, 9.Edition, Stand 1.6.2010, § 55 Rn. 1.

[910] Holzer NJW 1994, 481; DNotI-Report 1997, 242.

[911] Notar ist dann der alleinige Repräsentant der Beteiligten, OLG Jena FGPrax 2002, 150.

- der *eingetragene Eigentümer* (sofern nicht bereits durch den Notar iSv § 15 GBO vertreten; zur Besonderheit bei Miteigentümern vgl § 55 Abs 2 GBO)
- die *Gläubiger* eines *Grundpfandrechts* oder einer *Reallast*, sofern ein neuer Eigentümer im Grundbuch eingetragen wird (sog. Verwertungsrechte, die ein gesteigertes Interesse an der Person des Eigentümers aufweisen)
- die *Gläubiger* von *Rechten an solchen Grundpfandrechten oder Reallasten*
- die *Katasterbehörde*, und zwar in den Fällen des § 55 Abs 3 und 4 GBO (Veränderungen der grundbuchmäßigen Bezeichnung des Grundstücks; die Eintragung eines neuen Eigentümers; die Eintragung des Verzichts auf Eigentum)
- *andere Grundbuchämter*, und zwar im Falle einer entsprechenden Konstellation bei Eintragung eines subjektiv-dinglichen Rechts (§ 55 Abs 5 GBO)
- der *Aneignungsberechtigte* im Falle des Verzichts auf das Eigentum (§ 55 Abs 4 GBO).

Nach § 55 Abs 6 S 1 GBO muss die Mitteilung die Eintragung wörtlich wiedergeben. Zum **Soll-Inhalt** zählen hingegen die folgenden Merkmale[912]:
- die Stelle der Eintragung im Grundbuch
- der Name des Eigentümers
- bei Eigentumswechsel auch den Namen des bisherigen Eigentümers
- die Bezeichnung der betroffenen Immobilie
- die Anschrift des neuen Eigentümer
- das Aktenzeichen des Notars.

317 Nicht notwendig ist dagegen eine **Rechtsbehelfsbelehrung** iSv § 39 FamFG, weil eine bloße Eintragungsmitteilung vorliegt, nicht aber ein Beschluss[913]. Dafür spricht auch, dass eine Beschwerde gegen eine Eintragung ohnehin nicht zulässig ist, vgl § 71 Abs 2 S 1 GBO (*„Die Beschwerde gegen eine Eintragung ist unzulässig."*). Die **Form** der Eintragungsmitteilung richtet sich nach § 42 GBV, so dass die Übergabe oder Zusendung in einfacher Schriftform genügt, § 15 Abs 3 FamFG[914]. Wichtig ist in diesem Zusammenhang, dass die maschinell erstellte Mitteilung nicht unterschrieben werden muss, vgl § 42 S 1 GBV, was durch folgenden Vermerk zum Ausdruck gebracht wird, vgl. § 42 S 2 GBV: *„Dieses Schreiben ist maschinell erstellt und auch ohne Unterschrift wirksam".*

318 Falls die Eintragungsmitteilung fälschlicherweise unterblieben, fehlgeschlagen oder fehlerhaft ist, wirkt sich dies nicht auf die erfolgten Eintragungen aus. Denn die Regelung in § 55 Abs 1 GBO ist als **Soll-Vorschrift** ausgestaltet[915]. Darüber hinaus kann eine unterbliebene oder fehlgeschlagene Mitteilung auch nicht mit der Beschwerde angegriffen werden, weil hierin keine beschwerdefähige Entscheidung erblickt werden kann[916]. In der Grundbuchpraxis behilft man sich,

---

[912] Vgl BeckOK GBO Hügel/Wilsch, 9.Edition, Stand 1.6.2010, § 55 Rn. 25.
[913] Vgl Wilsch FGPrax 2009, 243, 245, sowie Demharter FGPrax 1995, 217.
[914] Vgl Wilsch FGPrax 2009, 243, 244.
[915] Demharter § 55 Rn. 29.
[916] OLG Naumburg FGPrax 2003, 109.

sofern der Eintragungsfall nicht bereits gelöscht ist, mit dem erneuten Aufruf des Falles, anderenfalls mit der Übersendung eines Grundbuchausdruckes mit entsprechendem Begleitschreiben[917].

Schließlich existieren noch besondere Bekanntmachungsvorschriften, vgl § 55 **319** **Abs 8 GBO:**

- jede Eintragung im *Erbbaugrundbuch* soll auch dem Grundstückseigentümer bekanntgemacht werden, vgl § 17 ErbbauRG
- im Falle der *Insolvenz* sind, sofern ohnehin noch möglich (§ 89 InsO), die Eintragungen dem Insolvenzverwalter, dem eingetragenen Schuldner und dem Insolvenzgericht mitzuteilen[918]
- nach § 19 Abs 3 ZVG soll das Grundbuchamt alle Eintragungen, die nach der Eintragung des *Zwangsversteigerungsvermerks* erfolgt sind, dem Vollstreckungsgericht mitteilen
- spezielle Bekanntmachungsvorschriften sind auch im BauGB enthalten, etwa für den Fall des *Enteignungsverfahrens* (§ 108 Abs 6 S 3 BauGB) und des *Sanierungsverfahrens* (§ 143 Abs 2 S 3 BauGB); Gleiches gilt für das *Flurbereinigungsverfahren*
- die Eintragung eines neuen Eigentümers oder Erbbauberechtigten und die Eintragung der *Begründung von Wohnungs- und Teileigentum* bzw. die Eintragung der *Begründung eines Erbbaurechts, Wohnungserbbaurechts oder Teilerbbaurechts* ist auch der Finanzbehörde mitzuteilen, die für die Feststellung des Einheitswertes zuständig ist, vgl § 29 Abs 4 BewG[919].

---

[917] BeckOK GBO Hügel/Wilsch, 9. Edition, Stand 1.6.2010, § 55 Rn. 31.

[918] Hügel/Wilsch, GBO, 2. A., 2010, § 55 Rn. 37.

[919] Vgl Wortlaut des § 29 Abs 4 Nr. 1, Nr. 2 und Nr. 3 BewG sowie Meikel/Morivilius, § 55 Rn. 62.

J. Rechtsmittel gegen Entscheidungen des Grundbuchamtes

I. Allgemeines und das neue FamFG

320   Eines der zentralen Anliegen des FamFG-Gesetzgebers bestand darin, den Rechtsmittelzug in Verfahren der freiwilligen Gerichtsbarkeit zu harmonisieren[920] und das Rechtsmittelsystem vollständig neu zu konzeptionieren. Nach § 58 Abs 1 FamFG findet nun gegen die im ersten Rechtszug ergangenen Endentscheidungen der Amtsgerichte die **Beschwerde** statt, sofern durch Gesetz nichts anderes bestimmt ist. Nichts anderes, aber etwas *Spezielleres* ist in § 71 Abs 1 GBO bestimmt, einer eigenständigen Regelung, die als *lex specialis* einer anderweitigen FamFG-Regelung vorgeht. Dies veranlasste den Bundesrat im Laufe des Gesetzgebungsverfahrens zu der Überlegung, man möge doch prüfen, „*ob es bezüglich des Rechtsmittelzuges in Grundbuchsachen bei der bisherigen Regelung bleiben soll*"[921]. Im weiteren Gesetzgebungsverfahrens wurde dieser Vorschlag zu Recht verworfen, um der Eigenständigkeit der GBO, die ohnehin nicht im Änderungsfokus des FamFG-Gesetzgebers stand, besonderen Nachdruck zu verleihen.

321   Eine wichtige Rolle spielt hingegen die Änderung des Instanzenzuges in Grundbuchsachen, wie sie nun in § 72 GBO zu finden ist. Seit dem 1.9.2009 sieht § 72 GBO vor, dass über die Beschwerden das **Oberlandesgericht** zu entscheiden hat[922]. Während diese Änderung in der Praxis der Grundbuchämter auf ein positives Echo gestoßen ist, ist in Teilen der Literatur[923] ein befremdliches Retro-Echo zu vernehmen. Gemeint ist die Einschätzung, es sei „*schon ein etwas großer Sprung vom Grundbuchrechtpfleger zum voll besetzten OLG-Zivilsenat*"[924], weshalb, der Reform zum Trotze, eine Reform der Reform anzuraten sei, und zwar in Richtung alleiniger Abhilfebefugnis des Grundbuchrichters am Amtsgericht[925]. Ein solcher Vorschlag bedeutet jedoch, um in der Terminologie zu bleiben, einen sehr großen Sprung zurück hinter den Stand der rechtspolitischen Diskussion, wie sie zuletzt 1998[926] geführt wurde. Überdies verkennt dieser Vorschlag die Vorteile, die sich aus der Verkürzung des Instanzenzuges für die Beteiligten ergeben, denen sog. „*Durchlauferhitzer-Entscheidungen*" erspart bleiben. Es ist auch kein Grund er-

---

[920] Vgl BT-Drs 16/6308, S. 166.
[921] Vgl BT-Drs 16/6308, S. 398, zu Art. 36 des FGG-RG.
[922] Davor das Landgericht, vgl zum alten Stand Holzer/Kramer, 9. Teil Rn. 9.
[923] Eckert in Jurgeleit (Hrsg.), Freiwillige Gerichtsbarkeit, § 23 Rn. 320 iVm Fn 135.
[924] Eckert, wie oben.
[925] Eckert, wie oben.
[926] Vgl Budde, Die Beschwerde im Grundbuchrecht, Rpfleger 1999, 515.

sichtlich, warum ein solch großer Sprung nicht gerechtfertigt sein und das völlig antiquierte Institut der Durchgriffserinnerung[927] wiederbelebt werden sollte, zumal die rechtliche bzw. wirtschaftliche Tragweite einer grundbuchamtlichen Zwischenverfügung bzw. Zurückweisung enorm sein kann. Die mühsam mit dem Inkrafttreten der FamFG-Reform erreichte Einheitlichkeit des dreistufigen Instanzenzuges läge überdies wieder in Trümmern.

II. Rechtsmittel gegen Entscheidungen des Rechtspflegers

Da die Grundbuchsachen in vollem Umfang dem Rechtspfleger[928] übertragen sind, vgl § 3 Nr. 1 lit. h des Rechtspflegergesetzes (RPflG), entspricht es seiner verfahrensrechtlichen Stellung, zuerst die Rechtsmittel gegen die Entscheidungen des Rechtspflegers zu erörtern. Nach § 11 Abs 1 RpflG ist gegen Entscheidungen des Rechtspflegers das Rechtsmittel gegeben, das nach den allgemeinen verfahrensrechtlichen Vorschriften zulässig ist. In Grundbuchsachen ist danach Rechtsmittel die Beschwerde, vgl **§ 71 Abs 1 GBO**:   322

„Gegen die Entscheidung des Grundbuchamts findet das Rechtsmittel der Beschwerde statt."

Als beschwerdefähige Entscheidungen des **Rechtspflegers** sind vor allem die Zwischenverfügung und die Zurückweisung iSv § 18 Abs 1 GBO anzusehen[929]. In beiden Fällen ist die sog. *„unbeschränkte Beschwerde"* zulässig, wobei sich die Beschwerde   323

- im Falle der Zwischenverfügung auf die Aufhebung der Zwischenverfügung und
- im Falle der Zurückweisung auf die Anweisung zur Eintragung richtet[930].

Dagegen erklärt die Regelung in § 71 Abs 2 S 1 GBO die Beschwerde gegen eine Eintragung für unzulässig, wobei die Literatur die Regelung einvernehmlich dahingehend ergänzt, dass damit „nur" diejenigen Eintragungen gemeint sein können, die dem Schutzbereich des gutgläubigen Erwerbs unterliegen[931]. Das ist jedoch, wie ein Blick auf die Verfahrenspraxis zeigt, die große Vielzahl der Eintragungen, so dass Eintragungen grundsätzlich nicht unter dem Damoklesschwert   324

---

[927] Zu ähnlichen, bereits 1998 geäußerten Überlegungen vgl die zu Recht ablehnden Anmerkungen von Budde in Rpfleger 1999, 515, 516.

[928] Gemeint sind fortan *Rechtspflegerinnen* und *Rechtspfleger*, die hier gewählte Bezeichnung orientiert sich aus Vereinfachungsgründen am Sprachgebrauch des RPflG; zur funkt. Zuständigkeit vgl auch Teil E Pkt. III.

[929] Vgl oben Teil H.

[930] KEHE/Briesemeister, § 71 Rn. 14 und Rn. 15.

[931] Bauer/v.Oefele/Budde, § 71 Rn. 35.

der Aufhebung stehen[932]. In solchen Fällen kann die Beschwerde nur darauf ausgerichtet werden, so die Bestimmung in § 71 Abs 2 S 2 GBO weiter, *„dass das Grundbuchamt angewiesen wird, nach § 53 (GBO) einen Widerspruch einzutragen oder eine Löschung vorzunehmen"*. Die Literatur spricht hier von der sog. *„beschränkten Beschwerde"*[933], einem eher seltenen Rechtsmittel.

325   Häufiger anzutreffen ist hingegen die **stets unbefristete**[934] **Beschwerde** gegen eine Zwischenverfügung oder Zurückweisung des Rechtspflegers, über die der Zivilsenat des Oberlandesgerichtes entscheidet, in dessen Bezirk das Grundbuchamt seinen Sitz hat, §§ 72, 81 Abs 1 GBO. Im Gegensatz zur Beschwerdeeinlegung nach dem FamFG, die ausschließlich bei dem Gericht erfolgen kann, dessen Entscheidung angefochten werden soll[935], gestattet § 73 Abs 1 GBO die Einlegung der Beschwerde bei dem betroffenen Grundbuchamt *oder* bei dem Beschwerdegericht. Im Kontext hierzu empfiehlt es sich, dies in die Rechtsmittelbelehrung besonders aufzunehmen, die der Zwischenverfügung bzw der Zurückweisung obligatorisch beizufügen ist, §§ 39, 38 FamFG[936]. Die Bestimmung in **§ 75 GBO** räumt dem Grundbuchamt die Möglichkeit der **Abhilfe** ein:

> *„Erachtet das Grundbuchamt die Beschwerde für begründet, so hat es ihr abzuhelfen."*

326   Falls das Grundbuchamt der Beschwerde nicht abhelfen möchte, fertigt der Rechtspfleger des Grundbuchamtes einen entsprechenden und begründeten Nichtabhilfebeschluss, gibt diesen den Beteiligten bekannt[937] und legt die Beschwerde dem zuständigen Zivilsenat des Oberlandesgerichts vor, § 72 GBO iVm § 119 Abs 1 Nr. 1 b GVG. Ein bloßer Aktenvermerk mit Übersendungsverfügung reicht dagegen nicht aus[938].

III. Rechtsmittel gegen Entscheidungen des Urkundsbeamten

327   Die Regelung in **§ 12c GBO** enthält in Abs 1 nicht nur einen Katalog der Zuständigkeiten des **Urkundsbeamten**[939], sondern in Abs 4 Satz 1 auch eine Rechtsmittelregelung:

> *„Wird die Änderung einer Entscheidung des Urkundsbeamten der Geschäftsstelle verlangt, so entscheidet, wenn dieser dem Verlangen nicht entspricht, der Grundbuchrichter."*

---

[932] Zur Begründung s. bereit Achilles/Strecker, § 71 Pkt. 2 (= S. 324).

[933] KEHE/Briesemeister, § 71 Rn. 45; s.a. OLG München NotBZ 2010, 348, dort auch zum einschlägigen Übergangsrecht iSv Art. 111 FGG-RG.

[934] Demharter, § 71 Rn. 2.

[935] Siehe § 64 Abs 1 FamFG = *iudex a quo*, vgl Keidel/Sternal, § 64 Rn. 1.

[936] Vgl hierzu Teil D Pkt. II sowie Wilsch, FGPrax 2009, 243–247.

[937] Vgl hierzu nun OLG München NotBZ 2010, 351.

[938] OLG München, wie oben.

[939] Zur funktionellen Zuständigkeit vgl Teil E Pkt. III; gemeint sind *Urkundsbeamtinnen* und *Urkundsbeamte*.

Eine explizite Benennung des Rechtsmittels erfolgt nicht, so dass der insoweit übliche Begriff der **Erinnerung**[940] heranzuziehen ist. Dies geschieht auch vor dem Hintergrund des § 12c Abs 4 S 2 GBO, der insoweit die Möglichkeit der Beschwerde verneint. Auch eine Befristung ist nicht vorgesehen, was einen Gleichklang mit dem üblichen GBO-Rechtsmittelsystem bedeutet[941]. Analog zur Möglichkeit der Abhilfe durch den Rechtspfleger im Beschwerdeverfahren, vgl § 75 GBO, räumt auch § 12c Abs 4 S 1 GBO dem Urkundsbeamten die Möglichkeit der **Abhilfe** durch abweichende Entscheidung ein. Falls der Urkundsbeamte der Erinnerung nicht abhelfen möchte, fertigt er einen Nichtabhilfebeschluss und legt die Erinnerung dem Grundbuchrichter des Grundbuchamtes vor, § 12c Abs 4 S 1 GBO.

IV. Rechtsmittel gegen Entscheidungen des Grundbuchrichters

Der **Grundbuchrichter**[942] trifft sodann die Entscheidung über die Erinnerung, wogegen wiederum und erstmals die Beschwerde eingelegt werden kann, vgl **§ 12c Abs 4 Satz 2 GBO**: **328**

„Die Beschwerde findet erst gegen seine Entscheidung statt.“

Dabei hält die hM[943] an der ausschließlichen Richterzuständigkeit auch trotz sonstiger gesetzlicher Änderungen[944] fest, weil § 12c GBO davon unberührt geblieben ist[945]. Anfechtbar mit der regulären Beschwerde nach § 71 Abs 1 GBO sind daher alle Entscheidungen, die der Grundbuchrichter als Grundbuchamt trifft:
– Entscheidung des Grundbuchrichters, mit der die Entscheidung des Urkundsbeamten, die Grundbucheinsicht zu verweigern, bestätigt wird[946]
– Entscheidung des Grundbuchrichters, mit der die Entscheidung des Urkundsbeamten, eine Abschrift/Ausdruck des Grundbuchs oder aus den Grundakten verweigert wird, bestätigt wird[947]

---

[940] Hügel/Kral, § 12c Rn. 23; Demharter, § 71 Rn. 10 sowie § 12c Rn. 11.
[941] Befristete Rechtsmittel, etwa in § 89 GBO enthalten, sind die Ausnahme.
[942] Gemeint sind Grundbuchrichterinnen und Grundbuchrichter, vgl obige Verfahrensweise.
[943] Hügel/Kral, § 12c Rn. 23; Hügel/Wilsch, § 12 Rn. 79; KEHE/Eickmann, § 12c Rn. 16.
[944] Art. 9 Nr. 1 des Ersten Justizmodernisierungsgesetzes.
[945] *aA* Rellermeyer, Rpfleger 2004, 593: nun Zuständigkeit des Rechtspflegers; nun auch Meikel/Nowak, § 12c Rn. 21, allerdings nicht überzeugend und contra legem.
[946] Hügel/Kramer, § 71 Rn. 173.
[947] Hügel/Kramer, § 71 Rn. 178.

– Entscheidung des Grundbuchrichters, mit der die Entscheidung des Urkundsbeamten, eine Einsichtnahme in Hilfsverzeichnisse (§ 12a GBO) zu versagen,
bestätigt wird

– Entscheidung des Grundbuchrichters, mit der die Entscheidung des Urkundsbeamten, die Eintragung eines Insolvenz- oder Zwangsversteigerungs- und
-verwaltungsvermerkes nicht vorzunehmen, bestätigt wird.

329   Seit dem 1.9.2009, dem Inkrafttreten des FamFG, genügt es im Rahmen der
grundsätzlichen Abhilfebefugnis nach § 75 GBO nicht mehr, einen bloßen Aktenvermerk mit Übersendungsverfügung zu treffen, vielmehr ist der Beschluss
auch den Beteiligten bekannt zu geben[948].

V. Überblick über die einzelnen Rechtsmittel

330   Die Rechtsmittelsituation im Grundbuchverfahren stellt sich daher wie folgt
dar:

- Entscheidung des *Rechtspflegers*:
  unbeschränkte und unbefristete Beschwerde nach § 11 Abs 1 RpflG iVm § 71
  Abs 1 GBO (mit Abhilfemöglichkeit des Rechtspflegers, s § 75 GBO)

- Entscheidung des *Urkundsbeamten*:
  unbeschränkte und unbefristete Erinnerung nach § 12c Abs 4 GBO (mit Abhilfemöglichkeit des Urkundsbeamten, s § 12c Abs 4 S 1 GBO)

- Entscheidung des *Grundbuchrichters*:
  unbeschränkte und unbefristete Beschwerde nach § 71 Abs 1 GBO (mit Abhilfemöglichkeit des Grundbuchrichters, s § 75 GBO[949]).

---

[948] OLG München NotBZ 2010, 351.
[949] Holzer/Kramer, 9. Teil Rn. 157.

K. Zwangsvollstreckung im Grundbuchverfahren

I. Allgemeines

Ein Vollstreckungsgläubiger, dessen Schuldner über Immobiliarvermögen **331** verfügt, mag sich glücklich schätzen, nicht den häufig fruchtlosen Weg der Mobiliarvollstreckung einschlagen zu müssen. Jedoch kann auch dieser Weg steinig sein, insbesondere dann, wenn er zwangsläufig mit Vorüberlegungen im materiellen Recht, im Sachenrecht, beginnt, um sodann über zwei Verfahrensgebirge zu führen, nämlich ZPO und GBO. Als überholt anzusehen ist die Einschätzung, das grundbuchamtliche Zwangsvollstreckungsverfahren unterliege ausschließlich den Vorschriften der GBO und nicht den Vorschriften der ZPO[950]. Richtig ist vielmehr, dass dem Vollstreckungsgläubiger detaillierte Kenntnisse beider Verfahrensordnungen abverlangt werden, sofern er zu einer grundbuchmäßigen Absicherung seiner Forderung gelangen möchte. Dabei eröffnet die Regelung in § 866 Abs 1 ZPO drei Wege:

- die *Zwangsversteigerung* der Immobilie
- die *Zwangsverwaltung* der Immobilie
- sowie die Eintragung einer *Zwangshypothek* an der Immobilie.

Dem Gläubiger steht es frei, die Maßnahmen einzeln zu verlangen oder miteinander zu verbinden, vgl § 866 Abs 2 ZPO. In der Praxis geht der Vollstreckungsgläubiger häufig den Weg, sich eine Zwangssicherungshypothek an der Immobilie des Schuldners eintragen zu lassen.

II. Eintragung einer Zwangshypothek

Die Eintragung einer **Zwangshypothek** verschafft dem Gläubiger zwar noch **332** keine Befriedigung, aber eine dingliche Sicherung seiner Forderung an der Immobilie des Schuldners, sekundiert überdies von der Erlangung wichtiger verfahrens- und materiellrechtlicher Positionen, etwa nach § 9 Nr. 1 ZVG (Beteiligter), § 10 ZVG (Rangklasse 4) oder nach § 1179a BGB (gesetzlicher Löschungsanspruch) bzw § 1120 BGB (Hypothekenhaftungsverband)[951]. In der Rechtsprechung ist allgemein von einer „*rechtlichen Doppelnatur*" [952] der Zwangshypothek die Rede,

---

[950] So Achilles/Strecker, Einleitung, II 10 c (= S. 95).
[951] Vgl hierzu Goebel-Mock, AnwF Zwangsvollstreckung, 3. A., 2008, § 7 Rn. 3 ff.
[952] LG Wuppertal Rpfleger 1988, 153.

was jedoch ein falsches Licht auf das Recht wirft, das als „reguläre" Sicherungshypothek gelten kann, § 866 Abs 1 ZPO. Dafür spricht das konstitutive Element
der Eintragung, vgl § 867 Abs 1 S 2 ZPO. Nicht das Ergebnis, die eingetragene
Zwangshypothek, weist daher eine Doppelnatur auf, sondern das vorangehende
Eintragungsverfahren spielt sich in einem Doppelbereich GBO/ZPO ab. Zur
Anwendung kommt „*Verfahrensrecht hoch zwei*", zu prüfen sind bei der Eintragung
der Zwangshypothek:

- vollstreckungsrechtliche Voraussetzungen und
- grundbuchrechtliche Voraussetzungen[953].

333   Ein Blick in die Grundbuchpraxis zeigt, dass die Gläubiger regelmäßig einen
Teilbereich nicht bzw nicht vollständig abdecken, woraus wiederum rechtliche
oder wirtschaftliche Nachteile resultieren können, beispielsweise in Form eines
Rangverlustes. In der Praxis besteht daher die Notwendigkeit, sich einen Über-
blick über alle Voraussetzungen zu verschaffen. Dies kann in Form der folgenden
Checkliste geschehen[954]:

Checkliste für die Eintragung einer Zwangshypothek:

334   ☐ Antrag des Gläubigers, § 867 Abs 1 S 1 ZPO, wobei einfache Schriftform
reicht[955].

☐ Belastungsgegenstand einer Zwangshypothek können Grundstücke, Woh-
nungs- und Teileigentum, Erbbaurechte[956] und ideelle Anteile hieran sein,
nicht aber auch ein Gesamthandsanteil, etwa ein einzelner Erbanteil.

☐ Falls ein Bevollmächtigter den Antrag stellt, muss ein Vollmachtsnachweis
erbracht werden, es sei denn, es tritt ein Rechtsanwalt oder Notar auf, die
beide von der Nachweispflicht befreit sind, §§ 81, 88 Abs 2 ZPO bzw § 11
S 4 FamFG[957].

☐ Der Belastungsgegenstand muss im Antrag so bezeichnet werden, wie dies
dem Bezeichnungsgebot des § 28 S 1 GBO entspricht (übereinstimmend mit
dem Grundbuch oder durch Hinweis auf das Grundbuchblatt).

☐ Einzutragende Geldbeträge sind in Euro anzugeben, § 28 S 2 GBO; nach
§ 1 Nr. 2 EuroGrPfRV kann aber auch die Eintragung in der Währung eines der Mitgliedstaaten der Europäischen Union erfolgen (Dänemark,
Großbritannien, Schweden sowie Länder nach der EU-Osterweiterung)
erfolgen; überdies ermöglicht die Regelung in § 1 Nr. 3 und 4 EuroGrPfRV

---

[953] Vgl allgemein Hügel/Wilsch, Sonderbereich Zwangssicherungshypothek; Goebel-
Mock, § 7 Rn. 12.

[954] Hügel/Wilsch, wie oben.

[955] § 13 Abs 2 S 1 GBO.

[956] Evtl. Zustimmungserfordernis des Grundstückseigentümers nach §§ 8, 5 Abs 2
ErbbauRG beachten!.

[957] OLG Zweibrücken Rpfleger 2001, 174; Helwich JurBüro 2008, 568; zur Streitfrage
der Antragstellung für eine Gläubiger-GbR s Bestelmeyer, Rpfleger 2010, 188, und Hügel/
Wilsch, Rn. 4.

die Eintragung in der Währung der Schweizerischen Eidgenossenschaft und der Vereinigten Staaten von Amerika[958].

☐ Dem Grundbuchamt ist der Vollstreckungstitel vorzulegen, §§ 704, 794 ZPO[959].

☐ Dieser Titel muss mit einer Vollstreckungsklausel versehen sein, §§ 724 ff., 797 ZPO[960].

☐ Die Zwangsvollstreckung darf nur beginnen, wenn der Titel bereits zugestellt ist oder gleichzeitig zugestellt wird, § 750 Abs 1 ZPO; Nachweis durch Zustellungsurkunde des Gerichtsvollziehers oder Zustellungsbescheinigung des Urkundsbeamten der Geschäftsstelle oder, bei Zustellung von Anwalt zu Anwalt, durch Empfangsbekenntnis des Schuldneranwaltes[961].

☐ Im Falle der sog. Sicherungsvollstreckung nach § 720a ZPO kann die Zwangshypothek auch ohne den Nachweis der Sicherheitsleistung eingetragen werden, dann müssen jedoch Urteil und qualifizierte Klausel mindestens zwei Wochen vorher zugestellt sein, § 750 Abs 3 ZPO[962].

☐ Sofern die Vollstreckung von einem Kalendertag abhängig ist, darf die Zwangsvollstreckung erst beginnen, sobald der Kalendertag abgelaufen ist, § 751 Abs 1 ZPO; Mindestgrenze iHv € 750,01 beachten, vgl unten[963]!

☐ Sofern die Vollstreckung von einer Zug um Zug zu erbringenden Leistung des Gläubigers an den Schuldner abhängt, darf sie erst dann beginnen, sofern der Gläubiger durch Urkunden iSv § 29 GBO nachgewiesen hat, dass der Schuldner befriedigt oder im Annahmeverzug ist[964]; die Nachweisurkunden müssen dem Schuldner vorher zugestellt werden, § 765 Unterpkt. 1 ZPO.

☐ Besonderheiten gelten für Kostenfestsetzungsbeschlüsse, die nicht auf das Urteil gesetzt sind, und Beschlüsse nach § 794 Abs 1 Nr. 2a und 4b ZPO sowie für notarielle Urkunden iSv § 794 Abs 1 Nr. 5 ZPO: der Beginn der Zwangsvollstreckung setzt voraus, dass der Titel mindestens zwei Wochen vorher zugestellt wurde, § 798 ZPO.

☐ Die Zwangshypothek darf nur für einen Betrag von mehr als € 750 eingetragen werden, also mindestens € 750,01, vgl § 866 Abs 3 S 1 ZPO[965], wobei

---

[958] Zum *numerus clausus* der eintragungsfähigen Währungen vgl Hügel/Wilsch, § 28 Rn. 126 ff.

[959] Zum Sonderfall des Duldungstitels vgl BayObLG Rpfleger 1995, 305, sowie LG Hamburg Rpfleger 2003, 309.

[960] Ausnahme, – keine Vollstreckungsklausel erforderlich: *Vollstreckungsbescheid*, § 796 Abs 1 ZPO, bzw *Arrestbefehl* und *Einstweilige Verfügung*, §§ 929, 936 ZPO, bzw *Kostenfestsetzungsbeschluss*, der *unmittelbar* auf das Urteil gesetzt ist, §§ 105, 795a ZPO.

[961] Hügel/Wilsch, Rn. 56.

[962] BGH NJOZ 2005, 3304.

[963] Helwich JurBüro 2008, 569.

[964] OLG Hamm Rpfleger 1983, 393; KG JFG 21, 89; LG Hamburg Rpfleger 2004, 159.

[965] KG JFG 8, 372; Helwich JurBüro 2008, 569; zur chronologischen Entwicklung des Mindestbetrages seit 1999 vgl Hügel/Wilsch, Rn. 71; Verstoß führt zur Amtslöschung, § 53 Abs 1 S 2 GBO.

Zinsen unberücksichtigt bleiben, soweit sie als Nebenforderung geltend gemacht werden[966].

☐ Falls mehrere Grundstücke bzw Wohnungen bzw Erbbaurechte des Schuldners mit der Zwangshypothek belastet werden sollen, ist der Betrag der Forderung auf die einzelnen Objekte zu verteilen, § 867 Abs 2 S 1 ZPO; die Größe der Teile bestimmt der Gläubiger, wobei wiederum besonderes Augenmerk auf die Mindestgrenze von € 750,01 zu werfen ist, §§ 867 Abs 2, 866 Abs 3 S 1 ZPO; zugleich ist so zu verteilen, dass völlig zweifelsfrei feststeht, welche Forderung aus welchem Titel auf welchem Grundstück gesichert ist[967]; die Zwangshypothek kann daher grds nicht als Gesamthypothek iSv § 1132 BGB eingetragen werden[968].

☐ Bei Insolvenz des Schuldners sind Zwangsvollstreckungen für einzelne Gläubiger während der Dauer des Insolvenzverfahrens ausgeschlossen, § 89 Abs 1 InsO; dagegen bewirkt die Eintragung eines Zwangsversteigerungs- bzw Zwangsverwaltungsvermerks keine Verfügungsentziehung, weshalb hier noch die Eintragung einer Zwangshypothek erfolgen kann[969]; eine betreuungs- bzw familiengerichtliche Genehmigung ist nicht erforderlich, da insoweit § 1821 Abs 1 Nr. 1 BGB nicht greift[970].

☐ Für die Eintragung einer Zwangshypothek am Erbbaurecht bzw Wohnungserbbaurecht kann die Zustimmung des Grundstückseigentümers erforderlich sein, sofern dies der Erbbaurechtsvertrag vorsieht, §§ 8, 5 Abs 2 ErbbauRG, worüber das Bestandsverzeichnis des Erbbaurechts Aufschluss gibt[971].

☐ Im städtebaulichen Sanierungsgebiet ist grundsätzlich keine Genehmigung der Sanierungsstelle erforderlich[972]; Gleiches gilt für das Umlegungsgebiet[973].

☐ Ein Nacherbenvermerk steht der Eintragung einer Zwangshypothek nicht entgegen, § 2115 BGB; eine relative Unwirksamkeit der Zwangsvollstreckungsmaßnahme kann sich nur gegenüber dem Nacherben ergeben, die dieser jedoch selbst geltend machen muss.

☐ Nach § 39 Abs 1 GBO soll die Eintragung nur erfolgen, sofern der Vollstreckungsschuldner als Eigentümer voreingetragen ist; falls der Schuldner noch nicht voreingetragen ist, hilft dem Gläubiger evtl die Regelung des § 14 GBO weiter, und zwar in Verbindung mit § 792 ZPO.

---

[966] OLG Hamm Rpfleger 2009, 447, Umgehung von § 866 Abs 3 ZPO müsse verhindert werden.

[967] OLG Zweibrücken MittBayNot 2002, 125; KG JFG 11, 330; Löscher JurBüro 1982, 1617, 1801.

[968] Hügel/Wilsch, Rn. 79; LG München II Rpfleger 1989, 96; KG JFG 14, 102; Verstoß führt zur Amtslöschung nach § 53 Abs 1 S 2 GBO.

[969] Hügel/Wilsch, Rn. 90.

[970] Klüsener Rpfleger 1981, 469.

[971] Vgl § 56 Abs 2 GBV, die Verfügungsbeschränkung unmittelbar/ausdrücklich einzutragen.

[972] LG Regensburg Rpfleger 1977, 224; Ausnahme s. OLG Oldenburg NJW-RR 1998, 1239.

[973] Schöner/Stöber, Rn. 3865.

> ☐ Falls die Zwangshypothek für mehrere gemeinschaftlich eingetragen werden soll, ist im Antrag ein Berechtigungsverhältnis anzugeben, § 47 Abs 1 GBO; eine Zwangshypothek für eine GbR erfordert nun auch, dass deren Gesellschafter miteinzutragen sind, § 47 Abs 2 GBO bzw § 15 Abs 1 lit. c GBV. Das einzutragende Berechtigungsverhältnis ist häufig Gegenstand von Zwischenverfügungen, weil der Vollstreckungstitel ein solches nicht ausweist und auch die Auslegung nicht weiterhilft. Daher ist bei Antragstellung besonders darauf zu achten, ob mehrere Gläubiger gemeinschaftlich eingetragen werden sollen.
>
> ☐ Weist der Titel einen gleitenden Zinssatz aus (x-Prozent über dem Basiszinssatz), ist nach der Rspr des BGH[974] die Angabe eines Höchstzinssatzes nicht mehr erforderlich, da sich der variable Zinssatz aus der Bezugnahme auf eine gesetzliche Bezugsgröße ergibt, § 288 Abs 1 BGB.
>
> ☐ Schließlich sollte der Antrag auf Eintragung einer Zwangshypothek zugunsten einer oder mehrerer natürlicher Personen auch das jeweilige Geburtsdatum des/der Gläubiger enthalten, weil § 15 Abs 1 lit. a GBV die Eintragung des Geburtsdatums vorschreibt[975].

III. Die Pfändung von Grundstücksrechten

Falls der Vollstreckungsschuldner keine Eigentümer- bzw. Miteigentümerpo- **335** sition vorweisen kann, sondern andere Rechtspositionen im Bestandsverzeichnis oder in der Zweiten bzw. Dritten Abteilung des Grundbuches einnimmt, ist ein Rückgriff auf die §§ 864 ff. ZPO nicht möglich. Der Gläubiger ist vielmehr gehalten, einen anderen vollstreckungsrechtlichen Weg zu beschreiten, um Zugriff auf die im Grundbuch verlautbarten dinglichen Positionen des Schuldners zu erhalten. Dies geschieht in Form des **Pfändungsverfahrens**, dessen Auswirkungen idR im Wege des Berichtigungsverfahrens nach § 22 GBO geltend gemacht werden[976]. Mit dem Pfändungs- und Überweisungsbeschluss hält der Gläubiger einen Unrichtigkeitsnachweis iSv § 22 Abs 1 S 2 GBO in Händen, mit dem das gerichtliche Verfügungsverbot des § 829 Abs 1 S 2 ZPO iVm §§ 135, 136 BGB im Grundbuch vermerkt werden kann, um gutgläubigen lastenfreien Erwerb zu vermeiden[977]. Das gepfändete dingliche Recht unterliegt nicht nur der Verstrickung, der öffentlich-rechtlichen Beschlagnahme, sondern ist nun auch mit einem

---

[974] BGH NJW 2006, 1341.

[975] Ein fehlendes Geburtsdatum rechtfertigt keine Zwischenverfügung nach § 18 GBO, vgl Meikel/Böttcher, § 15 GBV Rn. 14, das Grundbuchamt soll jedoch regelmäßig darauf hinwirken, um die grundbuchmäßige Bezeichnung des Berechtigten zu gewährleisten.

[976] Vgl obigen Teil G III, das Berichtigungsverfahren; wichtige Ausnahme hierzu: Pfändung einer Grundschuld bzw. Hypothek ohne Brief, weil hier die Grundbucheintragung konstitutiv ist, vgl § 830 Abs 1 S 3 ZPO.

[977] Hügel/Wilsch, Sonderbereich Pfändung im Grundbuchverfahren, Rn. 14.

Pfandrecht des Gläubigers belastet, § 804 Abs 1 ZPO. Nach der hM kann der Gläubiger die Vorpfändung iSv § 845 ZPO betreiben, die die Wirkungen eines Arrestes iSv § 930 ZPO zeitigt und im Grundbuch eingetragen werden kann[978]. Die eigentliche *Gretchenfrage*, die sich der Gläubiger vor Beginn der Pfändung stellen muss, ist die Frage nach der Pfändbarkeit des dinglichen Rechts. Hilfreich ist in diesem Zusammenhang eine kurze **Zusammenstellung der wichtigsten pfändbaren dinglichen Rechte**[979]:

336

- **Miterbenanteil** (pfändbar gem. § 859 Abs 2 und Abs 1 ZPO; die Pfändung erfolgt durch Pfändungsbeschluss und Zustellung an die drittschuldnerischen Miterben, §§ 857, 829 Abs 3 ZPO, wobei Wirksamkeit erst mit der letzten Zustellung eintritt; im Grundbuch kann sodann im Wege der Grundbuchberichtigung das Verfügungsverbot gegen den Miterben eingetragen, § 829 Abs 1 S 2 ZPO[980])
- **Nießbrauch** (pfändbar, sofern die Ausübung des Nießbrauchs einem anderen überlassen werden kann, § 1059 S 2 BGB, § 857 Abs 3 ZPO; die Pfändung erfolgt durch Zustellung an den Grundstückseigentümer als Drittschuldner; im Grundbuch kann im Wege der Grundbuchberichtigung das Verfügungsverbot gegen den Nießbrauchsberechtigten eingetragen werden, § 829 Abs 1 S 2 ZPO[981])
- **Beschränkte persönliche Dienstbarkeit** (pfändbar, sofern die Überlassung der Ausübung gestattet ist, § 1093 Abs 2 BGB, § 857 Abs 3 ZPO[982]; die Wirksamkeit der Pfändung tritt mit Zustellung an den Grundstückseigentümer als Drittschuldner ein, § 829 Abs 3 ZPO, was wiederum dazu führt, dass das Verfügungsverbot gegen den Dienstbarkeitsberechtigten im Wege der Grundbuchberichtigung eingetragen werden kann)
- **Auflassungsvormerkung** (der *Eigentumsverschaffungsanspruch* ist pfändbar, § 848 ZPO; die Pfändung erfolgt durch Zustellung des Pfändungsbeschlusses an den Grundstücksveräußerer als Drittschuldner, §§ 848, 829 Abs 3 ZPO; danach kann die Pfändung bei der akzessorischen Vormerkung eingetragen werden, vgl § 401 BGB, und zwar im Wege der Grundbuchberichtigung[983])
- **Auflassungsvormerkung** (das Anwartschaftsrecht ist ebenfalls pfändbar, § 857 Abs 2 ZPO; ob ein Anwartschaftsrecht bereits vorliegt, hängt davon ab, ob der Käufer bereits eine nicht mehr zu entziehende Rechtsposition erlangt hat[984]; die Pfändung erfolgt hier durch Zustellung an den Grundstückserwerber, § 857 Abs 2 ZPO, und auch die Pfändung kann im Wege der Grundbuchberichtigung bei der Vormerkung eingetragen werden)
- **Grundschuld ohne Brief** (pfändbar gem. § 857 Abs 6 ZPO; die Pfändung erfolgt durch Erlass eines Pfändungsbeschlusses und konstitutiver Eintragung der Pfändung im Grundbuch, vgl § 830 Abs 1 S 3 ZPO[985])

---

[978] Schöner/Stöber, Rn. 2463; OLG Köln Rpfleger 1991, 241.
[979] Vgl auch Hügel/Wilsch, Sonderbereich Pfändung im Grundbuchverfahren, Rn. 22 ff.
[980] OLG Frankfurt a.M. Rpfleger 1979, 205; Schöner/Stöber, Rn. 1665.
[981] BGH DNotZ 1986, 23; Stöber, Forderungspfändung, 14. A., 2005, Rn. 1714.
[982] KG NJW 1968, 1882; BGH Rpfleger 2007, 34; AG Köln ZVI 2003, 655.
[983] OLG Frankfurt a.M. NJW-RR 1997, 1308.
[984] Reinicke/Tiedtke NJW 1982, 2281; BGH NJW 1989, 1093.
[985] Hügel/Wilsch, Rn. 52 iVm Rn. 48.

— **Grundschuld mit Brief** (pfändbar gem. §§ 857 Abs 6, 829 Abs 1, 830 Abs 1 S 1 ZPO; die Pfändung erfolgt durch Pfändungsbeschluss und Übergabe des Grundschuldbriefes an den Gläubiger, vgl §§ 857 Abs 6, 829 Abs 1, 830 Abs 1 S 1 und S 2 ZPO[986]).

---

[986] Vgl Hintzen/Wolf, Zwangsvollstreckung, Zwangsversteigerung und Zwangsverwaltung, 2006, Rn. 6.354 ff.

L. Besondere Amtsverfahren

I. Eintragung einer Amtsvormerkung, § 18 Abs 2 GBO

337 Die Eintragung einer Vormerkung oder eines Widerspruchs gemäß § 18 Abs 2 GBO stellt eine Durchbrechung des Antragsgrundsatzes[987] dar. Die Eintragung einer **Amtsvormerkung** kommt immer dann zur Anwendung, falls die folgende Konstellation gegeben ist, vgl den Wortlaut von § 18 Abs 2 GBO:

> *„Wird vor der Erledigung des Antrags eine andere Eintragung beantragt, durch die dasselbe Recht betroffen wird, so ist zugunsten des früher gestellten Antrags von Amts wegen eine Vormerkung oder ein Widerspruch einzutragen; die Eintragung gilt im Sinne des § 17 als Erledigung dieses Antrags.“*

338 Die Regelung kann erheblich dazu beitragen, den durch den Erlass einer Zwischenverfügung induzierten Rückstau von Eintragungsanträgen zu verhindern, zumal die Bestimmung die sofortige Erledigung des späteren Antrages gestattet, sofern von Amts wegen zugunsten des früher gestellten Antrages eine Vormerkung oder ein Widerspruch eingetragen wird. Die Bestimmung, so die historische Kommentarliteratur[988], verhindere Verzögerungen und Fristkollisionen, etwa mit der Frist des § 1139 BGB wegen Nichtvalutierung. Demgemäß gestaltet sich der Verfahrensablauf wie folgt:

- Antrag I, Eingang am 7.7.2010, Eintragung eines Wohnungsrechtes; Antrag I ist nicht vollzugsreif und muss mit Zwischenverfügung beanstandet werden
- Antrag II, Eingang am 20.7.2010, Eintragung einer Grundschuld; Antrag II ist vollzugsreif

339 Während Antrag II unter Eintragung der Grundschuld in der Dritten Abteilung unter III Nr. 1 vollzogen wird, könnte die Amtsvormerkung für die Eintragung des Wohnungsrechtes wie folgt lauten[989]:

---

[987] Vgl hierzu Teil G I 1).

[988] Achilles/Strecker, § 18 4c (S. 209).

[989] Mit falscher Spaltenangabe hingegen das Beispiel bei Meikel/Böttcher, § 18 Rn. 135, das sich auf die Amtsvormerkung einer Abtretung bezieht; vgl zum hier gewählten Bsp. auch Schöner/Stöber, Rn. 457 ff.

Amtsgericht München		Grundbuch von Max-Vorstadt Blatt 1235 Zweite Abteilung
Lfd. Nummer der Eintragungen	Lfd. Nummer der betroffenen Grundstücke im Bestandsverzeichnis	Lasten und Beschränkungen
1	2	3
1	1	Vorgemerkt nach § 18 Absatz 2 GBO: Wohnungsrecht für Lausmann Margit, geb. 07.07.1943; gemäß Bewilligung vom 1.7.2010 – URNr. 54/Notar Schwarzriese, München –; von Amts wegen im Rang vor Abt. III Nr. 1 eingetragen am 25.07.2010. Konnetschke

II. Eintragung der Nacherbfolge, § 51 GBO

Das Institut der **Vor- und Nacherbschaft** sieht vor, dass der Nachlass zunächst **340** auf den Vorerben, mit Eintritt eines bestimmten Ereignisses oder Termins sodann auf den Nacherben übergeht, § 2100 BGB, so dass der Vorerbe die Position eines auflösend bedingten bwz befristeten Erben, der Nacherbe hingegen bis zum Eintritt des Ereignisses oder Termins die Position eines Anwartschaftsberechtigten einnimmt[990]. Dieses Anwartschaftsrecht läuft grundsätzlich Gefahr, nicht zum Vollrecht erstarken zu können, weil der Vorerbe befugt ist, über Nachlassgegenstände zu verfügen, § 2112 BGB. Weitreichende Beschränkungen des Vorerben ergeben sich aus den §§ 2113–2115 BGB:

- die Verfügung des Vorerben über ein zur Erbschaft gehörendes Grundstück oder Recht an einem Grundstück ist im Fall des Eintritts der Nacherbfolge insoweit unwirksam, als sie das Recht des Nacherben vereiteln oder beeinträchtigen würde, § 2113 Abs 1 BGB
- auf Verfügungen des Vorerben über die Hypothekenforderung oder die Grundschuld findet die Regelung des § 2113 BGB ebenfalls Anwendung, vgl § 2114 S 3 BGB
- auch eine Zwangsvollstreckungsverfügung gegen den Vorerben ist im Falle des Eintritts der Nacherbfolge insoweit unwirksam, als sie das Recht des Nacherben vereiteln oder beeinträchtigten würde, vgl § 2115 S 1 BGB.

---

[990] Meyer-Pritzl, in Staudinger/Eckpfeiler (2005), S 1083; Schöner/Stöber, Rn. 3476.

341 Da das Gesetz in § 2113 Abs 3 BGB iVm § 892 BGB die Möglichkeit des gutgläubigen Erwerbs Dritter vorsieht, musste das Verfahrensrecht einen speziellen Schutzmechanismus entwickeln, um das Nacherbenanwartschaftsrecht davor zu bewahren, nur noch eine bloße Hülle ohne wirtschaftliche Relevanz zu sein[991]. Dies bedeutete die Notwendigkeit, die Beschränkungen des Rechts des Vorerben für Dritte erkennbar zu machen[992]. Der Gesetzgeber der GBO setzte auf einen einfachen, aber sehr wirkungsvollen Mechanismus, enthalten in **§ 51 GBO**:

> *„Bei der Eintragung eines Vorerben ist zugleich das Recht des Nacherben und, soweit der Vorerbe von den Beschränkungen seines Verfügungsrechts befreit ist, auch die Befreiung von Amts wegen einzutragen."*

342 Sobald der Vorerbe im Grundbuch eingetragen wird, erfolgt **von Amts wegen** auch die Verlautbarung der Verfügungsbeschränkung des Vorerben, womit sichergestellt ist, dass sich der Vorerbe im Rahmen der §§ 2113–2115 BGB bewegt und nicht der Raum für gutgläubigen, nacherbschaftsfreien Erwerb aufgestoßen ist. Beide Eintragungen bilden zwingend eine Einheit, bestehend aus einem *Antragsteil*, das ist die Eintragung des Vorerben, und einem *Amtsteil*, das ist die Eintragung des Rechts des Vorerben in Form einer Verfügungsbeschränkung[993]. In der Konsequenz erweist es sich als unzulässig, den Nacherbenvermerk ohne Vorerben[994] oder den Vorerben ohne Nacherbenvermerk[995] einzutragen. *Auf dem Streitwagen des Vorerben muss daher stets auch, und zwar im Hintergrund, der Nacherbe stehen, den Vorerben stets darauf hinweisend, er möge bedenken, nur Vorerbe zu sein.*

343 Spiegelbildlich zum Inhalt des Erbscheins bzw Inhalt der öffentlich beurkundeten Verfügung von Todes wegen, § 35 Abs 1 S 1 und S 2 BGB, lautet ein Nacherbenvermerk, der sich auf das Eigentum an der Immobilie bezieht, wie folgt[996], vgl Abt. II Nr. 1 im **Beispiel**:

---

[991] Vgl auch BeckOK GBO Hügel/Zeiser, 9.Edition, Stand 1.6.2010, § 51 Rn. 1.

[992] Achilles/Strecker, § 52 Anm. 1 (S. 293).

[993] Die Literatur spricht hier von einer *„Durchbrechung des im Grundbuchverfahren herrschenden Antragsgrundsatzes"*, vgl BeckOK GBO Hügel/Zeiser, § 51 Rn. 2, sowie Demharter, § 51 Rn. 1.

[994] Unzulässig, vgl Demharter, § 51 Rn. 19.

[995] Nachholung des Nacherbenvermerks jederzeit von Amts wegen möglich, sofern nicht bereits gutgläubiger Erwerb Dritter stattgefunden hat, vgl Demharter, § 51 Rn. 19.

[996] Muster vgl BeckOK GBO Hügel/Zeiser, 9.Edition, Stand 1.6.2010, § 51 Rn. 36.1.

Amtsgericht München		Grundbuch von Max-Vorstadt Blatt 1235 Zweite Abteilung
Lfd. Nummer der Eintragungen	Lfd. Nummer der betroffenen Grundstücke im Bestandsverzeichnis	Lasten und Beschränkungen
1	2	3
1	1	Nacherbfolge ist angeordnet; die Nacherbfolge tritt ein mit Tod des Vorerben; Nacherben des Max Konnetschke, geb. 08.11.1934, gest. 06.04.1992, sind seine Abkömmlinge Manuela Konnetschke, geb. 01.09.1970, und Markus Konnetschke, geb. 19.01.1972, beide München; Ersatznacherbfolge ist angeordnet; Ersatznacherben sind die jeweiligen Abkömmlinge der Nacherben, derzeit Sarah Konnetschke, geb. 02.06.1993; die Vorerbin ist befreit; eingetragen am 20.09.1993. Lausmann
2	1	Testamentsvollstreckung ist angeordnet; eingetragen am 20.09.1993. Lausmann

Das Grundbuch gibt somit Aufschluss über die Verfügungsbeschränkung und **344** gewährt dem Nacherben den nötigen Schutz, verschließt dem Vorerben allerdings nicht die Möglichkeit zu Verfügungen[997] über den Nachlassgegenstand. Vielmehr kann jede Verfügung des Vorerben zur Ausführung gebracht werden, sofern der Nacherbenvermerk eingetragen bleibt[998], mag der Vorerbe befreit oder nicht befreit, die Verfügung entgeltlich oder unentgeltlich sein[999]. Der Nacherbe ist insofern nicht betroffen, als der Nacherbenvermerk eingetragen bleibt. Eine praxisrelevante Ausnahme gilt für den Fall der Löschung von Rechten, die zum Nachlass gehören, weil die unmittelbare Löschung des Rechts auch zur mittelbaren Löschung des Nacherbenvermerks führen würde[1000]. Die Löschung eines zum Nachlass zählenden Rechts erfordert dann entweder die Löschungsbewilligung des nicht befreiten Vorerben samt Zustimmung des Nacherben in der Form des § 29 GBO, oder die Löschungsbewilligung des befreiten Vorerben samt Nachweis oder Offenkundigkeit der vollen Entgeltlichkeit der Verfügung[1001].

---

[997] Keine „*Grundbuchsperre*", vgl Schöner/Stöber, Rn. 3489; KEHE/Eickmann, § 51 Rn. 20.

[998] Schöner/Stöber, Eickmann, 9. Kap. § 2 IV 1.

[999] Eickmann, 9. Kap. § 2 IV 1.

[1000] BeckOK GBO Hügel/Zeiser, 9. Edition, Stand 1.6.2010, § 51 Rn. 43; Schöner/Stöber, Rn. 3493.

[1001] Schöner/Stöber, Rn. 3493; OLG Celle, Beschluss v. 12.8.2010, 4 W 139/10.

III. Eintragung der Testamentsvollstreckung, § 52 GBO

345 Ein ähnliches Annexamtsverfahren ist im Falle der Eintragung der **Testamentsvollstreckung** vorgesehen, vgl die Regelung in § 52 GBO:

> *„Ist ein Testamentsvollstrecker ernannt, so ist dies bei der Eintragung des Erben von Amts wegen miteinzutragen, es sei denn, dass der Nachlassgegenstand der Verwaltung des Testamentsvollstreckers nicht unterliegt."*

346 Wenngleich *„einer ähnlichen Erwägung"*[1002] entsprungen, besteht ein wesentlicher Unterschied zur Nacherbfolge darin, dass die Verfügungsbefugnis nicht nur beschränkt, sondern dem Erben gänzlich entzogen ist. Maßgeblich ist hier die Regelung des § 2211 Abs 1 BGB, wonach der Erbe über einen der Verwaltung des Testamentsvollstreckers unterliegenden Nachlassgegenstand nicht verfügen kann. Sofern Testamentsvollstreckung angeordnet ist, ist den Erben die Verfügungsbefugnis vollständig entzogen und einzig und allein beim Testamentsvollstrecker angesiedelt[1003]. Dennoch besteht auch im Falle der Testamentsvollstreckung grundsätzlich die Möglichkeit des gutgläubigen, *testamentsvollstreckungsfreien* Erwerbs, wie ein Blick auf § 2211 Abs 2 BGB beweist, der wiederum auf § 892 BGB verweist. Gemeint ist die Fallkonstellation, dass die Erben über die Immobilie verfügen, das Grundbuch die Testamentsvollstreckung nicht ausweist und dem Dritten die bestehende Testamentsvollstreckung auch nicht anderweitig bekannt ist. Als Pendant zur Eintragung der Verfügungsbeschränkung des Vorerben sieht auch die Regelung in § 52 GBO die **amtswegige Eintragung** der Testamentsvollstreckung vor[1004]. Beide Eintragungen sind kraft Gesetzes miteinander verkoppelt, so dass die Erbfolge nicht ohne die Testamentsvollstreckung und umgekehrt die Testamentsvollstreckung nicht ohne die Erbfolge eingetragen werden kann[1005]. Zwingend vorgeschrieben ist die Bildung einer Einheit, bestehend aus einem *Antragsteil*, das ist die Eintragung des Erben, und einem *Amtsteil*, das ist die Eintragung des Vermerks über die bestehende Testamentsvollstreckung[1006], die Verlautbarung der Verfügungsentziehung. Letztere wird im Grundbuch durch den bloßen Vermerk *„Testamentsvollstreckung ist angeordnet"* zum Ausdruck

---

[1002] So Achilles/Strecker, § 53 Pkt. 1 (S. 294; alte Paragrafenbezeichnung hier § 53, jetzt § 52).

[1003] Hügel/Hügel, Sonderbereich Verfügungsbeeinträchtigungen, Rn. 12.

[1004] Vgl auch Hügel/Zeiser, § 52 Rn. 2.

[1005] Hügel/Zeiser, § 52 Rn. 33–36; eine anderslautende Eintragung wäre unzulässig (Erbe ohne TV); falls der TV-Vermerk versehentlich nicht miteingetragen wurde, kann die Eintragung jederzeit nachgeholt werden, sofern nicht bereits gutgläubiger, testamentsvollstreckungsfreier Erwerb stattgefunden hat.

[1006] Die Literatur spricht hier wiederum von einer *„Durchbrechung des im Grundbuchverfahren normalerweise herrschenden Antragsgrundsatzes"*, vgl BeckOK GBO Hügel/Zeiser, § 52 Rn. 3.

gebracht (siehe die Eintragung Abt. II Nr. 2 in obigem Beispiel), nicht aber durch die namentliche Verlautbarung der Person des Testamentsvollstreckers[1007]. Die Eintragung des Vermerks dient der Publizität der Verfügungsentziehung, nicht zugleich der Legitimation der Verfügungsbefugnis des Testamentsvollstreckers. Ein entsprechender Nachweis erfolgt im Grundbuchverfahren:

– entweder durch Vorlage des Testamentsvollstreckerzeugnisses in Ausfertigung, vgl hierzu § 35 Abs 2 GBO[1008],
– oder durch Vorlage einer beglaubigten Abschrift einer öffentlichen Verfügung von Todes wegen samt Eröffnungsniederschrift und Annahmeerklärung des Testamentsvollstreckers in öffentlich beglaubigter Form, vgl hierzu § 35 Abs 2, Abs 1 S 2 GBO[1009].

IV. Amtswiderspruch bzw Amtslöschung iSv § 53 GBO

1. Allgemeines

Die Schwierigkeit des Umgangs mit ordnungswidrigen Eintragungen liegt 347 grundsätzlich darin begründet, dass viele Wirkungsbereiche und Interessensphären aufeinander treffen, die eng mit der gesetzlichen Konzeptionierung des Grundbuches als *„starkes"* oder *„schwaches"* Register verknüpft sind. Gemeint sind die materiell-rechtlichen Wirkungsbereiche der §§ 873, 891 und 892 BGB, die der Eintragung konstitutive Bedeutung beimessen und zugleich eine positive bzw negative Richtigkeitsvermutung etablieren, gefolgt von einer entsprechenden Rechtsscheinwirkung[1010]. Diese Wirkungen gingen ins Leere, würde man ordnungswidrigen Eintragungen mit der amtswegigen Außerkraftsetzung des Publizitätsvorganges begegnen, wie sie beispielsweise im englischen Recht der *rectification* anzutreffen ist[1011]. Das deutsche Grundbuchrecht optierte dagegen zur Erkenntnis, *„dem Grundbuchamte (könne) regelmäßig nicht die Wiederaufhebung einer als unrichtig erkannten Eintragung gestattet werden, weil es hierdurch hinter dem Rücken der Berechtigten in Rechtspositionen eingreifen würde, welche durch den thatsächlichen Bestand der Eintragungen begründet wurden ; denn die Eintragung als solche schafft schon kraft der im § 891 BGB aufgestellten Vermuthung eine gewisse Rechtsposition, und außerdem können möglicher Weise auf Grund derselben in der Zwischenzeit zu Gunsten redlicher Dritter*

[1007] So bereits Achilles/Strecker, § 53 Anm. 4 (S. 294); BeckOK GBO Hügel/Zeiser, § 52 Rn. 31.

[1008] Hügel/Wilsch, § 35 Rn. 126; BeckOK GBO Hügel/Zeiser, 9. Edition, Stand 1.6.2010, § 52 Rn. 59.

[1009] Hügel/Wilsch, § 35 Rn. 131; BeckOK GBO Hügel/Zeiser, § 52 Rn. 60; in Betracht kommt auch ein Zeugnis des Nachlassgerichts über die Annahme des Amtes.

[1010] Hügel/Wilsch, Überblick vor § 12 GBO.

[1011] Vgl Wilsch, Legality checks in the attributing of real rights, ELRA Annual Publication No 2, S. 56.

Rechte entstanden sein (BGB §§ 892, 893)."[1012] Das Resultat einer solchen Einordnung ist das in Teil B II beschriebene Maß an *certitudo*, an Orientierungssicherheit, die dem Immobilienverkehr jene zuverlässige Registergrundlage gibt, die die Basis rechtssicherer Transaktionen bildet.

2. Amtswiderspruch, § 53 Abs 1 S 1 GBO

348 Was die teilweise gegenläufigen Interessensphären anbelangt, wird verschiedentlich[1013] behauptet, das Verfahrensinstrumentarium des **Amtswiderspruchs** nach § 53 Abs 1 S 1 GBO diene einzig und allein dazu, die Gefahr eines Regresses gegen den Staat abzuwenden. Die Regelung in **§ 53 Abs 1 S 1 GBO** lautet:

> *„Ergibt sich, daß das Grundbuchamt unter Verletzung gesetzlicher Vorschriften eine Eintragung vorgenommen hat, durch die das Grundbuch unrichtig geworden ist, so ist von Amts wegen ein Widerspruch einzutragen."*

349 Der Zweck des Amtswiderspruchs nach § 53 Abs 1 S 1 GBO erschöpft sich aber nicht darin, Schadensersatzansprüche[1014] gegen den Staat abzuwenden. Als wesentliche Funktion kommt hinzu, den Berechtigten, in dessen Interesse der Amtswiderspruch eingetragen wird, vor Rechtsverlust zu schützen[1015]. Der Amtswiderspruch dient insofern der Sicherung eines sich aus § 894 BGB ergebenden Berichtigungsanspruchs, der grundsätzlich Gefahr läuft, im Zuge gutgläubigen Erwerbs unterzugehen[1016]. Dies wird umso deutlicher, als eine der Voraussetzungen für die Eintragung eines Amtswiderspruchs darin besteht, dass eine materielle Unrichtigkeit des Grundbuchs iSv § 894 BGB vorliegt. Die Voraussetzungen für die Eintragungen eines Amtswiderspruchs als vorläufiges Sicherungsmittel[1017] lauten im Einzelnen:
- *Handeln des Grundbuchamtes*
- *Verletzung gesetzlicher Vorschriften durch das Grundbuchamt*
- *Grundbuchunrichtigkeit iSv § 894 BGB*
- *Möglichkeit des gutgläubigen Erwerbs*
- *die Gesetzesverletzung steht fest, die Unrichtigkeit ist glaubhaft gemacht*[1018].

350 Die erste Voraussetzung für die Eintragung eines Amtswiderspruchs, das *Handeln des Grundbuchamtes*, mag anfänglich verwundern, weil eine Eintragung ohne Handeln des Grundbuchamtes nicht denkbar erscheint. Eine Abgrenzung ist

---

[1012] So Achilles/Strecker, § 54 Anm. 1 (S. 295).
[1013] Eckert in Jurgeleit (Hrsg.), § 23 Rn. 162; Holzer/Kramer, 8. Teil Rn. 130.
[1014] Vgl BGH Rpfleger 1985, 189; Demharter, § 53 Rn. 39.
[1015] Vgl BeckOK GBO Hügel/Holzer, 9.Edition, Stand 1.6.2010, § 53 Rn. 1.
[1016] Demharter, § 53 Rn. 18; zum Amtswiderspruch als vorläufigem Sicherungsmittel vgl auch BeckOK GBO Hügel/Holzer, 9.Edition, Stand 1.6.2010, § 53 Rn. 3.
[1017] BeckOK GBO Hügel/Holzer, 9.Edition, Stand 1.6.2010, § 53 Rn. 3.
[1018] Vgl hierzu Schöner/Stöber, Rn. 394.

dennoch erforderlich, weil Eintragungen auch auf Anweisung des Beschwerdegerichts erfolgen können, demnach ohne eigene Prüfung des Grundbuchamtes[1019]. Weil in solchen Fällen das Grundbuchamt die Anweisung durchführen muss, kann ihm nicht vorgehalten werden, gesetzliche Vorschriften verletzt zu haben. Folge ist aber auch, dass in solchen Fällen kein Amtswiderspruch eingetragen werden kann.

Die zweite Voraussetzung für die Eintragung eines Amtswiderspruchs be- **351** zieht sich auf die *Verletzung gesetzlicher Vorschriften*, wobei es gleichgültig ist, ob Vorschriften des materiellen oder formellen Rechts, zwingende Normen oder „nur" Ordnungsvorschriften verletzt wurden[1020]. Worin die Gesetzesverletzung besteht, ist an dieser Stelle ohne Bedeutung, wirkt sich jedoch im Rahmen der nächsten Voraussetzung aus, ob demnach auch eine Grundbuchunrichtigkeit vorliegt. Abgestellt wird auf eine rein objektive Gesetzesverletzung, so dass es auf ein etwaiges Verschulden des Grundbuchamtes nicht ankommt[1021].

Mit der dritten Voraussetzung für die Eintragung eines Amtswiderspruchs, **352** der *Grundbuchunrichtigkeit*, rekurrierte der Gesetzgeber auf ein positives §§ 894, 892-BGB-Echo, womit zugleich ua all diejenigen Eintragungen aus dem Anwendungsbereich des Amtswiderspruches herausgenommen wurden, die im Wege der Richtigstellung erfolgen[1022]. Demzufolge muss, damit ein Amtswiderspruch eingetragen werden kann, eine materielle Unrichtigkeit des Grundbuchs iSv § 894 BGB gegeben sein, und zwar als kausale[1023] Folge der betroffenen Eintragung. Hier auf eine Divergenz zwischen Grundbuchstand und Rechtsstand[1024] abzustellen, ist nicht nur angemessen, schließlich wird erheblich in den Buchapparat eingegriffen, sondern entspricht auch dem übrigen Wechselspiel zwischen Unrichtigkeit und Grundbuch[1025]. Häufig scheitert die Eintragung eines Amtswiderspruchs daran, dass zwar eine Gesetzesverletzung konstatiert werden kann, etwa im Bereich der formellen Vorschriften, eine materielle Grundbuchunrichtigkeit jedoch nicht gegeben ist. Gleiches gilt für den Fall, dass nur das kausale Grundgeschäft angefochten wird, womit ebenfalls keine Grundbuchunrichtigkeit generiert wird[1026].

[1019] BeckOK GBO Hügel/Holzer, 9.Edition, Stand 1.6.2010, § 53 Rn. 14; Demharter, § 53 Rn. 20, Eintragung eines Amtswiderspruchs dann nur im Wege der Rechtsbeschwerde möglich; KEHE/Eickmann, § 53 Rn. 6.

[1020] BeckOK GBO Hügel/Holzer, § 53 Rn. 18.

[1021] BeckOK GBO Hügel/Holzer, § 53 Rn. 21; so auch bereits Achilles/Strecker, § 54 Anm. 3 a (S. 296): *„Dagegen wird eine schuldhafte Verletzung gesetzlicher Vorschriften... nicht gefordert."*.

[1022] Hügel/Holzer § 53 Rn. 26.

[1023] Zur Kausalität zwischen Eintragung und Unrichtigkeit vgl auch KEHE/Eickmann, § 53 Rn. 8.

[1024] So die Definition bei Baur/Stürner, § 18 I 2 (S. 222).

[1025] Vgl hierzu auch Teil G III 3.

[1026] Vgl zuletzt den Beschluss des OLG München vom 20.9.2010, 34 Wx 085/10, keine Eintragung eines Amtswiderspruchs bei Anfechtung des Kausalgeschäfts.

353 Die vierte Voraussetzung für die Eintragung eines Amtswiderspruchs besteht in einer weiteren Einschränkung des Anwendungsbereichs auf diejenigen Eintragungen, die die *Möglichkeit eines gutgläubigen Erwerbs* offerieren. Die Begründung hierfür ist in der Konzeption des Amtswiderspruch als Sicherungsmittel zu sehen, mit dem Schutz vor Rechtsverlust gewähren werden soll[1027]. Ein Rechtsverlust droht jedoch nicht, falls sich die Möglichkeit des gutgläubigen Erwerbs ohnehin nicht stellt, was vor allem bei der Eintragung persönlicher, nicht übertragbarer Rechte relevant wird.

354 Die fünfte und letzte Voraussetzung wiederum betrifft eine *Nachweisfrage*. Um einen Amtswiderspruch eintragen zu können, muss die Gesetzesverletzung unzweifelhaft feststehen, die Unrichtigkeit hingegen nur glaubhaft erscheinen[1028]. Letzteres bedeutet eine erhebliche Wahrscheinlichkeit dahingehend, dass eine Unrichtigkeit des Grundbuches besteht, wobei aus dem Pool aller präsenter Beweismittel geschöpft werden kann, § 31 Abs 1 FamFG. Das steht im Übrigen im Einklang mit der sonstigen ZPO- und FamFG-Verfahrensweise in Zwischen- bzw. Eilverfahren.

3. Eintragungsbeispiel für einen Amtswiderspruch

355 Die Eintragung eines Amtswiderspruchs gegen die Umschreibung des Eigentums könnte wie folgt lauten:

Amtsgericht München		**Grundbuch von** Max-Vorstadt **Blatt** 1235 **Zweite Abteilung**		
Lfd. Nummer der Eintragungen	Lfd. Nummer der betroffenen Grundstücke im Bestandsverzeichnis	Lasten und Beschränkungen
1	2	3
1	1	Amtswiderspruch zugunsten des Max Konnetschke, geb. 08.11.1934, gegen die auf Ludwig Stockinger, geb. 01.04.1959, erfolgte Umschreibung des Eigentums am Grundstück; eingetragen am 07.07.2002. Lausmann

4. Amtslöschung, § 53 Abs 1 S 2 GBO

356 Die oben unter Pkt. 1 beschriebenen Schwierigkeiten im Umgang mit Eintragungen gelten nicht, sofern eine unzulässige Eintragung vorliegt. Maßgeblich ist insoweit die Regelung in § 53 Abs 1 S 2 GBO:

[1027] Vgl auch Schöner/Stöber, Rn. 404.
[1028] Schöner/Stöber, Rn. 405.

„Erweist sich eine Eintragung nach ihrem Inhalt als unzulässig, so ist sie von Amts wegen zu löschen."

Der Gesetzgeber votierte hier für die **amtswegige Wiederaufhebung** derje- 357
nigen Eintragungen, die sich ihrem Inhalt nach als unzulässig darstellen[1029]. Das sind alle Eintragungen,

- die nicht eintragungsfähige Rechte enthalten (Beispiel: Verstoß gegen den *numerus clausus* der Sachenrechte)[1030]
- die nicht mit dem gesetzlich gebotenen Inhalt erfolgt sind (Beispiel: Grunddienstbarkeit oder Reallast ohne Schlagwort)[1031]
- die einen gesetzlich nicht erlaubten Inhalt ausweisen (Zwangssicherungshypothek unter 750,01 Euro; Zwangshypothek als unzulässiges Gesamtrecht; Vormerkung ohne Anspruch)[1032]
- die einen nicht feststellbaren Inhalt aufweisen[1033].

Dieses Votum kollidiert nicht mit den materiellrechtlichen Wirkungskreisen 358
eines starken Registers, weil inhaltlich unzulässigen Eintragungen nicht der öffentliche Glaube des Grundbuchs zuteil werden kann[1034]. Vielmehr erweisen sich solche Eintragungen als rechtlich unwirksam und bedeutungslos[1035], somit auch ungeeignet, Referenzgrundlage für weitere Transaktionen zu sein. Angesichts der *Nullstellung* solcher Eintragungen erscheint es angebracht, von *„Eintragungen ohne Land"* zu sprechen. Wenngleich im Falle inhaltlich unzulässiger Eintragungen die grundsätzliche Gefahr eines Rechtsverlustes durch gutgläubigen Erwerb nicht besteht, liegt es doch im öffentlichen Interesse, *„dass die Bedeutungslosigkeit der Eintragung durch das Grundbuch selbst ersichtlich gemacht wird"*[1036]. Verfahrensinstrumentarium hierfür ist die **Amtslöschung** nach § 53 Abs 1 S 2 GBO, die in der Literatur auch als gesetzlich geregelter Fall der Richtigstellung bezeichnet wird[1037] und die dem Grundbuchamt die Löschung zur Pflicht macht. Die Eintragung der Amtslöschung einer inhaltlich unzulässigen Zwangshypothek, die unter Verstoß gegen die Mindestbetragsregelung des § 866 Abs 3 ZPO (= € 750,01) erfolgt ist, könnte wie folgt lauten[1038]:

[1029] BeckOK GBO Hügel/Holzer, 9.Edition, Stand 1.6.2010, § 53 Rn. 56.
[1030] Schöner/Stöber, Rn. 418.
[1031] BeckOK GBO Hügel/Holzer, 9.Edition, Stand 1.6.2010, § 53 Rn. 64.
[1032] Hügel/Holzer § 53 Rn. 66; Schöner/Stöber, Rn. 418.
[1033] Hügel/Holzer § 53 Rn. 69.
[1034] Schöner/Stöber, Rn. 416.
[1035] Hügel/Holzer § 53 Rn. 57; so auch bereits Achilles/Strecker, § 54 Anm. 2 (S. 296).
[1036] So Achilles/Strecker, § 54 Anm. 2 (S. 295).
[1037] Holzer, Die Richtigstellung des Grundbuchs, S. 95, 101.
[1038] Muster siehe Schöner/Stöber, Rn. 425.

Amtsgericht München		Grundbuch von Milbertshofen		Blatt 14456	Dritte Abteilung
Veränderungen			Löschungen		
Lfd. Nummer d. Spalte 1	Betrag		Lfd. Nummer d. Spalte 1	Betrag	
5	6	7	8	9	10
			1	341,15 EUR	Von Amts wegen als inhaltlich unzulässig gelöscht am 22.10.2001. Konnetschke

V. Löschung gegenstandsloser Eintragungen, §§ 84 ff. GBO, und Rangklarstellungen, §§ 90 ff. GBO

1. Löschung gegenstandsloser Eintragungen, §§ 84–89 GBO

359   Davon zu unterscheiden wiederum ist die **Löschung gegenstandsloser Eintragungen**, §§ 84–89 GBO, die wirksam und innerhalb des gesetzlich zulässigen Rahmens entstanden, zwischenzeitlich aber bedeutungslos geworden sind. Die Gegenstandslosigkeit einer Eintragung liegt nach § 84 Abs 2 GBO vor:

> *„a) soweit das Recht, auf das sie sich bezieht, nicht besteht und seine Entstehung ausgeschlossen ist;*
>
> *b) soweit das Recht, auf das sie sich bezieht, aus tatsächlichen Gründen dauernd nicht ausgeübt werden kann“.*

360   Differenziert wird hinsichtlich einer Gegenstandslosigkeit aus Rechtsgründen und einer Gegenstandslosigkeit aus tatsächlichen Gründen[1039], wobei die Gegenstandslosigkeit sich nicht nur auf ein dingliches Recht beziehen, sondern auch Vormerkungen, Widersprüche, Verfügungsbeschränkungen, Enteignungsvermerke und ähnliche Vermerke erfassen kann, § 84 Abs 3, Abs 1 GBO. Die Einleitung und Durchführung des Verfahrens erfolgt nach freiem Ermessen des Grundbuchamtes, vgl § 85 Abs 2 GBO, im Übrigen nur dann, sofern besondere äußere Umstände dazu Anlass geben, vgl § 85 Abs 1 GBO. Soweit ersichtlich, spielt dieses Amtsverfahren[1040], zu dessen Durchführung im Übrigen auch keine grundbuchamtliche Verpflichtung besteht[1041], in der Praxis nur selten eine Rolle, allenfalls bei höchstpersönlichen, durch Tod erloschenen Rechten oder

---

[1039] Schöner/Stöber, Rn. 385.
[1040] Vgl § 84 Abs 1 S 1 GBO: Löschung von Amts wegen.
[1041] BeckOK GBO Hügel/Zeiser, 9. Edition, Stand 1.6.2010, § 84 Rn. 3.

bedeutungslosen Nacherben- oder Testamentsvollstreckervermerken. Eine gegenstandslose Eintragung kann überdies erst dann gelöscht werden, sofern die in § 87 GBO summarisch festgehaltenen Voraussetzungen erfüllt sind:

- die Gegenstandslosigkeit ist in der Form des § 29 GBO festgestellt, vgl § 87 lit. a GBO
- anderenfalls (Form des § 29 GBO konnte nicht eingehalten werden) wurde dem Betroffenen eine Löschungsankündigung zugestellt, und der Betroffene hat dieser Ankündigung nicht widersprochen, vgl § 87 lit. b GBO
- rechtskräftige Feststellung der Gegenstandslosigkeit durch Beschluss, vgl § 87 lit. c GBO[1042].

2. Rangklarstellungen, §§ 90–115 GBO

Noch seltener tritt das **Rangklarstellungsverfahren** nach den §§ 90–115   **361** GBO in Erscheinung, was zum einen auf den Anwendungsbereich, zum anderen auf die Art des Verfahrens zurückzuführen ist. Das Verfahren kann aus besonderem Anlass (§ 90 GBO) eingeleitet werden, sofern die Rangverhältnisse unklar oder unübersichtlich sind und ihre Klarstellung nach den Umständen angezeigt erscheint, so die Regelung in § 91 Abs 1 S 1 GBO. Entsprechende Eintragungskonstellationen werden nur dann vorliegen, sofern unklare und undurchsichtige *relative* Rangverhältnisse bestehen. Solche Besonderheiten ergeben sich beispielsweise, falls gehäuft Rechte zwischen der Eintragung des Rangvorbehalts und der Eintragung des vortretenden Rechts im Grundbuch eingetragen wurden, vgl §§ 881 Abs 4, 880 Abs 5 BGB[1043]. Solche Besonderheiten können sich aber auch aus dem gutgläubigen Erwerb eines Ranges ergeben, was ebenfalls für einen sehr engen Anwendungsbereich des Verfahrens spricht. Verengt wird der Anwendungsbereich überdies durch das Verwirrungsverbot nach §§ 5 Abs 1, 6 Abs 1 GBO, das bei Vereinigungen, Bestandteilszuschreibungen und einhergehenden Ranganderungen zum Tragen kommt. In diesem Rahmen können allerdings nicht relative, sondern nur unklare Rangverhältnisse vermieden werden. Darüber hinaus stellt sich das Rangklarstellungsverfahren als Verfahren der Grundbuchbereinigung[1044] dar, als Vermittlungsverfahren, vergleichbar dem Vermittlungsverfahren einer Auseinandersetzung nach §§ 363 ff. FamFG[1045], nicht aber als klassisches Prüfungsverfahren. Große Praxisrelevanz kommt dem Vermittlungsverfahren nicht zu[1046].

[1042] Vgl zu den Voraussetzungen auch Schöner/Stöber, Rn. 387 ff.; Muster der Löschungsankündigung: Schöner/Stöber, Rn. 388.
[1043] Vgl auch Schöner/Stöber, Rn. 328.
[1044] BeckOK GBO Hügel/Hügel, 9. Edition, Stand 1.6.2010, § 90 Rn. 1.
[1045] Hügel/Hügel § 90 Rn. 2.
[1046] Bork/Jacoby/Schwab, Bearbeiter Löhnig, § 363 Rn. 1.

M. Ausblick: Europäische Grundbuchsysteme

I. Spanien

1. Wesen und Wirkungen des spanischen Grundbuches

362 Artikel 1 des spanischen Hypothekengesetzes (*„Ley Hipotecaria"*) sieht den Zweck des **spanischen Grundbuchs** in der *„Einschreibung oder Anmerkung von Verfügungen oder Verträgen, die sich auf das Eigentum und andere dingliche Rechte an unbeweglichen Sachen beziehen"*[1047]. Die Führung des spanischen Grundbuchs liegt beim örtlichen zuständigen Grundbuchamt, *beim Registro de la Propiedad*, das als Entscheidungsträger die Registradores kennt, selbständige Amtsträger, die mit richterlicher Unabhängigkeit versehen sind[1048]. Synchron zur deutschen Regelung in § 12 GBO, ist die Einsicht in das spanische Grundbuch demjenigen gestattet, der ein berechtigtes Interesse vorweisen kann, Art. 221 Ley Hipotecaria[1049]. Konträr zum deutschen Recht ist hingegen die Bedeutung, die das spanische Recht der Eintragung einräumt. Die Eintragung einer Hypothek ausgenommen[1050], kommt der Eintragung im spanischen Recht grundsätzlich keine konstitutive, sondern nur deklaratorische Bedeutung zu, weshalb beispielsweise das Eigentum an einer Immobilie bereits mit Einigung und Übergabe übergeht, Art. 609 Código Civil (CC). Das spanische Recht folgt insoweit dem römischen Rechtsgrundsatz *„titulus-modus"*, der Immobilien und Mobilien einheitlich nach *Título* (Kaufvertrag) und *Modo* (Übergabe) übergehen lässt[1051]. Festgehalten ist dies ua in Art. 609 Abs 2 CC:

> *„Das Eigentum und die übrigen Rechte an Sachen werden erworben und übertragen als Folge bestimmter Verträge mittels Übergabe."*[1052]

363 Die Einschätzung, das spanische Recht messe der Eintragung keine oder nur mindere Bedeutung zu, trifft dennoch nicht zu, weil auch im spanischen Recht an die Eintragung wichtige **Rechtswirkungen** geknüpft sind[1053]. Darauf deutet bereits die Regelung in Art. 606 CC hin, wonach Eigentumstitel und andere dingliche

---

[1047] Art. 1 Ley Hipotecaria, abgedruckt bei Löber, Grundeigentum in Spanien, 6. A., 2000, S. 201.

[1048] S. Frank/Wachter, Länderteil Spanien, Rn. 104 (S. 1408); zur Website der Registradores vgl auch http://www.registradores.org/principal/indexx.jsp .

[1049] Vgl Eberl, Immobilienkauf in Spanien, MittBayNot 2000, 515, 518.

[1050] Eintragung der Hypothek ist im spanischen Recht konstitutiv, vgl. Art. 145 Ley Hipotecaria.

[1051] Eberl, S. 515; Löber, S. 50.

[1052] Abgedruckt bei Löber, S. 198.

[1053] NK-BGB-Selbherr, Länderbericht Spanien, Rn. 57.

Recht an Grundstücken, die nicht gehörig im Eigentumsregister eingetragen oder vermerkt sind, Dritten nicht entgegengehalten werden können[1054]. Hieraus folgt eine Form der negativen Publizität des Registers dahingehend, dass das Nichtbestehen eines nicht eingetragenen oder gelöschten Rechts vermutet wird. Ihre Vervollständigung findet diese Richtigkeitsvermutung in Art. 38 Ley Hipotecaria (LH)[1055], demzufolge an die Eintragung des Berechtigten auch die Vermutung geknüpft wird, dass er der Rechtsinhaber ist (= positive Publizität des Registers).

Beide Formen der Publizität sind eng mit einer weiteren wichtigen Funktionalität des spanischen Grundbuchs verknüpft, der **Gutglaubenswirkung,** wie sie Art. 38 LH zu finden ist. Danach wird ein Dritter, der gutgläubig und entgeltlich ein Recht von einer im Grundbuch eingetragenen Person erwirbt, geschützt, sobald wiederum sein Recht eingetragen ist[1056]. Die Schutzwirkung des gutgläubigen Erwerbs spanischen Typs erstreckt sich dagegen nicht auf den unentgeltlichen Rechtserwerb, vgl Art. 38 Abs 3 LH. Das spanische Grundbuchsystem folgt im Übrigen dem Prinzip des **Realfoliums** (für jede Immobilie wird ein Blatt angelegt[1057]) und gliedert das Grundbuch wie folgt[1058]:

- **Linke Spalte:** reserviert für die *„Notas marginales"*, die Randvermerke, die nur in den gesetzlich beschriebenen Fällen eingetragen werden können. Das spanische Recht verweist hier auf einen entsprechenden *numerus clausus* der Randvermerke[1059]. Häufig sind hier Steuertatbestände zu finden[1060], darüber hinaus kann auch die Löschung einer Hypothek durch einen entsprechenden Randvermerk vollzogen werden. Falls ein Antrag wegen eines Formmangels beanstandet werden musste, kann ein vorläufiger Randvermerk eingetragen werden (sog. *„nota marginal preventiva"*).
- **Mittlere Spalte:** dient lediglich der fortlaufenden Nummerierung, vgl Art. 8 LH
- **Rechte Spalte:** reserviert die exakte Beschreibung der Immobilie, das Eigentum, die Belastungen und den zugrundeliegenden Rechtstitel. Die teilweise epische Breite der Eintragungen lässt sich auch darauf zurückführen, dass das spanische Grundbuchverfahren keine Grundakten und damit auch keine amtliche Urkundensammlung kennt.

2. Aspekte des spanischen Grundbuchverfahrens

Das spanische Grundbuchamt, das *Registro de la Propiedad*, wird nur auf **Antrag** tätig, Art. 6 LH[1061]. Zu den Besonderheiten des spanischen Grundbuchverfahrens

---

[1054] Abgedruckt bei Löber, S. 198.
[1055] Selbherr, Rn. 58.
[1056] Vgl Löber, S. 79; Selbherr, Rn. 59.
[1057] Löber, S. 77.
[1058] Muster siehe Frank/Wachter, Länderteil Spanien, Anhang, ab S. 1449 ff.
[1059] S Martínez-López/Alfonso, Grundstücksrecht in Spanien, 2001, S. 44.
[1060] Frank/Wachter, Länderteil Spanien, Rn. 105.
[1061] *Principio de rogación*, vgl Martínez-López/Alfonso, Rn. 164, sowie Selbherr, Rn. 53.

zählt, dass unmittelbar nach Eingang des Antrags im Tagebuch ein **Eingangs-vermerk** („*asiento de presentación*“) eingetragen wird, der nach 60 Tagen seine Gültigkeit verliert[1062]. Der Sinn und Zweck des Eingangsvermerks liegt nicht nur in der Realisierung des Prioritätsprinzips, sondern auch in der Gewährung eines weitreichenden Publizitätsschutzes. Denn innerhalb der nächsten 60 Tage darf keine entgegenstehende Eintragung vorgenommen werden[1063], was den spanischen Eingangsvermerk in die dogmatische Nähe zur Vormerkung deut-schen Typs rückt, wenngleich diese nicht nur 60 Tage lang Schutz gewährt. Eine solche vormerkungsähnliche Einordnung ist auch deshalb gerechtfertigt, weil der Eingangsvermerk spanischen Typs wesentlich mehr Rechtswirkungen entfaltet als ein Vermerk in einem deutschen Verzeichnis unerledigter Eintragungsanträge. Gemeint ist die sog. Markentabelle, die in Deutschland lediglich der Übersicht über bereits beantragte, aber noch nicht erledigte Eintragungsanträge dient, im Übrigen fakultativ und ohne grundsätzliche Pflicht zur Aktualisierung geführt wird, vgl § 12a Abs 1 S 2 GBO. Der Antragsteller ist nun gehalten, innerhalb von 60 Tagen die weiteren Eintragungsvoraussetzungen zu erfüllen, im Falle der be-antragten Eigentumsumschreibung etwa die Vorlage des notariell beurkundeten Kaufvertrages, der sog. **„Escriture Pública de Compraventa“**, die zum Nachweis des bereits erfolgten Eigentumsüberganges dient, Art. 1462 Abs 2 CC[1064]. Eine weitere Eintragungsvoraussetzung besteht darin, dass der Voreintragungsgrund-satz, der Grundsatz des **„Tracto Sucesivo“**, gewahrt sein muss[1065], Art. 20 LH. In der praktischen Konsequenz bedeutet dies, um im Beispiel der Eigentumsum-schreibung zu bleiben, dass der Verkäufer bereits eingetragen sein muss, sofern eine Umschreibung auf den Käufer erfolgen soll.

II. Frankreich

1. Wesen und Wirkungen des französischen Grundbuches

366 Während das französische Sachenrecht im Code Civil geregelt ist, geht das formelle **französische Grundbuchrecht** auf zwei Dekrete aus dem Jahr 1955 zurück[1066]. Besonderheiten gelten für die Region Elsass-Lothringen, die von 1871

[1062] Art. 248 LH; vgl auch Selbherr, Rn. 56; Martínez-López/Alfonso, Rn. 139 (S. 41); danach Löschung von Amts wegen.

[1063] Martínez-López/Alfonso, Rn. 141 (S. 42).

[1064] Löber, S. 62 und Seite 79; Eberl, S. 516, unter Berufung auf Gantzer, der in der Escritura einen „*Mantel*“ sieht, der um den rechtswirksamen privatschriftlichen Vertrag gelegt wird.

[1065] Löber, S. 185; Selbherr, Rn. 54.

[1066] Pfleiderer, Einführung in das französische Immobilienrecht, 2003, S. 16: Décret Nr. 55-22 und 55-1350; vgl auch Frank, Grundlagen zum Immobilienerwerb in Frankreich, MittBayNot 2001, 39.

bis November 1918 zum deutschen Herrschaftsbereich zählte, was verantwortlich dafür zeichnet, dass die dortigen Grundbücher („*livre foncier*") immer noch nach deutschem Muster, aber nach französischem Sachen- und Grundbuchrecht geführt werden[1067]. Ein fundamentaler Unterschied des französischen Rechts besteht darin, nicht dem Eintragungsgrundsatz zu folgen. Demgemäß vollzieht sich der Eigentumserwerb bzw die Bestellung oder Übertragung dinglicher Rechte unabhängig von der Eintragung im Grundbuch[1068], ohne grundbuchlichen „*effet constitutif*". In der Konsequenz kann das französische Grundbuch **keine Vermutungswirkung** („*force probatoire*" bzw „*présomption d'exactitude*"[1069]) entfalten und auch keinen gutgläubigen Erwerb ermöglichen[1070]. Es verwundert nicht, dass angesichts einer solchen Registerwirkung zusätzliche Recherchen erforderlich sind, um den aktuellen Rechtszustand festzustellen.

Wenngleich keine generelle Eintragungspflicht, sondern allenfalls eine Pflicht **367** des beurkundenden Notars besteht, für die Eintragung innerhalb einer bestimmten Frist zu sorgen („*domaine de la publicité obligatoire*"), erfolgt häufig eine **Registrierung**, allerdings mit dem Ziel, dem Vorgang eine unbeschränkte Drittwirkung zu verschaffen[1071]. Erst die Registrierung vollzieht den Schritt von der Binnenwirkung zwischen den unmittelbar Beteiligten hin zur Außenwirkung gegenüber Dritten. Der Begriff der Registrierung ist hier deshalb zutreffend, weil das französische Grundbuch keine dinglichen Rechte verlautbart, sondern sich in der bloßen Registrierung der Urkunde erschöpft[1072], und zwar in Form des Realfoliums. Die Führung der Grundbücher obliegt den regionalen Hypothekenregistern („*Bureaux de conservation des hypothéques*"), die nicht zum Justizapparat, sondern zur **Finanzverwaltung** zählen[1073]. Durch die Anforderung auszugsweiser Abschriften („*réquisition de copies et extraits*"[1074]) kann ohne Darlegung eines berechtigten Interesses Einsicht in das Register genommen werden. Der französische Grundstücks- und Hypothekenregisterapparat kennt die folgenden Register[1075]:

- **Hauptregister:**
  a) Hypothekenregister (hier werden ua alle registrierten Hypothekenurkunden gesammelt)
  b) Transkriptionsregister (enthält alle übrigen immobilienbezogenen Vorgänge)
  c) Pfändungsregister (weist alle Pfändungen aus)

[1067] Pfleiderer, S. 16 und S. 17; Frank, S. 41.

[1068] Frank, S. 40.

[1069] Pfleiderer, S. 15.

[1070] Pfleiderer, S. 15.

[1071] Pfleiderer, S. 21; Frank, S. 40: sog. „*opposabilité aux tiers*"; vgl. auch NK-BGB, Bd. 3, 2. A., Ländbericht Frankreich, Verfasser Döbereiner, Rn. 40.

[1072] Frank, S. 42; Pfleiderer, S. 16.

[1073] Ausnahme wiederum Elsass-Lothringen, dort sind die Grundbuchrichter der Amtsgerichte zuständig, vgl Pfleiderer, S. 17, sowie Frank, S. 41.

[1074] Pfleiderer, S. 19.

[1075] Döbereiner, Rn. 43 und 44, sowie Pfleiderer, S. 18.

- Nebenregister:
  a) Eingangsregister (entspricht einem chronologischen Verzeichnis aller Anträge)
  b) Grundkartei (enthält nicht nur ein spezifisches Eigentümerverzeichnis, in dem für jeden Eigentümer die zugehörigen Immobilien aufgeführt sind, sondern auch eine Grundstückskarte und ein Grundstücksverzeichnis[1076].

2. Aspekte des französischen Grundbuchverfahrens

368 Bereits aus der deklaratorischen Rechtsnatur der Registrierung folgt, dass die *Bureaux de conservation des hypothéques* nicht von Amts wegen, sondern nur auf **Antrag** tätig werden. Die Anträge entspringen hauptsächlich der Pflicht der französischen Notare, bei Beurkundungen über immobilienbezogene Vorgänge innerhalb einer bestimmten Frist für die Registrierung zu sorgen[1077]. Darüber hinaus ist eine Registrierung nur möglich, sofern auch die Form einer notariellen **Urkunde** gewahrt ist[1078]. Eine weitere Eintragungsvoraussetzung besteht in der **Voreintragung** des Betroffenen, was die Registrierung wiederum in die Nähe einer faktischen Eintragungspflicht rückt (*„règle de l'effet relatif"*). Daneben erfolgt keine inhaltliche Prüfung, sondern lediglich eine Überprüfung der formellen Eintragungsvoraussetzungen[1079], was einer erheblichen Einschränkung der grundbuchamtlichen Prüfungsbefugnisse gleichkommt. Falls alle Formalia erfüllt sind, bringt der *conservateur des hypothèques* einen Stempelvermerk auf der Urkunde an und nimmt die Registrierung in Form einer Publikation der Urkunde im Register vor[1080]. Ab Eintragung entfaltet dann die Urkunde Schutzwirkung gegenüber Dritten.

III. Kroatien

1. Wesen und Wirkungen des kroatischen Grundbuches

369 Die Anfänge des kroatischen Grundbuchwesens: das hier wegen seiner Affinität zum deutschen Recht interessiert, reichen zurück in die zweite Hälfte des 19. Jahrhunderts, als **Kroatien** noch zur Doppelmonarchie Österreich-Ungarn zählte. Referenzpunkt ist hier ein Gesetz aus dem Jahr 1855[1081], auf dessen Ein-

---

[1076] Pfleiderer, S. 18, sowie Döbereiner, Rn. 44.
[1077] Art. 32 des Dekretes Nr. 55-22, vgl Pfleiderer, S. 16; Döbereiner, Rn. 45.
[1078] Art. 4 des Dekretes Nr. 55-22, vgl Pfleiderer, S. 19.
[1079] Frank, S. 40, sowie Pfleiderer, S. 20; Ausnahme wiederum: Elsass-Lothringen.
[1080] Döbereiner, Rn. 45.
[1081] Vgl Damir Kontrec, Land registration system of the Republic of Croatia, abgedruckt in der ELRA Publication Nr. 3, erschienen 2010, S. 8 ff., hier S. 9.

fluss die grundsätzliche Ausrichtung am österreichischen Modell zurückgeht. In der jüngeren Rechtsgeschichte stellt das *„Gesetz über das Eigentum und andere dingliche Rechte"*, das am 1.1.1997 in Kroatien in Kraft getreten ist[1082], eine wesentliche Zäsur dar. Dies gilt insofern, als mit diesem Gesetz wesentliche Grundsätze des deutschen Sachenrechts implementiert wurden, darunter der **numerus clausus des Sachenrechts**[1083] oder der **Eintragungsgrundsatz.** In der Folge vollendet sich beispielsweise der Eigentumserwerb oder die Begründung eines Grundpfandrechts erst mit der Eintragung im Grundbuch[1084]. Nicht anders als im deutschen Sachenrecht, statuiert das kroatische Recht eine unwiderlegbare Vermutung dahingehend, dass das Grundbuch vollständig und richtig ist, sekundiert von der grundsätzlichen **Möglichkeit gutgläubigen Erwerbs**[1085]. Eine Ausnahme gilt für solche Liegenschaften, die zum 1.1.1997 im gesellschaftlichen Eigentum standen[1086]. Das kroatische Grundbuch folgt dem Grundsatz des **Realfoliums,** weshalb sich die Buchungen am Grundstück orientieren, nicht an der Person des Eigentümers[1087]. Die Zuständigkeit liegt bei den örtlich zuständigen Gerichten, nicht, wie im Falle Frankreichs, bei der Finanzverwaltung. Derzeit (2010) bestehen Überlegungen, in Kroatien den Rechtspfleger als grundbuchamtlichen Entscheidungsträger einzuführen[1088]. Das kroatische Grundbuch besteht aus den drei Bestandteilen A-B-C[1089]:

- *Bestandsblatt A* (enthält die katastermäßige Bezeichnung des Grundstücks)
- *Eigentumsblatt B* (dort ist der Eigentümer verzeichnet; anders als im deutschen Recht, werden hier auch die Minderjährigkeit oder die Insolvenz des Eigentümers eingetragen[1090])
- *Belastungsblatt C* (dort werden die Belastungen eingetragen, etwa Hypotheken, Dienstbarkeiten).

Vergleichbar mit den deutschen Hilfsverzeichnissen im Sinne von § 12a GBO, **370** kennt das kroatische Recht auch Hilfsverzeichnisse, mit denen eine personen- oder sachbezogene Suche durchgeführt werden kann[1091].

[1082] Kontrec, S. 10; vgl auch Huzanic in Makowicz (Hrsg.), Immobilienerwerb in Mittel- und Osteuropa, S. 50.

[1083] Kontrec, S. 11, Fußnote 6: „*The principle of a closed number of real rights (numerous clauses) is valid in the Republic of Croatia, therefore together with the ownership right, there are also usufructs, real encumbrances, construction right an lien as real rights.*"; vgl auch Huzanic, S. 50.

[1084] Kontrec, S. 11; Huzanic, S. 61 und S. 72; die Eintragung wirkt konstitutiv, nicht bloß deklaratorisch.

[1085] Kontrec, S. 11; Huzanic, S. 63.

[1086] Vgl auch Jessel-Holst, Die kroatische Justiz im Vorfeld des EU-Beitritts, DRiZ 2010, 283, 284, sowie Obradovic', Aufhebung des Vertrauensschutzes im kroatischen Grundbuchrecht, WiRO 2010, 234.

[1087] Kontrec, S. 10; zum deutschen Grundsatz des Realfoliums vgl auch § 3 Abs 1 GBO.

[1088] Kontrec, S. 15, Fußnote 8.

[1089] Kontrec, S. 14 ff.; ein Muster findet sich auch im Buch von Frank/Wachter (Hrsg.), Handbuch Immobilienrecht in Europa, Länderteil Kroatien. S. 611–613.

[1090] Kontrec, S. 14.

[1091] Huzanic, S. 62; über die Website http://e-izvadak.pravosudje.hr/home.htm kann das kroatische Grundbuch eingesehen werden.

2. Aspekte des kroatischen Grundbuchverfahrens

371 Gleiches gilt für den Beginn eines Grundbuchverfahrens, das auf dem Antrags-
bzw. Dispositionsgrundsatz beruht, weshalb das kroatische Grundbuchgericht nur
auf **Antrag** einer Partei oder auf Ersuchen einer Behörde tätig wird[1092]. Dabei liegt
es im Dispositionsbereich der Beteiligten, den Inhalt und den Umfang des Antrags
festzulegen. Eine Eintragung im kroatischen Grundbuch kann nur dann erfolgen,
sofern der **Voreintragungsgrundsatz** („*registration antecedent*"[1093]) gewahrt, der
Antragsteller also bereits im Grundbuch eingetragen ist. Die **Einsichtnahme** in
das kroatische Grundbuch kann durch jedermann erfolgen, demnach ohne Darlegung eines berechtigten Interesses[1094]. Etwas anderes gilt nur bei der Einsicht in
die Urkundensammlung[1095]. Das Vertrauen in die Richtig- und Vollständigkeit
des Grundbuchs wird geschützt, so dass Rechtspositionen gutgläubig erworben
werden können. Damit einher geht eine dem deutschen Recht vertraute Auffassung des Legalitätsprinzips, das dem kroatischen Grundbuchgericht die Pflicht
auferlegt, alle materiell- und formell-rechtlichen Aspekte des Verfahrens zu
beachten[1096]. Daneben kennt das kroatische Grundbuchverfahren zum einen den
Prioritätsgrundsatz, zum anderen den Bestimmtheitsgrundsatz, und zwar beide
in der Ausgestaltung, wie sie auch im deutschen Grundbuchverfahren anzutreffen
sind.

[1092] Huzanic, S. 63; Frank/Wachter, S. 588.
[1093] Kontrec, S. 12.
[1094] Kontrec, S. 12, vgl auch Frank/Wachter, S. 588 (Art. 7 GBG).
[1095] Frank/Wachter, S. 588.
[1096] Kontrec, S. 12.

Sachverzeichnis

(Die Zahlen bezeichnen die Randnummern.)